Christine Zucchelli/Irmeli Wopfner
Anno 1613 von Tirol nach Rom

Christine Zucchelli/Irmeli Wopfner

Anno 1613 von Tirol nach Rom

Christine Zucchelli/Irmeli Wopfner

ANNO 1613
VON TIROL NACH ROM

Die abenteuerliche Pilgerfahrt des
Doktor Hippolyt Guarinoni

Tyrolia-Verlag · Innsbruck-Wien

Gefördert von tirol Unser Land

Die Drucklegung dieses Werkes wurde unterstützt durch die
Abteilung Kultur im Amt der Tiroler Landesregierung.

FSC www.fsc.org MIX Papier aus verantwortungsvollen Quellen FSC® C057358

2016

Umschlaggestaltung: Tyrolia-Verlag, Gemälde oben: Gaspar van Wittel, „Die Engelsburg von Süden", ca. 1690 (Wikimedia); Stadtplan unten: Ansicht von Rom, ca. 1640, Matthaeus Merian, Topographia Italiae (Wikimedia)
Layout und digitale Gestaltung: GrafikStudio HM, Hall in Tirol
Lithografie: Artilitho (I)
Druck und Bindung: Gorenjski Tisk, Kranj
ISBN: 978-3-7022-3506-2
E-Mail: buchverlag@tyrolia.at
Internet: www.tyrolia-verlag.at

Inhalt

I Auf Pilgerfahrt nach Rom

II Römische Tage: Die Pilger in der „Ewigen Stadt“

III Die abenteuerliche Heimreise

Mittag
Das ist der Rom weg von meylen zu meylen mit puncten verzeychnet von eyner stat zu der andern durch deutzsche lant.
Das lampartisch mer
Das venedisch mer
Roma
Das pomerisch mer
Das groß deutsch mer
Schotlant
Denmarck
Schon Denmarck
kopenhagen
Der Compast
10 20 30 40 50 60 70 80 90 100 110 120 130 140 150 160 170 180 190 200
Mitternacht

Spurensuche

Wir staunten nicht schlecht, als wir beim Recherchieren für ein Sagenbuchprojekt auf eine Handschrift des 17. Jahrhunderts stießen, die sich als ausführliche Beschreibung einer Pilgerreise von Tirol nach Rom entpuppte. Bei den Aufzeichnungen dürfte es sich um das älteste tirolische Pilger- und Reisebuch handeln und um einen der frühesten Pilgerberichte in deutscher Sprache.

In volkstümlicher Sprache schildert der Verfasser, der Haller Stiftsarzt Hippolyt Guarinoni, Stimmungs- und Landschaftsbilder, Wallfahrtsstätten und ihre absonderlichen Reliquien, Abenteuer mit Banditen oder auch Erfahrungen mit ungewohnten Speisen und Bräuchen – wobei sein Bericht von Seite zu Seite lebhafter und kurzweiliger wird.

An dieser Stelle möchten wir festhalten, dass der seinerzeit gesellschaftlich hoch angesehene Guarinoni heute äußerst differenziert betrachtet werden muss. Vor allem aufgrund seiner antisemitischen Einstellung kann eine Auseinandersetzung mit ihm und seinem schriftstellerischen Werk nur kritisch und kommentiert erfolgen; als wertvolle Zeitdokumente aber, die Einblick in die sozial-historischen und religiösen Verhältnisse im Tirol zur Zeit der Gegenreformation geben, bleiben seine Schriften unumstritten.

Guarinonis Pilgerbericht ist in der sperrigen Sprache des 17. Jh. geschrieben. Nach langer Überlegung entschlossen wir uns, sie behutsam dem heutigen Deutsch anzupassen und damit lesbarer und verständlicher zu machen. Stil, Satzbau und einzelne Begriffe, die nicht mehr gebräuchlich sind, dem Text aber seine besondere Charakteristik verleihen, behielten wir bei. Passagen, in denen Guarinoni recht weit vom Pilgerbericht abschweift, Wiederholungen sowie allzu ausholende Stellen haben wir gekürzt.

Den Entschluss, Guarinonis Pilgerbericht folgend nach Rom zu reisen, fassten wir bereits bei der ersten Durchsicht des Manuskripts, wobei unsere Spurensuche von Anfang an als kulturhistorische Forschungs-

Karte für Rompilger zum Heiligen Jahr 1500 von Erhard Etzlaub (1460–1532); die Karte ist nach Süden ausgerichtet, Rom liegt am oberen Rand.

reise angesetzt war. Auf den Reisewegen von 1613, die sich größtenteils längst zu Schnellstraßen entwickelt haben, zu Fuß nach Rom zu pilgern, ist heute nicht mehr zumutbar. Wir wichen daher für Abschnitte, die wir unbedingt erwandern wollten, auf alternative Wege aus, nutzten aber ansonsten Auto oder Bahn. Städte und Orte, die Guarinoni nennt, betrachteten wir genauer und zeichneten auf, was uns, ergänzend zu seinem Pilgerbericht, erwähnenswert erschien. Unterschiedliche Schriftarten machen sofort ersichtlich, welche Textstellen aus Guarinonis Feder stammen und welche aus der unseren.

Vergnügliches Lesen wünschen

Irmeli Wopfner und Christine Zucchelli

Anno 1613 von Tirol nach Rom: Die Reisenden und ihre Zeit

Tirol 1613: Seit 11 Jahren regiert Erzherzog Maximilian III., Großmeister des Deutschen Ritterordens, das Land. Zu seinen wichtigsten Aufgaben zählt die Wiederherstellung und Erhaltung der katholischen Religion in Tirol, die durch Reformkirchenbewegungen in ihren Grundfesten erschüttert war. Unter Maximilian III. beginnt die Gegenreformation zu greifen. Strenge Kontrollen wachen über die Religionsausübung der Untertanen, Visitationen nehmen die Geistlichkeit ins Visier; die Inquisition ist wieder eingerichtet, verfolgt und diffamiert Andersgläubige als Ketzer.

Zur Betonung ihrer „Rechtgläubigkeit" wenden sich Katholiken verstärkt jenen Praktika zu, die von der reformierten Kirche abgelehnt werden. Wallfahrten und Pilgerreisen boomen, ebenso eine intensiv zur Schau getragene Marien- und Loretoverehrung; der Kult um Heilige und ihre Reliquien erlebt ein neue Blüte und der Erwerb von Reliquien, bereits im frühen Mittelalter einer der wichtigsten Gründe für eine Wallfahrt, steht wieder im Zentrum von Pilgerfahrten.

Die Reise

Im Vorwort zu seinem Pilgerbuch benennt Hippolyt Guarinoni das Motiv für seine Wallfahrt und entspricht damit klar dem Ideal der Gegenreformation. Er will *nacher Rom zu der heilligen Francisca Romana Grab, dahin er aus gewissen Ursachen gleichsam gewaltig gezogen war, und nach unser lieben Frau nach Loreto zu wallfahrten,* und beabsichtigt, die Gelegenheit zu nutzen, *etwan um ein firnembes und bewährtes Heilligthumb bei Ihro Päpstlich Heil-igkeit anzuhalten.*

Bei dem *bewährten Heilligthumb* handelt es sich um Reliquien, die er für e Kirche des Haller Damenstifts zu erwerben gedenkt. Das Stift war im r 1567 von Erzherzogin Magdalena, Schwester des damaligen Lanürsten Ferdinand II., als Rückzugsort für Damen aus angesehenem gegründet worden; 1613 unterstand es der Oberin Erzherzogin Christierna aus der Steiermark. Die Erzherzogin hatte zwei Jahre eine italienische Biografie der hl. Francesca Romana überreicht

Hippolytus Guarinoni (nach 1620), von Martin Theophil (Servitenkloster Innsbruck)

bekommen, verfasst vom Jesuiten Giulio Orsini. Guarinoni übersetzte sie anschließend ins Deutsche, wobei er mit großer Wahrscheinlichkeit seine besondere Affinität zur Heiligen entwickelte. Seine Faszination für die hl. Francesca Romana war dann auch das Hauptmotiv für seine Pilgerpläne, denn er betont noch einmal, er sei *zu Firnehmung dieser Raißen bis nach Rom durch sein Verliebung in einer gar firnemben hochedlen, überaus schönen, und hoch geehrten römisch Frauen, in deren Lieb er gleichsam ertrunken gewesen und noch ist, aller Gewalts gezogen worden.*

Erst im Bericht selbst wird er auch den dringlichen Wunsch, die heiligen Stätten Roms zu besuchen und den apostolischen Segen durch Papst Paul V. zu erlangen, als Gründe für seine Pilgerfahrt angeben.

Die Reisenden

Guarinoni reiste nicht alleine, war aber der Initiator der Pilgerfahrt und Verfasser des Berichts, in dem er sich selbst konsequent als „Scribent" bezeichnet. 1571 in Trient in eine angesehene Mailänder Familie geboren, genoss er eine ausgezeichnete Erziehung. Als Kind soll er einige Jahre am Hof des später heiliggesprochenen Erzbischofs Carlo Borromeo in Mailand verbracht haben. In Prag besuchte er die Lateinschule der Jesuiten, in Padua studierte er und promovierte zum Doktor de Medizin und der schönen Künste.

1598 nahm er die Stelle als Arzt im Königlichen Damenstift in H an; in den folgenden Jahren ernannte man ihn auch zum Haller St und Salinenmedikus und zum Bergwerksarzt von Schwaz; 1607 tr die erzherzoglichen Schwestern Maria Christierna und Leonora i Haller Damenstift ein und bestimmten Guarinoni zu ihrem Leibar persönlichen Berater.

Guarinoni war zweimal verheiratet; mit Charitas Thaler, die nach langer Krankheit verstarb, und mit der ehemalige Hofdame Helena von Spieß. Aus seinen Ehen gingen elf Kinder hervor, von denen nur wenige das Erwachsenenalter erreichten. Es muss Guarinoni schwer getroffen haben, als Arzt von ausgezeichnetem Ruf der eigenen Familie nicht helfen zu können. Verdient machte sich Guarinoni unter anderem durch seinen Einsatz während des Seuchenjahres 1611 und durch seine medizinischen Schriften, in denen er schlechte Lebensführung und unhygienische Verhältnisse als Ursachen zahlreicher Krankheiten und Übel anprangerte. Diese Sichtweise reflektiert auch sein Hauptwerk, das 1610 erschienene Buch über *Die Grewel der Verwüstung menschlichen Geschlechts*.

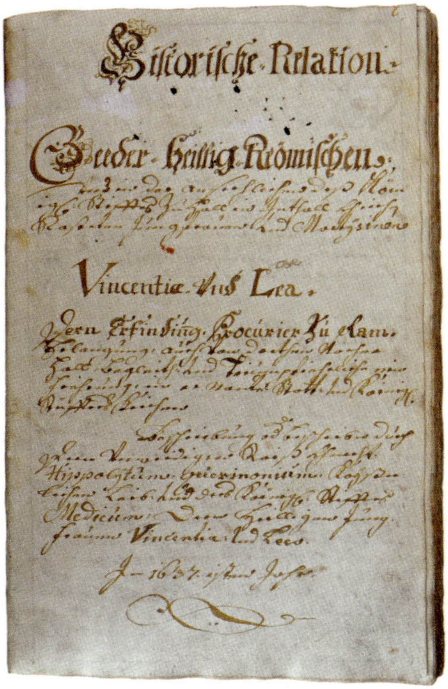

Titelblatt des Originalmanuskripts von Guarinonis Reisebeschreibung

Trotz seines großen Ansehens in intellektuellen Kreisen war Hippolyt Guarinoni schon zu Lebzeiten nicht unumstritten. Er war aufbrausend und moralisierend, und als strenger Katholik und radikaler Vertreter der Gegenreformation erfüllt von übertriebenem religiösem Eifer. Aus seiner tiefen Verachtung für Reformkirchenbewegung und Judentum machte er keinen Hehl. In seinem Pilgerbericht klingt Guarinonis antisemitische Haltung ein einziges Mal im Zusammenhang mit der Beschreibung des Titusbogens in Rom an. Zum Zweck der religiösen Erziehung allerdings verfasste Guarinoni auch Biografien Tiroler Heiliger, darunter jene der ermordeten Knaben Simon von Trient und Andreas von Rinn. Da er die beiden – historisch haltlos und in wüsten Ausschweifungen – als Opfer jüdischer Ritualmorde zeichnet, macht er sich judenfeindlicher Hetze schuldig und wird heute vorrangig als Antisemit beurteilt.

Guarinonis starke und missionarische Religiosität setzte er auch als Baumeister mehrerer Kapellen und Kirchen in Tirol um. Sein größtes Werk ist die Karlskirche zu Volders, die er seinem väterlichen Freund Carlo

Borromeo weihte und mit Kapellen für den Gründer des Jesuitenordens, Ignatius von Loyola, und für die hl. Francesca Romana ausstattete. In Letzterer wurde der 1654 verstorbene Guarinoni auch beigesetzt.

Als Guarinoni von den Stiftsdamen die Erlaubnis zur Pilgerfahrt nach Rom erhalten hatte und auf die benötigten Empfehlungsschreiben wartete, kündigten sich ihm vier Reisegefährten an, Michael Steinperger, Christoph Wenig, Joachim Thaler und Melchior Gruber, *welche unter dieser Weil sich mit sondrer Lust und Freud wegfertig gemacht und auf pilgeranisch ein- und aufgeschirrt.*

Michael Steinperger war als oberster königlicher Stiftskaplan und Zeremonienmeister für die geistliche Betreuung und Gottesdienste des Damenstiftes zuständig. Gemeinsam mit Guarinoni widmete er sich in Rom intensiv dem Erwerb von Reliquien für das Stift, tritt aber als Persönlichkeit im Bericht kaum in Erscheinung. Das gilt auch für Joachim Thaler, Guarinonis Schwager und Bruder seines engen Freundes Georg. Von Joachim ist bekannt, dass er 1613 in Innsbruck oder Wilten lebte, von seinem Bruder Georg 1636 das Amt des Pfannhaussalzhingebers übernahm und für diesen hohen Verwaltungsposten der Saline nach Hall übersiedelte.

Christoph Wenig hingegen, seit 1599 Stadtpfarrer von Hall, ist in Guarinonis Bericht sehr präsent. Der Scribent bezeichnet ihn als weltunerfahren, und Wenig dürfte auf der Reise in der Tat eine Art leichten Kulturschock erlitten haben: Die italienische Kost bereitet ihm Probleme, er findet sich in der Sprache nicht zurecht, fühlt sich angesichts der dunkleren Physiognomie der Südländer unbehaglich und drängt zuletzt sogar auf eine rasche Heimreise. Ansonsten scheint Wenig aber ein leichtlebiger Mensch gewesen zu sein, heiter, oft respektlos, dessen trocken-ironische Bemerkungen die Pilger – und uns – immer wieder erheiterten.

Den kirchlichen Obrigkeiten war Wenigs Leichtlebigkeit ein Verdruss; bis 1608 hatte er sich mehreren bischöflichen Visitationen zu unterziehen, die seine nachlässige Verwaltung der Pfarre beanstandeten. An einer Visitation von 1608 war auch der damalige Prior des Stiftes Wilten, möglicherweise Melchior Gruber, beteiligt. Die Rügen jedenfalls verfehlten ihre Wirkung nicht, Wenig wurde zum eifrigen Seelsorger, der auch vor dem strengen Auge Guarinonis bestehen konnte. Er ließ das verfallene Kloster St. Martin in Gnadenwald instand setzen, um sich später dort als Einsiedler zurückzuziehen, verstarb aber 1635, bevor er dieses Vorhaben in die Tat umsetzen konnte.

Pater Melchior wird abwechselnd als Mönch, Pater oder Prior bayrischer Herkunft bezeichnet, der den übrigen Pilgern aus nicht näher genannten Gründen oft zur Last gefallen sei. In Rom trennt sich Melchior bald von der Gruppe, begibt sich ins Kloster der Prämonstratenser und wird in der Folge nicht mehr erwähnt. Aus den Urkunden von Stift Wilten wissen wir, dass es sich bei Pater Melchior um Melchior Gruber handelt, der spätestens 1599 dem Orden der Prämonstratenser beigetreten und 1608 von Bayern nach Wilten gekommen war; er reiste 1613 mit den Haller Pilgern nach Rom, um dort sein in Ingolstadt begonnenes Studium abzuschließen. Melchior Gruber promovierte 1614 in Perugia, kehrte als Dozent ins Stift Wilten zurück und wird dort 1618 als Prior genannt. Er starb 1635 in Tirol.

Am Rückweg von Rom schließt sich den Pilgern der aus Antwerpen stammende Maler Hieronymus van Kessel (1578–1636) an. Der Künstler reiste viel, lebte um 1606 für einige Jahre in Augsburg und besuchte bei dieser Gelegenheit auf Einladung des Landesfürsten Erzherzog Maximilian III. auch wiederholt Tirol. In Hall porträtierte van Kessel die beiden Stiftsdamen Erzherzogin Leonora und Maria Christierna und lernte spätestens bei dieser Gelegenheit Guarinoni kennen.

Ein eigenwilliger und amüsanter Gefährte auf dem Heimweg war der aus Hall stammende Fuhrmann Kaspar Siegelsperger. Das zufällige Zusammentreffen mit den Tiroler Pilgern regte ihn an, nach langen Jahren in Rom in die Heimat zurückzukehren. Seine frech-fröhliche Art sorgt für Heiterkeit unter den Pilgern, bringt sie aber auch wiederholt in Schwierigkeiten.

Ich will und soll Führer sein, verkündet Guarinoni bereits zu Beginn der gemeinsamen Pilgerfahrt und marschiert wacker voran. Die Pilger stellen seinen Führungsanspruch vorerst nicht in Frage; in Rom gehen sie ohnehin oft getrennte Wege, um sich paarweise ihren Aufgaben und Besichtigungen zu widmen. Gegen Ende der römischen Tage kommt es zu ersten Unstimmigkeiten wegen des Abreisetermins: *deswegen auch der Scribent geschworen, wann er hundert Mal hinfir nach Rom raißen sollte, sich niemals mehr mit so vielen zu Confungirn.* Die Konflikte sollen sich im Verlauf der Heimreise noch vertiefen. Dabei zeigt sich ein weiteres Mal, dass die Pilgerfahrt nach Rom primär Guarinonis Reise ist und er allein über

Christus als Bettler vor dem Ospedale di Santo Spirito in Rom (Bronze von T. P. Schmalz, 2004)

Reiseroute, Aufenthaltsdauer und Besichtigungsprogramme in den Städten bestimmt.

Grundsätzlich scheinen sich die Pilger nach der Reiseordnung der Jesuiten aus dem 16. Jh. gerichtet zu haben. Wichtig war die Verpflichtung der Pilger zum Armutsideal. Aus diesem Grund reisten sie bescheiden, überwiegend zu Fuß, nur in Ausnahmefällen zu Schiff. Als Unterkünfte wählten sie Klöster, Pilgerherbergen oder einfache Wirtshäuser. Die Reiseordnung verlangte von Ordensleuten die Abfassung eines offiziellen Berichtes, einer in lateinischer Sprache geschriebenen Relatio; Laien war das Führen eines Reisetagebuchs empfohlen, um den Zuhausegebliebenen ausführlich Bericht erstatten zu können.

Das Pilgerbuch

Guarinoni betitelt sein Pilgerbuch zwar als Historische Relation, verfasst es aber in der Form persönlicher Reiseerinnerungen; fertiggestellt hat er es erst 24 Jahre nach der Reise. Dafür bittet er die Leserschaft im Vorwort um Nachsicht, *sintemahlen er aber unter dieser Weill auch nicht gefeiert,* und hofft, dass man ihn zur Strafe nicht mit einem *guten, starken Prügel nur wacker und bis ihme der faule Buggel kracht, abprügelt.*

Gewidmet ist der Bericht der früheren Vorsteherin des Damenstifts, Katharina von Brandis, die Guarinoni zum Stiftsarzt bestellt hatte, weiters den Erzherzoginnen Maria Christierna und Leonora und allen anderen Stiftsdamen. Zweimal im Jahr, wünscht der Verfasser, sollte er zu Ehren der in Rom erworbenen Heiligtümer vorgelesen werden.

Der Bericht verläuft chronologisch, für allfällige Erinnerungslücken entschuldigt sich der Scribent mehrmals. Tagebucheintragungen unterscheiden sich oft beträchtlich, je nach der Verfassung des Schreibenden, und so ist auch Guarinonis Bericht manchmal äußerst detailliert, dann wieder recht flüchtig. Die Anmerkungen zu den ersten Reisetagen sind kurz und trocken, oft nennt Guarinoni nur die Etappenziele: Südtirol und das Trentino sind vertraut, bedürfen keiner Beschreibungen. Erst als die Pilger mit Poebene und Meeresufer bislang unbekannte Welten kennenlernen, werden die Aufzeichnungen ausführlicher und lebhafter. Aus Rom berichtet er vor allem vom persönlichen Erleben der Stadt mit ihren Eigenheiten, Heiligtümern und österlichen Feierlichkeiten. Antike Bauwerke versetzen die Pilger wohl in Staunen, beschäftigen sie aber nicht weiter. Guarinonis Beschreibung der Heimreise ist beinahe der unterhaltsamste Teil, in dem er sich fast ausschließlich dem Reisealltag mit seinen Freuden und Missgeschicken widmet.

Guarinoni verfasste seinen Bericht in deutscher Sprache. Seine langen, offensichtlich gut überlegten Sätze und die eingestreuten Lehnwörter lateinischer Herkunft verraten seine Bildung. Dennoch bleibt sein Stil volkstümlich. Wobei anzumerken ist, dass manche Ausdrücke, die uns heute derb erscheinen, zu seiner Zeit allgemein gebräuchlich und keineswegs abfällig gemeint waren.

Einen Eindruck von der Orthografie des Originaltextes vermittelt der hier unverändert wiedergegebene Titel seines Pilgerbuches:

Historische Relation Beeder heillig Römischen Und in der Ansechlichen deß Königlichen Stiffts zu Hall in Inthall khirch rasteten Jungfrauen und Martyrinnen Vincentia und Lea, Dern Erfinding, Procurir zu Rom, Erlangung, auch Von dorthen Nacher Hall, Begleith. und Triumpfirliche ein Liefrung, in er Nante Statt u Königl. Stiffts Kirch beschrieben durch den Unwirdigen Raiß Knecht Hippolytum Guerinonium Kayßerlichen Leib- u. des Königl. Stiffts Medicum dern Heilligen Jungfrauen Vincentia und Lea. Im 1637isten Jahre

Das Werk liegt in dreifacher, handschriftlicher Ausfertigung vor. Das Pfarrarchiv Telfs verwahrt das lange verloren geglaubte Original; eine etwas fehlerhafte Abschrift aus dem 19. Jh. befindet sich in der Bibliothek des Tiroler Landesmuseums Ferdinandeum, eine weitere in der Stiftsbibliothek der Benediktinerabtei Marienberg. Auszüge aus Letzterer veröffentlichte Coelistin Stampfer im Jahr 1879 in der Zeitschrift des Ferdinandeums.

Pilgern in Mittelalter und früher Neuzeit

Frühmittelalterliche Pilger waren meist Mönche oder Adelige; sie machten sich nach Jerusalem auf, um im Heiligen Land auf den Spuren Jesu zu wandeln, oder sie zogen nach Rom zu den Gräbern der Apostel Petrus und Paulus und zu den Märtyrergräbern in den Katakomben an der *Via Appia*. Da Helena, die Mutter Kaiser Konstantins des Großen, im 4. Jh. von ihrer Pilgerfahrt ins Heilige Land Reliquien der Passion Christi nach Rom gebracht hatte, galt die Stadt als das zweite Jerusalem. Das Heilige Land fiel 638 in muslimische Hände. Pilgerfahrten nach Jerusalem waren – abgesehen von der Zeitspanne zwischen der Eroberung der Stadt durch die Kreuzfahrer im Jahr 1099 und der Rückeroberung der letzten Kreuzfahrerstützpunkte durch muslimische Machthaber im Jahr 1291 – kaum noch möglich. Rom entwickelte sich zum Zentrum von Christentum und Pilgerwesen.

Zur Anziehungskraft der Stadt trug auch ihre große Anzahl frühchristlicher Märtyrergräber bei. Seit dem 8. Jh. war der Besitz von Reliquien eine Voraussetzung zur Gründung von Kirchen und Kapellen. Wo kein Leichnam von lokalen Heiligen zur Kirchengründung zur Verfügung stand, versuchte man anderswo, zumindest Zähne, Haare, Nägel oder Knochen von Märtyrern und Märtyrerinnen zu erlangen. Da nach alter Vorstellung die Knochen als der Sitz des Lebens galten, wollte man auf diesem Weg Anteil an der Essenz von Heiligen erlangen. Im Spätmittelalter galten auch sämtliche Gegenstände als Reliquien, die jemals mit Heiligen in Verbindung gestanden waren – Fasern ihrer Kleider, Sand oder Staub, auf denen sie sich bewegt hatten, Partikel vom Kreuz und vieles mehr. Reliquien waren begehrt, hatten sie doch neben einem spirituellen auch einen beachtli-

Pilger erleben das Hühnerwunder des hl. Jakob (Freskenausschnitt von St. Jakob an der Mahr bei Brixen, um 1500).

chen ökonomischen Wert, da sie wahre Ströme von Pilgern anlockten. Bischöfe legten umfangreiche Sammlungen an, Klerus und weltliche Herrscher schreckten selbst vor Reliquienraub nicht zurück. Kirchen entsandten Abordnungen zu den Märtyrergräbern nach Rom.

Als im 9. Jh. die Gebeine des hl. Jakobus in Santiago de Compostela entdeckt wurden, erhielt Rom als Pilgerziel wohl Konkurrenz, blieb aber mit dem Grab des hl. Petrus klar im Vorteil. Zahlreiche Sünder nahmen die lange Reise nach Rom auf sich, um in der Hoffnung auf Vergebung den Himmelspförtner Petrus als Fürsprecher zu gewinnen; andere erhielten von ihren Beichtvätern Bußwallfahrten zum Apostelgrab aufgetragen.

Sündenerlass und Jubeljahre

Seit dem 11. Jh. bestand für wohlhabende Gläubige die Möglichkeit, sich durch Stiftungen zum Bau oder Erhalt von Gotteshäusern von den auferlegten Bußstrafen freizukaufen und damit einen Ablass ihrer Sündenstrafen zu erwerben. Finanzielle Zuwendungen an die Kirche galten zudem als „Seelgeräte", die als Vorrat an guten Taten am Jüngsten Tag in die Seelenwaage gelegt werden sollten. Eine Sonderform des Sündenablasses ohne finanzielle Gegenleistung erteilte Papst Urban II. im Jahr 1095. Er versprach jenen, die während eines Kreuzzuges sterben sollten, die Vergebung sämtlicher Sünden, sodass sie unbefleckt vor den himmlischen Richter treten würden.

Bonifaz VIII. verkündet das Jubeljahr 1300 (Freskenfragment, Lateranbasilika Rom)

Sündenablässe für alle kamen erst im 13. Jh. auf. Den Anfang machte 1216 der hl. Franziskus von Assisi mit dem Portiuncula-Ablass, der an den Besuch der gleichnamigen Kapelle gebunden war. Gegen Ende des 13. Jh. versprach Papst Nikolaus IV. (1288–1295) den Besuchern von St. Peter in Rom einen siebenjährigen Nachlass ihrer Bußstrafen; bald folgten weitere Ablässe, für deren Erhalt man zu bestimmten Zeiten unter genau geregelten Bedingungen Kirchen besuchen oder Wallfahrten unternehmen musste.

Die übliche Bußstrafe des frühen Mittelalters war eine befristete Exkommunikation, die Sünder für eine gewisse Zeit von den Sakramenten und dem kirchlichen Leben der Gemeinschaft ausschloss. Die ersten Ablässe reduzierten die Dauer dieser Strafzeit und waren entsprechend bescheiden in der Länge. Das sollte sich erst ändern, als sich um 1300 die Lehre vom reinigenden Fegefeuer, dem Purgatorium, innerhalb der Kirche durchzusetzen begann. Die Idee, dass Seelen ihre Sünden brennend abbüßen müssen, bevor sie Zugang ins Paradies finden, wurde von den Kanzeln verkündet und in Kirchen und Kapellen auch sehr drastisch bildlich dargestellt. Nun strebten Gläubige danach, die angedrohten Strafzeiten im Fegefeuer zu verkürzen. Die aber konnten tausende Jahre betragen, was die versprochenen Ablasszeiten ebenfalls deutlich erhöhte.

Beträchtliche Ablässe waren in Rom zu gewinnen, in St. Peter und in sechs weiteren Kirchen, nämlich San Paolo fuori le Mura, San Giovanni in Laterano, San Lorenzo fuori le Mura, Santa Maria Maggiore, Santa Croce in Gerusalemme und San Sebastiano fuori le Mura. Rekordhalterin aber ist seit 1452 die Heilige Treppe am Lateran, deren Besuch die Zeit im Fegefeuer um 28.000 Jahre verringern soll.

Völlige Sündenfreiheit, wie sie den Kreuzfahrern vor der Abreise ins Heilige Land versprochen war, brachten diese Ablässe allerdings nicht. Die Vergebung aller Sünden und Befreiung von sämtlichen angedrohten Fegefeuerstrafen ist nur zu Heiligen Jahren oder Jubeljahren in Rom möglich. Papst Bonifaz VIII. verkündete das in der Bulle, mit der er das Jahr 1300 zum ersten Jubeljahr der Kirchengeschichte erklärte.

Von Anfang an war der Erhalt des Jubelablasses an festgesetzte religiöse Übungen gebunden, die sich im Laufe der Jahrhunderte etwas geändert haben. Ursprünglich mussten Einwohner Roms innerhalb eines Jubeljahres dreißig Mal die Gräber der Apostel Petrus und Paulus besuchen, auswärtige Pilger fünfzehn Mal. Dann kamen Andachten in weiteren Hauptkirchen dazu; spätestens seit dem Jubeljahr 1575 ist der einmalige Besuch der sieben oben erwähnten Kirchen vorgeschrieben, um den begehrten Jubelablass zu erlangen. Das gilt noch heute, wobei die sieben Kirchen keinesfalls an einem einzigen Tag besucht werden müssen.

Dem unglaublichen Pilgeransturm im Jubeljahr 1300 war Rom kaum gewachsen. Über die Pilgerzahlen liegen keine verlässlichen Angaben vor, bekannt ist aber, dass der Zugang zu St. Peter über die Engelsbrücke mit Seilen in geregelte Bahnen gelenkt werden musste. Die Einnahmen für die Stadt und ihre Kirchen waren beträchtlich und führten dazu, dass das ursprünglich auf 100 Jahre festgesetzte Intervall zwischen den Jubeljahren sofort um die Hälfte verkürzt wurde. Auch 1350 war erfolgreich; 1400 aber fanden viele Pilger in Rom den Tod, denn die Pest war in der Stadt ausgebrochen; mit den Einnahmen aus dem Heiligen Jahr 1450 konnte der Neubau des Petersdoms begonnen werden. Seit 1468 ist das Intervall auf 25 Jahre verkürzt, um allen Gläubigen einmal im Leben die Möglichkeit auf völlige Sündenbefreiung zu geben; die Päpste haben zudem die Möglichkeit, zusätzliche Jubeljahre auszurufen.

Vor dem Aufbruch

Eine Wallfahrt zu unternehmen bedeutet generell den Besuch eines lokalen Heiligtums im eigenen und damit vertrauten Land; Wallfahrten dauern meist nicht mehr als einige Tage, sind ohne große Planung zu bewerkstelligen und wurden seit jeher auch von zahlreichen Frauen und Kindern unternommen. Pilgerfahrten aber waren und bleiben Reisen in die Fremde. Schon das Wort Pilger, dem lateinischen *peregrinus* entlehnt, bezeichnet jemanden, der sich außerhalb der Region befindet, in der er das Heimatrecht genießt. Pilgerfahrten zu den großen Zielen wie Jerusalem, Santiago oder Rom dauerten Monate bis Jahre; die Pilger waren überwiegend Männer, die sich zur Sicherheit meistens in kleinen Gruppen zusammenschlossen.

Die Zeitdauer, das Fremde und Unbekannte verlangten sorgfältige Planung. Unumgänglich war das Einholen von Empfehlungsschreiben, unseren heutigen Pilgerpässen vergleichbar; sie wiesen Pilger als solche aus, bewirkten kostenlose Unterbringung und Verpflegung und manchmal Zugang zu ansonsten verschlossenen Heiligtümern.

Begonnen wurden große Pilgerreisen gerne im Frühjahr, wegen der günstigen Witterung oder aber um, so wie Guarinoni und tausende andere Rompilger auch, zur Osterzeit in Rom zu sein. Gefahren drohten dennoch durch schlechte Wetter- und Wegverhältnisse, durch wilde Tiere, Räuber, Krankheit und Unfall oder gar den Ausbruch von Seuchen. Daher wurde üblicherweise vor Antritt der Pilgerfahrt der Nach-

Moderne Pilgerdarstellung am historischen Poübergang bei Piacenza

lass geregelt und das Testament verfasst. Auch empfahl man sich vor der Abreise dem Schutz Marias, des Heiligen, dem die Reise galt, oder eines anderen Pilgerpatrons und erhielt in der Kirche den Pilgersegen. Vielfach ließen Pilger auch Stab und Tasche segnen.

Der Pilgerstab, Kennzeichen frommer Reisender, bot Halt im schwierigen Gelände und diente der Verteidigung gegen angreifende Tiere und Räuber: Oft war an seinem Haken die Feldflasche befestigt. Weitere Merkmale waren ein breitkrempiger Hut und ein Umhang oder Mantel aus derbem Stoff, die die Pilger vor den Unbilden des Wetters schützten.

Tasche oder Quersack nahmen das bescheidene Gepäck der Pilger auf: ein wenig Geld, ein Messer, einen Becher und vielleicht einen Löffel, ein Stück Brot; außerdem etwas Kleidung zum Wechseln und oft ein Paar Reservesohlen für die Schuhe. Gerade das Schuhwerk war wichtig. Adelige unternahmen ihre Pilgerreisen wohl gelegentlich zu Pferd; die meisten Pilger aber waren aus Glaubens- oder Kostengründen *per pedes apostolorum* unterwegs, wie die Apostel, zu Fuß. Und hintereinander, nach dem Grundsatz: einer in den Spuren des anderen und alle auf den Spuren Christi.

Auf staubigen Straßen

Erste Pilger und Reisende des frühen Christentums konnten noch die gut ausgebauten und gepflasterten Römerstraßen nutzen, die mit Stationen und Stützpunkten in passenden Abständen versehen waren. Der älteste erhaltene Pilgerführer, im Jahr 333 von einem unbekannten französischen Jerusalempilger verfasst und mit Wegvarianten über Rom versehen, nennt Städte, Pilgerstationen und Entfernungen zwischen den

Bei Finstermünz querten Reisende bereits zur Römerzeit den Inn.

Orten entlang der Route. Seine Angaben decken sich mit der berühmten römischen Straßenkarte *Tabula Peutingeriana* und zeigen, dass die Pilger an der *Via Claudia Augusta*, der *Via Emilia* oder der *Via Flaminia* in Richtung Rom reisten. Zur Zeit der großen Völkerwanderung verkamen die Römerstraßen, die Pflasterung verschwand unter Schichten von Erde und Staub. Das Mittelalter nutzte viele der römischen Straßentrassen wieder als Verkehrswege, stampfte aber den Belag nur fest und verzichtete auf Pflasterungen. So standen den Pilgern über weite Strecken breite Handelsstraßen oder schmälere Karrenwege zur Verfügung; besonders im Gebirge waren sie aber auch auf Fußwegen und Saumpfaden unterwegs.

Ab dem 10. Jh. gewann der Handels- und Personenverkehr zwischen Nord und Süd an Bedeutung, und entsprechend häufiger und detaillierter werden Wegangaben für Reisende. Sigerich, Erzbischof von Canterbury, zog 990 am Frankenweg über Mailand und Siena nach Rom und verfasste eine exakte Beschreibung seiner Reiseetappen. Im 13. Jh. gab der Abt Albert von Stade in seiner Weltchronik Hinweise für Rompilger auf der Brennerroute. Mit der Einführung von Jubeljahren und den dadurch ausgelösten Pilgerströmen wurden auch Karten publiziert; Guarinoni wird eine solche genutzt haben, wobei aber zu beachten ist, dass Angaben bezüglich der Entfernungen von Stadt zu Stadt, von Siedlung zu Siedlung auf diesen Karten nur grobe Anhaltspunkte darstellten.

Zwischen den Stationen lag die Unsicherheit. Orientierungsprobleme an Weggabelungen gehörten zu den geringeren Übeln. Manche Wegabschnitte in Tallagen führten durch sumpfiges Gebiet oder waren Überschwemmungsgefahren ausgesetzt, gefürchtet waren etwa das Etschtal von Bozen bis Trient und weite Teile der Poebene. Kleinere Wasserläufe waren nur mit Mühe zu überqueren, mussten durchwatet werden oder zwangen zu Umwegen. Große Flüsse stellten allein in jenen wenigen Städten, die über Brücken oder Fährübergänge verfügten, kein Hindernis dar. Wann immer möglich, nutzten Reisende auch Wasserwege und legten Streckenabschnitte auf Booten, Lastkähnen oder Flößen zurück.

Das Wissen um gute und sichere Stationen und Wege machte manche Strecken attraktiver, mit der Zeit bildeten sich traditionelle Pilgerrouten heraus. Die aber blieben nicht statisch, sondern änderten sich mit der Anlage neuer Straßen und Brücken, mit veränderten Rahmenbedingungen oder mit den individuellen Bedürfnissen der Reisenden. Wie wir bei Guarinoni sehen, nahmen Pilger auch weite Umwege auf sich, um Orte aufzusuchen, die durch überlieferte Wunder oder außergewöhnliche bzw. seltene Reliquien Bedeutung erlangt hatten. Manche dieser Orte wurden selbst zu Pilgerorten und Wallfahrtszielen.

Traditionelle Pilgerrouten sind meistens recht deutlich erkennbar. An ihnen finden sich auffällig viele Kirchen und Kapellen, die den Pilgerheiligen Jakobus oder Rochus geweiht sind, zahlreiche Darstellungen des Wegpatrons Christophorus sowie alte Hospize, Wirtshäuser und Herbergen.

Herbergssuche unterwegs

Pilgern des frühen Mittelalters standen noch keine Hospize zur Verfügung. Sie versuchten, in Klöstern oder bei Fremden einen Schlafplatz zu bekommen. Meist wurde eine Unterkunft gewährt, galt doch die Hilfsbereitschaft gegenüber fremden Reisenden allen Gläubigen als Pflicht, eingedenk der Worte Christi: „Denn ich war hungrig, und ihr habt mir zu essen gegeben. Ich war durstig und ihr habt mir zu trinken gegeben. Ich war ein Fremder, und ihr habt mich aufgenommen" (Mt 25,35–46). Auch in populäre Sagen fand die Vorstellung von Christus als unerkanntem Bettler oder Reisendem Eingang.

Unter den Orden, die Arme und Pilger besonders ehrten, zeichneten sich die Benediktiner aus: Ihre Regel gebot, Pilger für drei Nächte unentgeltlich aufzunehmen und zumindest mit Wasser, Suppe und Schlafgelegenheit zu versorgen.

Als die Klöster im 8. Jh. der steigenden Anzahl von Reisenden nicht mehr gewachsen waren, entstanden erste klösterliche Gästehäuser, Xenodochien genannt. Anfangs für durchreisende Ordensbrüder gedacht, nahmen sie später auch andere Pilger auf. Seit dem 11. Jh. richteten einige Orden Hospize oder Spitäler ein, Pilgerherbergen, die auch Krankenversorgung boten. Ein Jahrhundert später wurden erste, von den Klöstern unabhängige Spitäler gegründet, als Stiftungen von Adeligen, später auch von Stadtkommunen. Geistliche und kommunale Hospize gewährten Pilgern und ortsansässigen Kranken und Bedürftigen freie Unterkunft, Verpflegung und ärztliche Betreuung. Guarinoni bezeichnete sie als Wirtshäuser Gottes, die alle, die sich keine kommerzielle Herbergsunterkunft leisten konnten, um Gottes Lohn aufnahmen und verpflegten. Wobei nach sozialem Stand der Pilger durchwegs unterschiedliche Standards bei Verpflegung und Unterkunft galten. Bekamen Privilegierte eigene Kammern mit Bettstatt zugewiesen, übernachteten die anderen auf Strohsäcken am Boden von Gemeinschaftsschlafräumen.

Die Kost variierte ebenso. Oft wird es nur Suppe, Bohneneintopf oder mit Öl angereicherten Brei gegeben haben. Guarinoni, der die Zustände vom Haller Spital kannte, wo er unentgeltlich Kranke betreute, beklagte die manchmal schändliche Herbergskost. Wasser, so Guarinoni, wurde gerne mit einem Stück Käse und einem Tropfen Wein zur „Spitalssuppe" verkocht; als Hauptgang reichte man gewöhnlich Kraut; beim Kochen von Fleisch ließ mancher Spitalsverwalter das Fett abschöpfen und statt dem Speck zum Kraut geben, um Fleisch und Speck für sich behalten zu können.

Hospize lagen aus Angst vor Ansteckung meist außerhalb der Städte; in den Hospizen selbst aber waren Kranke und Gesunde nicht immer räumlich getrennt. Nicht verwunderlich, dass Pilger, die es sich leisten konnten, auf die zunehmend aufkommende kommerzielle Gastlichkeit auswichen. Sie logierten gegen Bezahlung in Herbergen und Wirtshäusern, waren dort aber dem Risiko ausgesetzt, bei unredlichen Wirtsleuten unterzukommen, die überhöhte Preise für schlechte Ware verlangten oder gar mit Dieben und Straßenräubern gemeinsame Sache machten.

Am Ziel der Reise

Am Ziel der Pilgerfahrt angelangt, legten Pilger meist eine Beichte zur inneren Reinigung ab, bevor sie das Heiligtum anstrebten. Die frühesten Pilgerstätten waren, abgesehen von den Wirkungsstätten Jesu im Heiligen Land, Grab- oder Gedächtniskapellen zu Ehren von Aposteln und Märtyrern. In alten Pilgerkirchen ruhen die heiligen Leiber noch heute meist in den Krypten und bilden so ihr spirituelles Fundament. Große Pilgerkirchen setzen Reliquien auch in Seitenkapellen zur Verehrung aus; Gnadenbilder der Muttergottes werden ebenfalls überwiegend in eigens dafür errichteten Seitenkapellen verehrt.

Kern einer jeden Wallfahrt oder Pilgerreise ist von alters her die physische Annäherung an das Heilige. Ursprünglich konnten Gläubige durch das Berühren oder Küssen von Reliquien oder Reliquienschreinen unmittelbar an der heilenden und segnenden Kraft der Heiligtümer teilhaben; auch der Brauch, Reliquien mit Rosenkränzen oder Tüchern zu berühren, um sie dadurch zu segnen, war üblich. Heute ist das kaum noch möglich. Gnadenbilder und Reliquien werden zu ihrem Schutz und zur Verhinderung „abergläubischer Praxis", in der uralte magisch-religiöse Vorstellungen anklingen, meist außer Reichweite verwahrt. Das Bedürfnis zur körperlichen Kontaktaufnahme aber blieb. Deshalb berühren zahlreiche Gläubige heute Mauerwerk und Türen von Pilgerkirchen, marmorne Grabmale und gläserne Sarkophage, ziehen auf Knien um heilige Stätten, stecken Briefchen, Geldscheine und Münzen durch Schutzgitter und trinken von heiligem Wasser; oder erwerben in den Devotionalienläden der Wallfahrtsorte beispielsweise Ministückchen von zarten Tüchern, die mit Reliquien in direkten Kontakt gebracht worden waren.

Schon im Mittelalter nahmen Pilger von ihrer Reise Andenken wie Rosenkränze, kleine Behältnisse mit Reliquien oder Kopien der Gnadenbilder mit nach Hause. In den großen Pilgerstätten erwarben sie auch die jeweils typischen Abzeichen: in Santiago de Compostela eine Jakobsmuschel, in Jerusalem ein Kreuz, in Loreto ein Bild des Heiligen Hauses, in Rom die gekreuzten Schlüssel des Petrus, Bilder der Apostelfürsten Petrus und Paulus oder Darstellungen vom Schweißtuch der Veronika oder der Heiligen Pforte. Die Zeichen wurden gut sichtbar an Tasche, Mantel oder Hut befestigt und dienten ursprünglich als Beweis, dass die Pilger ihr Ziel tatsächlich erreicht hatten. Erst später steckte man sie schon am Beginn der Pilgerfahrt an, um das Ziel anzuzeigen und sich als Pilger auszuweisen.

Vom Mittelalter bis ins frühe 20. Jh. ließen Pilger Votivgaben oder -bilder an den Wallfahrts- und Pilgerorten zurück, um Dank zu sagen oder ihre Bitten zu bekräftigen. Das Wort Votiv stammt vom lateinischen *ex voto*, aus einem Gelübde heraus. An den großen Pilgerzielen bestanden Votivgaben gerne aus silbernen Herzen oder Nachbildungen jener Körperteile, auf die sich die Gnade bezieht. In lokalen Wallfahrtszielen finden sich neben gemalten, meist mit der Aufschrift „Ex Voto" versehenen Bildern, die Wallfahrtsgrund und Gnadenbild darstellen, auch figürliche Votivgaben aus Wachs, Eisen oder Silber.

Heute stehen Pilgern Formulare oder Bücher für Gebetsanliegen zur Verfügung, Kerzen, die wir vor Gnadenbildern entzünden, und Opferstöcke, um unserem Dank Ausdruck zu verleihen. Viele folgen dem Bedürfnis, mit ihren Bitten auch Rosenkränze, Fotografien, Kleidungsstücke oder andere Gegenstände zurückzulassen, die mit ihnen und ihren Anliegen verbunden sind.

Neuere Entwicklung des Pilgerwesens

Frommes Reisen hatte im Spätmittelalter Hochkonjunktur. Mit der Reformation wurden Wallfahrten zum Ziel heftiger Kontroversen. Luther bezeichnete sie als „gering gut werck" und kritisierte besonders das damit verbundene Ablasswesen und die intensive Heiligen- und Reliquienverehrung. Wo sich die Reformkirche durchgesetzt hatte, kam religiöses Wallfahren im 16. Jh. völlig ab; bedeutende Wallfahrtsziele wurden nur noch im Rahmen von Bildungsreisen besucht.

In katholischen Gegenden erlebte das Pilgern im Zuge der Gegenreformation einen starken Aufschwung, dem aber Joseph II. im 18. Jh. ein Ende bereitete. Seine Reformen im Geist der Aufklärung sollten die katholische Religionsausübung von abergläubischen Relikten befreien: Gnadenbilder und Reliquien kamen unter Verschluss, Wunderberichte wurden angezweifelt und als Sagen oder Betrug abgetan, Wallfahrten untersagt, Kirchen gesperrt, profaniert oder abgebrochen.

Im 19. Jh. wurde das Wallfahren wieder populärer. Mit dem Jubeljahr 1825 etablierte sich Rom erneut als Pilgerziel; etwas später begründeten Marienerscheinungen wie etwa in Lourdes oder Fatima neue Wallfahrten. Nach einem schweren Einbruch in der Zeit der beiden Weltkriege des 20. Jh. erlebt das Wallfahrts- und Pilgerwesen in den letzten Jahren eine deutliche und bislang ungebrochene Renaissance; das betrifft sowohl lokale Wallfahrten, die meist in größeren Gruppen unternommen werden und auf das Wallfahrtsziel fokussieren, als auch das Pilgern, das den Weg, die langsame Annäherung in den Mittelpunkt rückt. Der Wunsch nach Selbstfindung und dem Ablegen des Gewohnten sind dabei treibende Kräfte; dazu kommt die Freude am Reisen, am kulturellen Entdecken entlang des Weges. Und schließlich das spirituelle Erleben am Ziel.

I

AUF PILGERFAHRT NACH ROM

Wie sich die Raiß artig angelassen

HALL – MATREI – STERZING – BRIXEN

Als des königlichen Stifts zwey Officier am 11ten Februar des 1613ten Jahres in ihrem Pilgrambs-Liberey Stab und lederne Mänteln angelegt, sich morgens frühe in die königliche Stiftskirchen verfüget und Herr Obrist Capelan um halbe sechs Meß gelesen, deme der Scribent wie sonsten auch auf der ganzen Raiß zu Altar gedient, und nach der Meß sich im Stift bey ihro fürstlichen Durchlaucht gehorsamst angemeldt und dieselbe beidersamben gnädigst zugesprochen und neben auf die Raiß gereichten guten Kraftbissen ihnen viel Glück und fröhliche und wohlgeladne Wiederkunft gewunschen, die Pilgramb hingegen sich und ihre hinterlassnen Haus haben ihro fürstlichen Durchlaucht gehorsamst befohlen, sind dieselben zu dem Herrn Pfarrer gangen, und denselben auch gefertigt abgeholt, und auf Ynsprugg durch Loreto zu geruckt, daselbst Unsrer Lieben Frau sich befohlen, ferners nach Ynsprugg, und auf Wilten auf Mittag ihr Einkehr genommen.

Wiederholt macht Guarinoni in seinem Pilgerbericht Anspielungen auf das Damenstift und die Stiftskirche von Hall, benutzt sie als Vergleich in seinen Schilderungen von Kirchen und anderen Baulichkeiten in Italien. Stift und Kirche zu Hall wurden von 1567 bis 1570 unter der Gründerin Erzherzogin Magdalena von Österreich im Stil der Frührenaissance erbaut und erhielten ihre heutige Gestalt nach den Erdbebenschäden von 1670. Joseph II. ließ das Stift 1783 sperren und für profane Zwecke nutzen, seit 1914 ist es Heimat der Kongregation der Töchter des Herzens Jesu.

Die Herren Hippolyt Guarinoni und Michael Steinperger, der Oberkaplan des Damenstiftes, begaben sich also hinüber zur Haller Pfarrkirche St. Nikolaus, die 1613 schon genauso aussah wie heute, um im benachbarten Widum Pfarrer Christoph Wenig abzuholen. Zwischen Hall und Innsbruck standen Reisenden anno 1613 am nördlichen Innufer drei Wege zur Verfügung: Der Fürstenweg als ältester davon verlief über die Dörfer Heiligkreuz, Thaur, Rum, Arzl und Mühlau; der zweite, unter Erzherzog Sigmund zur Entlastung der Fuhrleute als Winterweg angelegte „Neue Weg" unterhalb der genannten Dörfer entspricht der modernen Alten Landstraße von Hall, der Römerstraße in Thaur und

Der Haller Stiftsplatz um 1600 mit Milser Tor, Jesuitenkirche, Königlichem Damenstift und Stiftskirche (von links nach rechts).

dem Gartenweg in Rum. Er durfte nur benutzt werden, wenn der Boden gefroren war.

Der Weg über das Loretokirchlein in der damals noch recht sumpfigen Haller Au, den unsere Pilger einschlugen, entspricht in etwa dem Verlauf der heutigen Bundesstraße. 1613 war es ein Fußpfad, von Pappeln gesäumt und zwischen Hall und Innsbruck mit 15 hölzernen Bildsäulen zur geistigen Erbauung geschmückt. Jede stand von der nächsten so weit entfernt, dass man im Gehen 10 Ave Maria beten konnte.

Erzherzog Ferdinand II. hatte diesen Pfad eigens für Pilger von und nach Loreto in der Haller Au anlegen lassen; das Gotteshaus wurde auf Wunsch seiner zweiten Gattin, Anna Katharina Gonzaga aus Mantua, erbaut. Sie hatte sich 1583 während ihrer ersten Schwangerschaft die Errichtung einer Kirche nach Art des Heiligen Hauses von Loreto erbeten, das wir mit Hippolyt Guarinoni und seinen Pilgerfreunden in Loreto bei Ancona besuchen werden.

Als die kleine Kirche bei Hall 1590 geweiht wurde, war sie die erste Loretokirche im deutschsprachigen Raum nördlich der Alpen. Sie entwickelte sich rasch zum Ziel lokaler, meist adeliger Wallfahrten und wurde zunehmend auch in Pilgerreisen nach Rom eingebunden. Der Jesuitenorden hatte den Ruhm des Heiligen Hauses von Loreto maßgeblich propagiert, und folglich nahmen viele Pilger, die sich im späten 16. und im 17. Jh. nach Rom aufmachten, um die Apostelgräber zu besuchen, den beschwerlichen Umweg über Loreto bei Ancona auf sich. Wenn sie der Weg über Hall führte, kehrten sie wie Guarinoni, Steinperger und Wenig beim Kirchlein in der Haller Au zu, um für sich und ihre Pilgerfahrt den Schutz Marias zu erbitten; am Rückweg aus Italien wiederum dankte man hier für die glückliche Heimkehr.

Riese Haymon und Stift Wilten um 1700 (aus Johann Stridbecks Curiosem Staats und Kriegs Theatrum).

Große Pilgerfahrten begannen gewöhnlich mit dem Besuch einer Jakobskirche; unsere Pilger dürften diejenige in der Innsbrucker Altstadt besucht haben, die 1613 noch Filialkirche der Pfarrei Wilten war. Eine Zeichnung Albrecht Dürers zeigt sie als mächtigen gotischen Bau mit hohem Spitzturm. Nach schwersten Schäden durch das Erdbeben von 1689 entstand an seiner Stelle ab 1717 der Dom in seiner heutigen barocken Gestalt. Das berühmte Maria-Hilf-Bild, um 1537 von Lucas Cranach dem Älteren gemalt, konnten die Pilger 1613 noch nicht bewundern: Es kam erst 1650 in die Jakobskirche.

Im Dom werfen wir einen Blick auf das bronzene Prunkgrab von Erzherzog Maximilian III. Er war Hochmeister des Deutschen Ritterordens und zur Zeit von Guarinonis Pilgerreise Landesregent von Tirol. Sein Grabmal zeigt ihn kniend vor dem hl. Georg, dem Patron des Ritterordens; bemerkenswert sind die gewundenen Bronzesäulen des Baldachins, aufs Feinste mit Reben, Ranken, Vögeln und Insekten geschmückt.

Über Innsbruck zogen die Pilger nach Wilten, um den Prior des Stiftes, Pater Melchior, als weiteren Weggefährten abzuholen. Das Kloster Wilten entstand im 6. Jh. im Bereich der römischen Militärstation Veldidena und wird seit 1138 vom Orden der Prämonstratenser-Chorherren geführt. Die Klostergründung verbindet die Legende mit dem Riesen

Haymon, der im Streit den Riesen Thyrsus erschlagen hätte. Zur Sühne begann er am Eingang zur Sillschlucht ein Kloster zu bauen. Nacht für Nacht jedoch kam ein Drache aus der Schlucht und zerstörte, was Haymon tagsüber errichtet hatte, bis ihn Haymon tötete und ihm die Zunge aus dem Rachen riss. Statuen von Haymon und Thyrsus flankieren das Portal der neubarocken Stiftskirche aus dem 17. Jh., hinter dem Eingang steht eine hölzerne Figur Haymons, die Drachenzunge in der Hand.

und weillen Pater Prior noch nit fertig, selbigen Mittag aufgehalten und den anderen daselbst bis auf Mittag aufhalten müssen. Als sie vom Prälaten – einem frommen und gottseligen Herrn – den Segen empfangen, selbigen Abend bis gegen Matrei geraißt, als Herr Thaler auch schon in Bereitschaft stand. Als man nun erstmals vom Kloster aus und auf die Landstraßen kommen, warn die Bursch alle lustig, und der Herr Pfarrer, welicher sonsten das starke Laufen hinein zu seiner Kirchen auf den Wald gewohnt, und etliche andere die fingen an zu schieben und zu eilen, als wann sie gleich selbigen Abend zu Rom einreiten wollten, welichen der Scribent unverlegt also zugesprochen: Ihr Herrn Pilgramb, wer Lust hat gegen Rom zu laufen, der lauf in Gottes Namen fort, ich und mein Gespann haben uns vorgenommen nach Rom zu gehen, und dabei bleiben wir, wer mit uns will, der gehe hinter uns, denn ich will und soll Führer sein, damit nit einer da, der andere dort hinten bleibe, und mir als Medico das Übersechen verwiesen werde. Auf weliches Herr Pfarrer ein paar Augen aufgesprissen, sprechend: Boz drumben heiter, ich habe gemeint, Raiß gegen Rom, so muss ich in Notstall hinein [mich unters Joch begeben]. Ja, es kann nit anders sein, sprach der Scribent und wer mir firschreiten wird, der wird um ein Viertl Wein verfallen sein. Haben sich also zur Geduld ergeben und einer hinter dem andern als wie die geladnen Sömbross getreten und diese Form fort und fort die ganze Raiß behalten, oder wo die Landstraßen weit, zwey nebeneinander, aber keiner dem Scribenten firgangen.

Von Wilten zogen die Pilger über den Hohlweg auf den Bergisel und weiter an der Landstraße über Schönberg gegen Matrei. Die Straße entwickelte sich aus der römischen *Via Raetia*, auf ihr verläuft heute die viel befahrene Brenner-Bundesstraße. Lustig zu wandern wie die „Bursch" anno 1613 ist hier nicht mehr möglich; nur von der Stephansbrücke hinauf nach Schönberg konnten wir einen Teil der alten Trasse entdecken, der als Forst- und Wanderweg erhalten ist.

In Matrei traf die Landstraße mit der von Hall ausgehenden und über Ellbögen verlaufenden Salzstraße zusammen. Als älteste Siedlung des Wipptals entwickelte sich der Markt aus der römischen Straßenstation *Matreium*, die wiederum auf ein rätisches Dorf zurückging.

Die eigentliche Altstadt gruppiert sich um das spätgotische Ensemble von Pfarrkirche und Friedhofskapelle. Die Pfarrkirche Mariä Himmelfahrt hat man innen im Barockstil umfassend verändert; von der gotischen Ausstattung blieb nur das wundertätige Schnitzbild Unseres Herrn im Elend am Hochaltar. Ritter Heinrich von Aufenstein soll es um 1210 von seiner Kreuzfahrt aus dem Heiligen Land mitgebracht haben. Stark gefördert durch Erzherzog Ferdinand II., einem großen Verehrer des Matreier Gnadenbildes, war Unser Herr im Elend noch 1613 Ziel lokaler Bittgänge. Von der Altstadt zieht sich der Markt als Durchgangsstraße an der Brennerstrecke gegen Süden. Breite, niedere Giebelhäuser mit Erkern, gotischen Toren und Fluren reihen sich aneinander, dazwischen zahlreiche historische Gaststätten.

Von Matrey sind sie folgenden Tag abends gegen Störzing kommen, und daselbst von Herrn Geizkofler selig samentlich gar liebreich empfangen und traktiert worden und hat die Bursch dergleichen Herberg alle Tag gewunschen.

Das Straßendorf Gries war die nächste bedeutende Station für Reisende in Richtung Süden. Alte, großteils aufgelassene Gasthöfe künden davon. Rompilger machten dem hl. Jakobus in seiner Kapelle hoch über Gries ihre Aufwartung. Die Kapelle hat noch romanische Elemente, eine bemalte flache Holzdecke und einen schönen Flügelaltar aus dem 15. Jh. mit Szenen aus der Jakobslegende. In der Pfarrkirche von Gries können wir die Tafelbilder der vierzehn Nothelfer betrachten. Sie stammen von einer Kapelle am Ortsende, in der sich Reisende vor dem Anstieg auf den Brennerpass dem Schutz der 14 Heiligen empfahlen. Anstelle der Kapelle finden wir heute einen modernen Bildstock und eine Marmortafel am Fels, die daran erinnert, dass die kaiserlichen Brüder Karl V. und Ferdinand I. im Jahr 1530 hier zusammentrafen.

Kurz vor Erreichen des Brennerpasses mussten Reisende seit dem 13. Jh. die Zollstätte am Lueg passieren. Anfang des 15. Jh. ließ Herzog Friedrich IV. dort auch eine Kapelle bauen und den Heiligen Sigmund und Christophorus weihen. Die Zollgebäude fielen den Kämpfen von

1809 zum Opfer, die malerisch von einer Ringmauer umgebene Kapelle steht noch. Nachdem die Pilger den 1370 m hohen Brennerpass überwunden hatten, folgten sie dem Flusslauf des Eisack. Auch hier entsprach die alte Landstraße in etwa der heutigen Staatsstraße; die wiederum wird von einem asphaltierten Rad- und Wanderweg begleitet.

Kapelle zu den hll. Sigmund und Christophorus am Lueg bei Gries am Brenner

Wir können der Versuchung nicht widerstehen, uns so unmittelbar auf historischen Pfaden zu bewegen, und machen uns per pedes auf nach Sterzing.

Bald ist das Brennerbad erreicht, längst aufgelassen und heruntergekommen, im 15. und 16. Jh. aber ein blühendes Thermalheilbad, dessen heiße Quellen schon den Römern bekannt waren. 1460 weilten Herzog Sigmund von Tirol und seine Gattin Eleonore von Schottland noch als Kurgäste im Brennerbad, später zerstörten Muren die Quellen. Der Sterzinger Patrizier Zacharias von Geizkofler ließ sie wiederherstellen und 1606 „unter Beiziehung berühmter medicorum", wie es in einer Urkunde heißt, nutzbar machen. Auch Guarinoni gab seine Expertise zur Einrichtung des Bades ab. Ein Badbüchl von 1608 beschreibt neben den Heilwirkungen des Wassers auch den Badebetrieb. So wissen wir von einem Badehaus für vermögende Gäste, einer bescheidener ausgestatteten Badestube für arme Leute – denen unentgeltliche Bäder erlaubt waren, vorausgesetzt, sie hatten nachweislich gebeichtet und die Kommunion empfangen –, einer Kapelle zur geistigen Erbauung und einem Gasthaus für das leibliche Wohl.

Die Straße führte weiter durch den Marktflecken Gossensaß. In einer bischöflichen Reiserechnung von 1204 wird der Ort erstmals urkundlich erwähnt. Was den Namen angeht, so steht „Saß" für Sitz, während „Gossen" dem alten Wort Gotzen für Knappen entspricht oder eine Person namens Gozzo bezeichnet. Bergleute von den reichen Silber- und Bleibergwerken in Pflersch hatten jedenfalls ihrer Patronin Barbara um

1510 die zweigeschossige Kapelle neben der Pfarrkirche gestiftet. Ihr Prunkstück ist der spätgotische Flügelaltar eines unbekannten Meisters.

Sterzing, als *Castrum Vipitenum* von Römern als Stützpunkt zur Sicherung des Brennerüberganges gegründet, blieb wichtiges Etappenziel für alle Reisenden entlang der Brennerroute. Zahlreiche Gasthöfe, die wohlhabenden Händlern Unterkunft boten, zeugen davon genauso wie Hospize, in denen Pilger und weniger betuchte Reisende Aufnahme, Verpflegung und notfalls medizinische Betreuung fanden.

Das Stadtwappen zeigt einen kleinen, krummen Pilger namens Starzo oder Sterzl, dem Sterzing nach alter Tradition den deutschen Namen verdankt. Die Legende erzählt vom frühen Mittelalter, als bajuwarische Siedler vom Norden kamen und sich in den Ruinen des römischen *Vipitenum* niederließen. Der fromme Starzo sei der Erste gewesen, der mit seiner Hütte den Grundstein zur neuen Stadt gelegt hätte.

Über Jahrhunderte durchlief der gesamte Handels- und Reiseverkehr Sterzing auf einer Nord-Süd-Transversale, die heute im historischen Zentrum die Namen Altstadt und Neustadt trägt. Auf unserer Spurensuche betreten wir Sterzing vom Norden durch die Altstadt, die ehemalige Vorstadt. Dort bestand gleich im ersten Gebäude seit dem 13. Jh. eines der ältesten Hospitäler der Stadt, das sich um Pilger, Kranke und Bedürftige kümmerte. Um 1400 verlegte man das Spital aus dem baufällig gewordenen Gebäude an den Stadtplatz und nutzte das ehemalige Hospital als Färberei und Lodenwalkerei.

Der Gasthof Krone schräg gegenüber zählt mit dem Färberhaus zu den ältesten Gebäuden der Stadt; er war um 1300 eine Art Burg, in deren Kellergewölben die Naturalienabgaben der Bevölkerung an die Herzöge gelagert wurden; kurz nach 1430 wird er erstmals als Fuhrmannsgasthof urkundlich.

Die gotische Spitalskirche zum Heiligen Geist am Stadtplatz gehörte zum 1400 hierher verlegten Bürgerspital. Die überaus sehenswerten Fresken schuf kurz darauf Hans von Bruneck. Dominiert wird der Stadtplatz vom Wahrzeichen Sterzings, dem Zwölferturm, benannt nach dem Brauch des täglichen Mittagläutens. Der Turm entstand zwischen 1468 und 1472; hinter ihm liegt der nach dem verheerenden Brand von 1443 als Neustadt wiedererstandene Bereich des alten Sterzinger Stadtzentrums mit seinen breitfrontigen, erkergeschmückten Häusern. Eines davon ist das repräsentative spätgotische Rathaus (1468–1472).

Den Prunkerker an der Ecke entwarf Jörg Kölderer, der berühmte Baumeister des Goldenen Dachls in Innsbruck. Der steinerne, turbangekrönte Kopf soll nach örtlicher Überlieferung an seinen Vater erinnern, der im Kampf gegen die Osmanen fiel.

Das gelbe Haus mit dem stolzen Treppengiebel, dem Rathaus schräg gegenüber, war das Stammhaus der Geizkoflers. Die Familie bezeichnete man aufgrund ihres Reichtums und politischen Einflusses als die Klein-Fugger von Sterzing. Uriel Geizkofler war Berater am kaiserlichen Hof, ebenso sein Neffe Zacharias. Um 1600 erwarb der Gewerke Abraham Geizkofler, ein weiterer Neffe Uriels, das Haus vis-à-vis vom Rathaus. Er war es, der unsere Pilger so trefflich bewirtet hatte. Abraham starb 1615, das Geizkoflerhaus ging 1664 an die Tiroler Landesfürsten über, die es als Gästehaus nutzten. Zahlungskräftigen Reisenden standen auch mehrere Gasthöfe in der Neustadt zur Verfügung. Der Gasthof zur Lilie von 1450 etwa, dessen Fassade eine beachtenswerte Darstellung des hl. Christophorus schmückt.

Wie in der nördlichen Altstadt bestand auch am südlichen Ausgang der Stadt im 13. Jh. ein Hospiz für Arme, Kranke und Pilger. 1234 erwähnt eine Urkunde das *Hospitale Sancte Marie* in Wibital; 1254 übernahm der Deutsche Ritterorden das Hospiz samt Kapelle und baute es zu einem seiner Stützpunkte, „Deutschhaus" genannt, aus.

Norddeutsche Kaufleute hatten den Orden 1190 während des dritten Kreuzzugs gegründet und sich der Pflege von Kranken und Verwundeten verschrieben, wenige Jahre später wandelten sie den Pflegeorden zum geistlichen Ritterorden um und wählten als Ordenszeichen das schwarze Kreuz auf weißem Mantel.

Die Räume der Deutschen Ritter im ersten Stock des Sterzinger Ordenshauses nimmt heute das Stadtmuseum ein. Prunkstück des Museums ist der weltberühmte Altar, den der Ulmer Meister Hans Multscher von 1456 bis 1459 für die nahe dem Ordenshaus gelegene Sterzinger Pfarrkirche „Unsere Liebe Frau im Moos" geschaffen hat.

Das spätgotische Gotteshaus zählt zu den größten Kirchen im Alpenraum und steht auf den Fundamenten eines romanischen Vorgängers. 1497 soll Kaiser Maximilian persönlich den Grundstein zum Bau des Langhauses gelegt haben. Nach der barocken Umgestaltung des Kircheninneren blieb nur das Weltgerichtsfresko an der Chorwand von der gotischen Ausstattung erhalten.

Hinter dem mächtigen Deutschhaus ragt der grüne Turmhelm der Sterzinger Pfarrkirche hervor.

Vom Deutschordenshaus führte die Straße vorbei an Burg Reifenstein über Stilfes und Mauls zur Brixner Klause und über Aicha und Neustift weiter nach Brixen, was in etwa dem Verlauf der römischen Militärstraße *Via Raetia* entsprach.

Der felsige Burghügel von Reifenstein war bereits in vorgeschichtlicher Zeit besiedelt. Im frühen Mittelalter begruben Bajuwaren ihre Toten in Baumsärgen um eine kleine Andachtsstätte, aus der die Kapelle des hl. Zeno hervorging.

Reifenstein zählt zu den schönsten und besterhaltenen Burgen Südtirols. Um 1100 erbaut und als Lehen des Hochstiftes Brixen von wechselnden Herrschaften verwaltet, wachte Reifenstein über die Straße nach dem Süden und war von den Burgen im Sterzinger Becken die strategisch bedeutendste. Herzog Sigmund übergab sie dem Deutschen Ritterorden, der sie mit Ringmauer, Schießscharten, Fallgittern, Wehrgängen und Toren massiv befestigen ließ. In hölzernen Schlafkojen konnte bei drohender Gefahr eine große Zahl an Kriegsknechten untergebracht werden. Berüchtigt ist der Gerichtssaal der Burg, in dem auch peinliche Befragungen unter Folter stattfanden, sowie der Fallturm, durch den Verurteilte in einen Kellerschacht gestürzt wurden, um am nackten Fels zu zerschellen. Erbaulicher anzusehen ist das Grüne Zimmer, dessen Wände vollständig mit feinstem spätgotischem Rankenwerk in verschiedenen Grüntönen bemalt sind. Der Ritterorden wurde zu Beginn des 19. Jh. unter bayrischer Herrschaft aufgelöst und Reifenstein ging an die Grafen zu Thurn und Taxis als Teil der Ablöse für die Postdienstorganisation, die diese Familie seit der Zeit Maximilians I. im gesamten Deutschen Reich geführt hatte. Die gegenüberliegende, weithin sichtbare Burg Sprechenstein war seit ihrer Errichtung im 13. Jh. Lehen der Familie Trautson; im 18. Jh. ging sie im Erbweg an die Familie Auersperg, die Sprechenstein noch heute besitzt.

Das kleine Stilfes zählt zu den ältesten Siedlungen im Sterzinger Moos. Im Mittelalter kontrollierten hier die mächtigen Herren von Stilfes den Verkehrsweg. Sehr gut erhalten ist ihr turmartiges Zollhaus mit schönem Wappenschmuck. Vom frühen 15. bis Mitte des 20. Jh. war Stilfes Sitz des gleichnamigen Dekanats, was den edelsitzartigen Pfarrhof und die stattliche Pfarrkirche erklärt. Bei Stilfes quert die Straße den Eisack. In den Wirtshäusern von Freienfeld am jenseitigen Ufer konnten sich Reisende schon im Mittelalter stärken, bevor sie gegen Süden weiterzogen oder sich auf den Weg hinauf zur Wallfahrtskirche Maria Trens machten.

Auslöser für die Wallfahrt nach Trens war eine Marienstatue, die am Rand einer Mure geborgen wurde und sich, so die Legende, auf wundersame Weise immer wieder dort einfand, bis ihr eine Kapelle errichtet wurde. Ein Ablassbrief aus dem Jahre 1345 versprach allen, die am Bau dieser Marienkapelle mithalfen, den völligen Nachlass ihrer Sündenstrafen. Ihre heutige Gestalt erhielt die Wallfahrtskirche zu „Unserer Lieben Frau von Trens" um 1500. Das Vertrauen in die Madonna von Trens ist ungebrochen, noch heute zählt sie zu den wichtigsten Wallfahrtszielen Südtirols.

Das Gnadenbild von Maria Trens

In Mauls kehrten Fuhrleute an der Brennerstrecke im historischen Gasthof Stafler zu. Bodenfunde belegen, dass auch die Römerstraße hier verlief. Schließlich verengt sich das Tal des Eisack in der Granitschlucht im „Sack", längst besser bekannt als Sachsenklemme. Als Guarinoni hier vorbeikam, existierte im Sack nur die gotische Kapelle zur hl. Anna, der Gasthof aus mächtigen

Granitquadern entstand erst um 1900. Ein Denkmal verweist auf den Ursprung des Namens Sachsenklemme zur Zeit der Tiroler Freiheitskämpfe gegen Napoleon sowie seine Verbündeten und erinnert an den blutigen Empfang, den Tiroler Schützen im Sommer 1809 einer sächsischen Vorhut von Marschall Lefebvre im Sack bereiteten. 2500 Mann sollen hier aufgerieben worden sein, von konstruierten Steinlawinen erschlagen oder von Scharfschützen erledigt.

Mittewald und Franzensfeste entstanden als Poststationen, mit Gasthöfen, deren Betreiber auch Postmeister waren. Oberhalb des östlichen Eisackufers sind im Archeopark von Franzensfeste einige gut erhaltene Abschnitte der römischen *Via Raetia* zu sehen. Südlich vom Ort Franzensfeste mussten Reisende über den Berghang zur Brixner Klause aufsteigen. Sie war Zollstation und bildete bis 1803 die nördliche Grenze des Bistums Brixen und das Ende der Talschaft Vipitenum, von dem das Wipptal seinen Namen erhielt. Von der Anlage blieb wenig erhalten, auch der Name ist in Vergessenheit geraten, seit unterhalb der Brixner Klause zwischen 1836 und 1839 die massive, nach Kaiser Franz I. benannte Talsperre Franzensfeste entstand.

Für Pilger am Weg nach Rom oder ins Heilige Land war die nächste Station das Kloster Neustift, heute die größte Klosteranlage Tirols und eines der bedeutendsten Baudenkmäler Südtirols. Seit dem 12. Jh. fanden sie dort Unterkunft und Verpflegung im Hospiz, der späteren Michaelskapelle. Der runde, zinnenbewehrte Bau wird aufgrund der Ähnlichkeit mit seinem römischen Vorbild auch Engelsburg genannt

Michaelskapelle oder Engelsburg im Kloster Neustift

1142 hatte der Brixner Bischof Hartmann hier am Schnittpunkt der ursprünglichen Brennerstraße mit dem alten Verkehrsweg ins Pustertal ein erstes Kloster mit angeschlossener Pilgerherberge gegründet und den Augustiner-Chorherren übergeben, die es noch heute leiten. Neustift zählte bald nach

der Gründung zu den wichtigsten Zentren geistigen Lebens in Mitteleuropa. Die umfangreiche Stiftsbibliothek mit ca. 78.000 Bänden, darunter kostbare Handschriften, zeugt davon. Das Kloster wurde mehrfach erweitert, oft aus Platzmangel, manchmal zum Schutz, aber immer fügten sich die Stilelemente unterschiedlicher Epochen harmonisch in das Gesamtbild.

Stimmungsvoll ist der gotische Kreuzgang mit Grabsteinen und Fresken aus dem 14. und 15. Jh. Irgendwo im Kreuzgang liegt Oswald von Wolkenstein begraben, der genaue Ort ist nicht bekannt.

Die Stiftsbasilika beeindruckt mit der heiteren Leichtigkeit des Innenraums. Im Stuckaturschmuck tummeln sich Putten, 364 sollen es sein, eine für jeden Tag des Jahres, und keine sieht wie die andere aus. Das barocke Deckenfresko von Matthäus Günther erzählt von der Gründung des Klosters Neustift und stimmt nachdenklich: Der reiche und fromme Reginbert von Säben war bischöflicher Verwaltungsbeamter. Nach dem Tod des 4-jährigen Söhnchens beschlossen Reginbert und seine Gattin Christina, sich zum Seelenwohl des verstorbenen Kindes von ihrem Reichtum zu trennen, und stellten Bischof Hartmann ausgedehnte Ländereien und Geldmittel für den Bau des Klosters zur Verfügung. Reginbert soll sich am Tod des Sohnes mitschuldig gefühlt haben, da er kurz zuvor geäußert hatte, er würde sein Kind lieber tot sehen als in einer Todsünde.

Durch die Stiftung war Neustift von Anbeginn weitgehend autark, verfügte über Wälder, Ackerland und Felder, über Mühle, Sägewerk und Schmiede. Und über einen Keller, in dem schon seit der Klostergründung Wein aus den eigenen Weingärten gekeltert und gelagert wird. Eine Ringmauer umfasst seit dem ausgehenden 15. Jh. die Anlage. Aus Angst vor einem Türkeneinfall errichtet, sollte sie den Bauersleuten des Umlandes als Fluchtburg dienen. Die Türken kamen nie, wohl aber ein Aufgebot von etwa 5000 Bauern, die das Stift beim Bauernaufstand 1525 stürmten und plünderten. Anführer war der Südtiroler Michael Gaismair, der als Sekretär im Dienste des Fürstbischofs von Brixen mit den Missständen im Land bestens vertraut war.

Bevor wir uns auf den halbstündigen Weg nach Brixen machen, betrachten wir den Weltwunderbrunnen im Klosterhof mit seinem 1669 gemalten Fries. Hier haben die Augustiner-Chorherren ihrem Kloster mit einem Augenzwinkern ein Denkmal gesetzt. Neben den herkömmlichen sieben Weltwundern – dem Koloss von Rhodos, dem Diana-

Acht Weltwunder zeigt das Brunnenhaus im Hof des Klosters Neustift.

tempel von Ephesos, dem Mausoleum von Halikarnass, der Stadtmauer von Babylon, den Pyramiden von Gizeh, dem Leuchtturm von Alexandria und der Zeusstatue von Phidias – findet sich als achtes Weltwunder das Kloster Neustift bei Brixen.

Die Altstadt von Brixen teilt sich recht klar in einen bürgerlichen Bereich mit Laubengassen, Geschäfts- und Wohnhäusern aus dem 15. und 16. Jh. sowie einigen historischen Gaststätten, und einen sakralen Bereich rund um den Domplatz.

Reisende vom Norden betraten zuerst die Bürgerstadt. Schon vor den Stadtmauern, am Ende der heutigen Trattengasse, bot eine große Herberge Verpflegung und Unterkunft. Im Dezember 1551 erhielt sie hohen Besuch. Erzherzog Maximilian von Österreich befand sich auf dem Heimweg nach Wien und führte einen lebenden Elefanten mit sich, ein Geschenk des portugiesischen Königs. Das Tier war eine Sensation – niemand hatte dergleichen zuvor gesehen – und wurde unterwegs immer wieder zur Schau gestellt. Die Herberge nannte sich fortan Hotel zum Elefanten; ein Fresko an der Fassade erinnert an das Ereignis.

In der Altstadt, zwischen Michaelstor und Adlerbrücke, wird die 1602 gegründete Stadtapotheke von Brixen als Pharmaziemuseum geführt. Guarinoni hat sich in seinen medizinischen Schriften auch mit dem da-

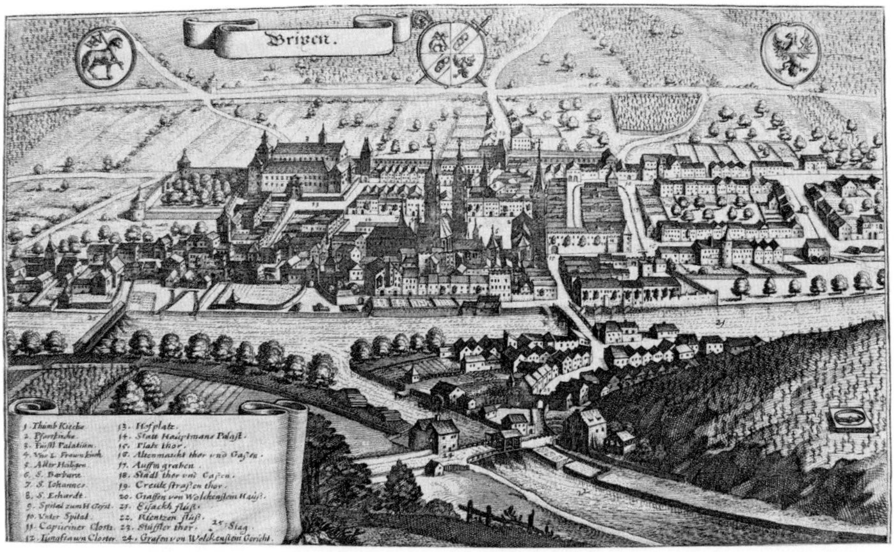

Brixen um 1649 mit Hofburg (oben Mitte links) und Dom (rechts davon), Kupferstich von Martin Zeiller für Matthäus Merians Topographia Provinciarum Austriacarum

mals noch jungen Apothekerwesen auseinandergesetzt; die Holzvertäfelung der Museums-Apotheke, die alten Kräuterbücher, die Gefäße mit Heilmitteln wie Hirschhorn, Alraun oder pulverisierter menschlicher Mumie versetzen uns in seine Zeit zurück.

Dann aber hinein durch das Michaelstor und gleich weiter in die Großen und Kleinen Lauben der alten Bürgerstadt. Den Laubenhaustypus findet man häufig entlang alter Handelsstraßen. Unter den schützenden Arkaden konnten Waren abgeladen oder gehandelt werden; dahinter befanden sich die Lagerräume. Kontore und Wohnbereiche lagen darüber. Die Häuser konnten schmal, aber auch tief sein, weshalb die hinteren Räume durch enge, schachtartige Höfe mit Licht und Luft versorgt wurden. Manche Häuser der Brixner Lauben verfügten über Durchgänge zum Domplatz, der oft als der schönste Stadtplatz Südtirols gerühmt wird und als Herz des sakralen Viertels auch die Keimzelle der Stadt bildet. Um das Jahr 900 ging das Landgut Prihsna, das vermutlich aus dem römischen Pressena entstand, an die Bischöfe von Säben. Bischof Albuin verlegte um 990 den Bischofssitz von Säben hierher, Bischof Hartwig begann im 11. Jh. mit der planmäßigen Anlage der Stadt.

Der hohe, gemauerte und weiß getünchte Spitzturm der Pfarrkirche ist das Wahrzeichen von Brixen. Die Kirche ist dem hl. Michael geweiht

und entstand um 1500 auf den Fundamenten einer romanischen Kapelle. Auch der Dom Mariä Himmelfahrt, 1758 geweiht, steht auf romanischen Grundmauern aus der Zeit der Stadtgründung.

An der klassizistischen Domfassade fallen drei Bischofsstatuen auf, die Patrone des Bistums Brixen. Gelegentlich bekommt man in der Stadt über die Gestik der drei Statuen noch ein altes, liebenswertes Geschichtchen zu hören: St. Ingenuin, die Hand aufs Herz gepresst, stöhnt über die sommerliche Hitze. St. Albuin dreht die Hand gegen St. Kassian, fragend, was gegen die Trockenheit zu tun wäre. Worauf St. Kassian mit weit ausgestreckter Hand auf die gegenüberliegende Seite des Platzes weist, wo in einem schmalen Gässchen hinter dem Pfarrhof das Schild des Finsterwirts baumelt.

Der Finsterwirt war ursprünglich die Schenke des Domkapitels, in der die von den Bauern abgelieferten Zehentweine angeboten wurden.

Bevor wir der Aufforderung des hl. Kassian folgen, zieht es uns wie bei jedem Besuch in Brixen in den romanisch-gotischen Kreuzgang mit seinen Freskenzyklen, die zu den wichtigsten des Alpenraumes zählen und den kunsthistorischen Höhepunkt der Stadt Brixen bilden.

Nachdem der Kreuzgang um 1370 seine Gewölbe erhielt, beriefen die Domherren namhafte Künstler nach Brixen, um die Arkaden auszuschmücken. Einerseits zur Zierde, aber ebenso, um der großteils leseunkundigen Bevölkerung religiöse Inhalte bildlich zu vermitteln. Die meisten Künstler kamen aus der Brixner und Brunecker Malschule, folgten aber bei der Gestaltung des Kreuzganges keinem einheitlichen Programm, was das Gesamtwerk umso lebendiger und spannender macht. Tagelang könnte man die Darstellungen studieren und doch immer wieder Neues entdecken. Da finden sich Szenen aus dem Alten und Neuen Testament, Allegorien der sieben Todsünden und sieben Kardinaltugenden oder Szenen aus den Legenden heiliger Frauen und Männer. Unser Lieblingsfresko zeigt den Kampf des jüdischen Eleazar gegen einen syrischen Kriegselefanten. Meister Leonhard von Brixen und seine Werkstatt hatten den Auftrag erhalten, diese biblische Szene im Kreuzgang darzustellen. Da aber noch keiner von ihnen je einen Elefanten gesehen hatte, nahm der Meister ein Pferd zum Vorbild und schmückte es mit jenen Attributen eines Elefanten, die er vom Hörensagen kannte.

Zauberhafter Kunstgenuss: der Kreuzgang von Brixen

Die Hofburg der Fürstbischöfe von Brixen geht auf das 13. Jh. zurück, wurde aber im Stil der Hochrenaissance völlig umgebaut und um 1600 vollendet. Die Terrakottafiguren im prachtvollen Arkadenhof stellen Mitglieder des Hauses Habsburg dar. Seit 1964 ist in der Hofburg das Diözesanmuseum eingerichtet, das neben sakraler Kunst auch eine beeindruckende Krippensammlung ausstellt.

Wie in Neustift ließ Bischof Hartmann um 1157 auch in Brixen ein Hospiz bauen, das sich um Kranke, Bedürftige und Pilger kümmerte. Das Heiligkreuzspital stand auf der Insel Sanctae Crucis zwischen dem Eisack und einem längst trockengelegten Nutzwasserkanal. An seiner Stelle befindet sich heute das Priesterseminar, das ursprünglich im Cassianeum hinter dem Dom ansässig war. Von dort bummeln wir stadtauswärts durch einen Straßenzug, der als ein Stück authentisches Brixen beeindruckt: die Hartwiggasse und Runggadgasse, beide gesäumt von gotischen Wohnhäusern mit Erkern, breiten Steinportalen und pastellfarbenen Fassaden. Den südlichen Ausgang bilden Klöster: der Konvent der Tertiar-Schwestern, die hier 1700 die erste unentgeltliche Mädchenschule Tirols einrichteten; das Kapuzinerkloster, 1630 bei einer älteren Katharinenkirche gegründet, und das Kloster der Klarissinnen, die hier seit 1235 in strenger Klausur leben.

Nächstes Etappenziel früherer Reisender war gewöhnlich Klausen, das sich schon lange vorher durch das Kloster Säben ankündigt. Die Bergspitze, die hinter Klausen aufragt, war bereits in der Jungsteinzeit Kultplatz. Um 600 richtete Bischof Ingenuin dort einen ersten Bischofssitz ein; nach ihrem Umzug nach Brixen nutzten die Bischöfe Säben weiterhin als Wehr- und Fluchtburg – bis sie 1533 durch einen durch Blitzschlag verursachten Brand völlig zerstört wurde. Als Guarinoni in Klausen vorbeikam, war Säben noch eine Ruine, erst ab 1685 erstand daraus ein Kloster. Heute führen es Benediktinerinnen, die auch Pilger und Ruhe suchende Gäste aufnehmen.

Um Reisenden Unterkunft und Versorgung zu bieten, hatte der Brixner Bischof Konrad von Rodank nach 1200 in der Einöde nördlich von Klausen ein Pilgerhospiz gegründet, das man aber wegen der häufigen Überschwemmungen durch den Eisack 1467 in die Stadt verlegte. Von der alten Pilgerherberge blieb nur die kleine, runde Spitalskirche, ein romanisches Kleinod, dem hl. Sebastian geweiht; und der Name des Spitalhofs, dem Kirchlein gegenüber an der Straße gelegen.

Ich will eurem Wein eine Ehr antun

KLAUSEN – BOZEN – SALURN

Den fünften gegen Mittag auf Klausen, daselbst ein denkwürdiger und in Kürz erzählter Possen firgangen. Denn als die Pilgramb bei dem firnemben Wirth daselbst einkehrt und in die Stuben hineingegangen, saß der Wirth in einem großen Buch lesend […]. Als er die Pilgramb sah, erschrak er und sprang auf vom Tisch, legte das Buch hinweg, die Pilgramb zu empfangen. Und sprach der Scribent zu ihme, welicher im ersten Augenblick das Buch schon kannte, nämlich das Buch von den Greweln der Verwüstung menschlichen Lebens, das der Scribent vor selbiger Zeit in Druck gegeben.

Es handelt sich dabei um den ersten Teil von Guarinonis Hauptwerk, das unter dem Titel *Die Grewel der Verwüstung menschlichen Geschlechts* im Jahr 1610 in Ingolstadt gedruckt wurde. Als revolutionärer Vorkämpfer für die Volksgesundheit prangert der Arzt darin besonders Völlerei, Trunksucht und mangelnde Hygiene als Ursache vieler Krankheiten und Leiden an. Der zweite Teil dieser umfangreichen medizinisch-moralischen Abhandlung von 1330 Folio-Seiten ist nur handschriftlich erhalten.

Herr Wirth, sprach der Scribent, der Herr lasse sich nit an seinem andächtigen Lesen in der Bibel hindern, wir wollen mit einen kurzen Suppen vorlieb nehmen, da wir heut noch, will's Gott, nach Pozen wollen.
Sprach der Wirth: Ey, Ihr Herren, es ist mir das Lesen nit so angelegen und ist auch keine Bibel nit […] Es schreibt einer, der vermeint die ganze Welt zu registrieren und fromm zu machen.
Scribent: Fromm machen und fromm werden ist nit bös.
Wirth: Der Doctor aber ist viel zu gescheit.
Scribent: Eben darum ist er ein Doctor, dass er gescheiter als andere sein soll.
Ey, Euer Ehrwürden, sprach der Wirth, da er den Scribenten für einen Pfaffen hielt, gar zu gescheit ist auch halb närrisch. Der Teufel stupft den Vogel und läuft zur Stuben hinaus in die Kuchl, da ging das Gelächter unter den Pilgramb an, und bat der Scribent, dass keiner dergleichen tun und ihn verraten soll.
Über ein Kleines kam der Wirth mit einer Kanne Wein, sprechend: Ihr Herren, trinkt derweillen, bis die Suppen fertig ist.
Sprach der Scribent: Ist nit gut Wein trinken in die Nüchter.

Wirth: Ja, das schreibt eben der Doctor und das ging wohl hin, aber schändet und schmäht die Wirth, dass ein Spott und Schand ist. Euer Ehrwürden komme her und lese das Kapitel.
Scribent: Wenn's über die Wirth geht, so mag ich nit lesen, da wir jetzt im Wirthshaus sind. Vielleicht meint er nit die frommen und ehrlichen, wie ihr seid, sondern nur die heillosen, die auch ihr nit lobt.
Wirth: Es ist wohl wahr, aber den Wirth bringt er allgemein ein Schaden, er verweist Essen und Trinken, und guten Mut haben, meint es soll niemand ein guten nutzen Rausch haben. [...] Dergestalt würde der Wirthswein wenig abgehen, wenn man nur trinken soll, wann's einen dürstet.
Scribent: Lieber Herr Wirth, warum esst ihr auch nit, wann euch nit hungert, meint aber, dass es recht und beförderlich ist, damit die Wirth einem Gewinn haben, wenn die Leut den Gesond und das Leben abtrinken, andere in voller Weis zerfallen und der Hölle zu fahren, andere einander entleiben, wie täglich leider geschieht.
Wirth: Bei dem Element, eben dieses steht in diesem Buch innen [...] Ey, der Doctor, mecht ihn wohl kennen, aber mit ihm mecht ich beim Element nit trinken.
Scribent: Ey, warum Herr Wirth?
Wirth: Weil er Wasser in Wein gießt.
Scribent: Gießt doch Eure Köchin Wasser ins Mehl wann sie Brot backt und Nudel macht.
Wirth: Dasselbe muss sein, aber dies muss nit sein. Ich trinke den Wein besonders, und das Wasser auch besonders.
Scribent: Lieber, warum esst ihr nit das Mehl besonders, das Salz besonders und die Hefe besonders?
Wirth: Diesen Gefräß achte ich nit.

Als nun Suppe, Wein und Wasser am Tisch stehen und sich der Wirt wieder zu den Pilgern gesellt, greift Kaplan Steinperger als Erster nach dem Wasserkrug und verdünnt seinen Wein. Der Wirt ist entsetzt und gekränkt:

Ey, Potz Element, das ist mein Wein, solange ich Wirth bin, noch nie widerfahren, dass man ihn so spöttlich gehalten hätt.
Scribent: Schweigt Herr Wirth, ich will Eurem Wein eine Ehr antun, dergleichen keinem Wein nie widerfahren und nit leicht widerfahren wird.
Der Wirth sprach: Das will ich gern sechen.

Der Scribent fasset das Glas mit Wasser und goss etwa drey oder vier Löffel Wein darein, setzt es an und tat ein Trunk und bracht es dem Wirth. Wirth antwortet: Ich seh wohl, Euer Ehrwürden halten mich für einen Narren.
Scribent: Wie da, Herr Wirth, was ich geredt habe, ist wahr. Sagt, Herr, und fasst die Vernunft in Händen, warum wässert man den Wein?
Wirth: Darum dass er zu stark.
Scribent: Nit allein zu stark, sondern dass er auch gut, gerecht und ungefälscht. So folgt, dass wer euren Wein wässert, Eurem Wein Zeugnis gibt und ein große Ehr antut, dass er stark, gut, gerecht und ungefälscht. Wie mehrer man Wasser darunter mischt, je mehr lobt und ehrt er den Wein [...] Wann wir Fremde eurem Wein eine soliche Ehr antun, warum schmäht ihr euren Wein selbst und gebt zu erkennen, dass er gering, nit stark, nit gerecht ist?
Wirth: Ey wohlan, so will ich's versuchen.

Guarinoni wird sich zeitlebens für das Trinken verdünnten Weines einsetzen, was auch in Hall zu Diskussionen mit den Wirten führte. 1640 lässt er in Innsbruck ein Werk namens *Hydroenogamia triumphans* oder „Heiliger und heilsamber Wasser und Wein Heurath" drucken, in dem er in lateinischer Sprache die heilsame Vermählung von Wasser und Wein predigt, vor den Gefahren des unverdünnt getrunkenen Weines für den *„Gesond"* warnt und feststellt: *„Was gscheid und wol erzogen ist, Den bloßen Wein mit Wasser mischt."*
Die Gespräche um Wein und Wasser setzten sich während der gesamten Mahlzeit fort; allmählich keimt im Wirt der Verdacht auf, ob nicht etwa einer der Herren der Verfasser des gelehrten Buches ist. Beinahe fliegt die Deckung auf, als gegen Ende der Mahlzeit ein Gesellenpriester aus Hall eintrifft, der alle Pilger kannte.

Ihme der Scribent behände auf Latein zugesprochen, keinen beim Namen zu nennen, bis sie hinweg seyen. Wie dann alle vom Tisch aufgebrochen und der Wirth in der Pilgramb Beisein den Priester nit konnte fragen, wer sie seyen; haben auch den Priester nit von ihnen lassen, bis sie weg aus dem Haus gewesen und den Wirth bezahlt gehabt.

Das malerische Klausen mit seinen alten, oft freskengeschmückten Häusern entstand um *Clusa*, eine Wegsperre und Zollstätte der Bischöfe von Brixen. Durch die Hauptstraße des schnell wachsenden Städtchens zog

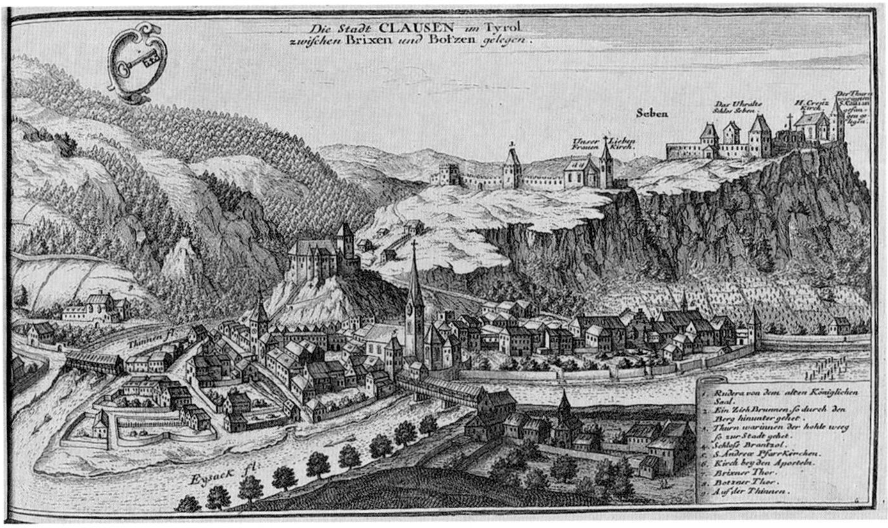

Klausen um 1700 (aus Johann Stridbecks Curiosem Staats und Kriegs Theatrum)

über Jahrhunderte der gesamte Reiseverkehr gegen Süden, bis 1803 mussten Reisende hier ihren Wegzoll an die Bischöfe entrichten; das einstige Zollhaus erkennt man am reichen Schmuck mit bischöflichen Wappen. Burg Branzoll, das Wahrzeichen der Stadt, war von 1465 bis 1671 Sitz der fürstbischöflichen Amtsrichter.

Spätestens ab dem 14. Jh. standen Reisenden auch Wirtshäuser in der Stadt zur Verfügung. In Spätmittelalter und früher Neuzeit waren sie zahlreich, wie die alten schmiedeeisernen Schilder zeigen. Leider verrät uns Guarinoni nicht, bei welchem Wirt sich die Posse zugetragen hat, und es bleibt der Fantasie überlassen, sich in einem der noch bestehenden Gasthöfe in das Jahr 1613 zurückzuversetzen.

> *Sind die Pilgramb selbigen Abend gegen Pozen kommen, und auf der Raiß des Wirths genug zu lachen gehabt.*

Der Weg durch die Eisackschlucht zwischen Klausen und Bozen war vermutlich bereits zur Römerzeit erschlossen worden, dann aber wieder verkommen. Im Mittelalter lief der Verkehr gegen Süden über die so genannte Kaiserstraße, die in Kollmann das Eisacktal verließ und über das hoch gelegene Lengstein und den Ritten nach Bozen führte. Zwischen 1307 und 1314 wurde auf Initiative der Bozner Kaufleute Heinrich und Katharina Kunter ein Saumpfad durch die Eisackschlucht zwischen Kollmann und Bozen angelegt, der den beschwerlichen Weg über den Ritten ersetzte und nach den Initiatoren als Kuntersweg bekannt wurde. Die Kunters erhielten die Erlaubnis, entlang dieser Strecke zwei Gasthäuser zu errichten und zu betreiben und für die Erhaltung des Weges von den Benutzern Geld einzuheben. Sigmund der Münzreiche ließ den Saumpfad schließlich zu einer für Fuhrwerke befahrbaren Strecke ausbauen und begann, neben dem Wegzoll auch Zölle auf die transportierten Waren einzuheben.

Die Zollstätte Friedburg in Kollmann geht auf Sigmund den Münzreichen zurück.

Um möglichst nahe an unserer Vorlage von 1613 zu bleiben, wollen wir zumindest einmal den Kuntersweg erwandern. Freunde, denen wir von diesem Vorhaben erzählen, raten dringend ab, wird doch das enge Tal heute fast völlig von Staatsstraße, Autobahn und Eisenbahntrasse eingenommen. Es ist kalt, als wir an einem Februarmorgen in Klausen aufbrechen, ein trüber Tag. Im Schatten liegt noch Schnee, und an manchen Stellen bedeckt eine dünne Eisschicht den Rad- und Wanderweg, auf dem wir die Strecke bis Bozen zurücklegen werden. Wir kommen recht langsam voran, doch glücklicherweise ist der Weg durch die Schlucht angenehmer als erwartet.

Hoch über Waidbruck thront auf steil abfallendem Felshang die Trostburg. Sie wechselte mehrmals den Besitzer, ehe sie 1382 der Vater des Minnesängers Oswald von Wolkenstein erwarb. An der Wende vom 16. zum 17. Jh. veranlassten die Wolkensteiner den Ausbau zur wehrhaften Festung; die Arbeiten waren erst 1625 abgeschlossen, unsere Pilger konnten die Trostburg nur als Baustelle wahrnehmen.

Kurz nach Waidbruck führt der Fußweg durch schummrige Tunnels und Galerien der stillgelegten Brennereisenbahntrasse – ein wenig ansprechendes Erlebnis, für das aber die ausnehmend hübsche Friedburg, das Zollhaus von Kollmann, entschädigt. Wo die römische Straßenstation *Sublavione* lag und sich im Mittelalter die Kaiserstraße und der Kuntersweg von Bozen her trafen, ließ der Tiroler Landesfürst Sigmund der Münzreiche um 1480 diese wehrhafte Zollstätte mit Zinnenkranz und türmchenartigen Erkern errichten. Die auffällige Bemalung erhielt das Zollhaus um 1560 zur Zeit Kaiser Ferdinands I. Bis zur Aufhebung der Zollstätte 1829 musste sämtlicher Verkehr die beiden Rundbogentore der Friedburg passieren, zwischen denen der Warenzoll bemessen wurde. Die Zollkontrolleure, die über die Rechtmäßigkeit der Zölle wachten, hatten ihren Amtssitz nebenan im Gegenschreiberhaus. Die Zollstätte befindet sich heute in Privatbesitz und wird als Gaststätte und Hotel betrieben.

Fast fünf Stunden sind wir von Klausen aus gewandert, bis wir durch die Industriezone Bozen erreichen. Bozen entstand aus der römischen Straßenstation *Bauzanum*, verkehrsgünstig an der Einmündung der *Via Raetia* in die *Via Claudia Augusta* gelegen, die Oberitalien mit Augsburg verband. Im Mittelalter ging die Stadt als Lehen der Bischöfe von Trient an die Grafen von Tirol; unter ihnen erlebte Bozen vom 14. bis 16. Jh. eine wirtschaftliche und kulturelle Blüte, auf die großartige Kirchen- und Klosterbauten zurückgehen.

Votivbild eines Pilgers von 1360 am Dom zu Bozen

Zu Beginn des 17. Jh. standen Pilgern in Bozen drei Klöster und das Deutschordenshaus als Unterkunftsmöglichkeiten zur Verfügung. Wir besuchen sie auf unserem kleinen Rundgang durch die Stadt und überlegen, wo die Haller Pilger wohl diese Februarnacht im Jahr 1613 verbrachten, wie die Stadt wohl damals ausgesehen hat.

Vielleicht haben sie zuerst dem Dom, der Pfarrkirche Mariä Himmelfahrt, einen Besuch abgestattet. Der gotische Bau aus dem frühen 14. Jh. steht auf den Grundmauern einer frühchristlichen Basilika, der prächtige Glockenturm wurde

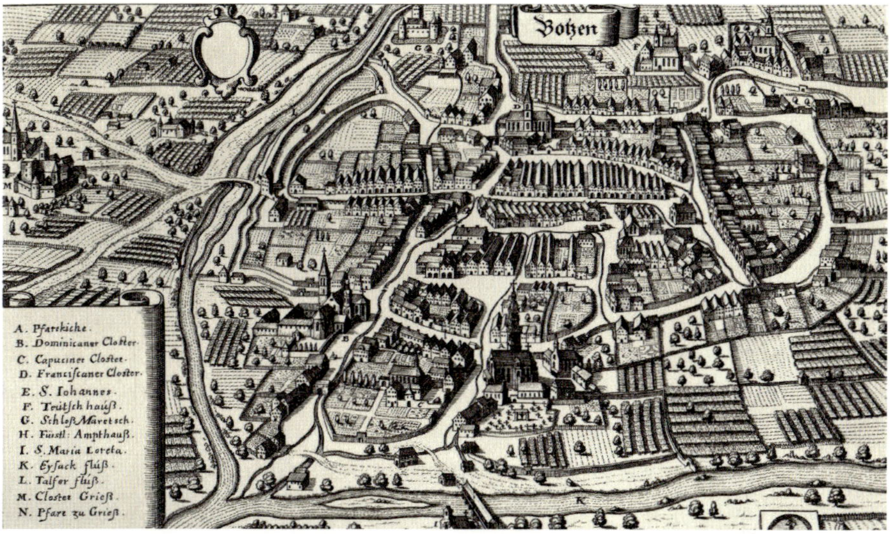

Bozen um 1649 (Kupferstich von Martin Zeiller für Matthäus Merians Topographia Provinciarum Austriacarum)

1519 fertiggestellt. Die Kirche war mit einigen Privilegien ausgestattet, darunter dem Alleinrecht auf Weinausschank zu bestimmten Zeiten des Jahres. Beim Rundgang um die Kirche entdecken wir interessante Details: einen kleinen, mit steinernen Reben geschmückten Erker, Fratzen zur Dämonenabwehr und ein 1360 gemaltes Wandbild, das einen Pilger zeigt, der von einer fallenden Glocke getroffen zusammenbricht. Im Inneren des Doms zeugt die marmorne Grabplatte eines fränkischen Pilgers, der 1480 am Rückweg in die Heimat verstarb und in Bozen beigesetzt wurde, von den Gefahren mittelalterlichen Reisens.

Nur wenige Meter sind es vom Dom zum Komplex des ehemaligen Dominikanerklosters aus dem 13. Jh. Wo früher Mönche und durchreisende Pilger nächtigten, ist ein Musikkonservatorium eingezogen. Die gotische Kirche wurde im letzten Weltkrieg fast vollständig zerstört; erhalten blieben der Kreuzgang und die Kapellen der hll. Katharina und Johannes, alle mit großartigen Fresken des 14. Jh. ausgemalt.

Guarinoni dürfte sich mehr für das benachbarte Kloster der Kapuziner interessiert haben, wurde es doch um 1600 durch Anna Katharina Gonzaga, Witwe Erzherzog Ferdinands II., gegründet, die auch dem Haller Damenstift eng verbunden war. Am Weg zum dritten großen Kloster passieren wir die *Piazza Erbe*, auf der wochentags Markt gehalten wird.

Der Neptunbrunnen stand 1613 noch nicht, auch die berühmten Bozner Laubenhäuser erhielten ihre heutige Gestalt erst später. Das Franziskanerkloster nördlich der Lauben wurde bereits Anfang des 13. Jh. gegründet. Die Zerstörungen des Zweiten Weltkriegs überstanden nur der Kreuzgang mit seinen beiden Kapellen und Fresken des 14. Jh.

Pilger vom Norden, die beim Deutschen Ritterorden Unterkunft suchten, werden ohne Umweg über Dom und Klöster, am kleinen romanisch-gotischen Kirchlein St. Johann im Dorfe vorbei, zum Ordenshaus im Ansitz Weggenstein gezogen sein. Um 1400 hatten die Ritter ein älteres Ordenshaus am südlichen Ufer des Eisack wegen der ständigen Hochwassergefahren aufgegeben und stattdessen Weggenstein bezogen. In der gotischen Georgskirche beeindrucken die Wandmalereien und die runden Schilde des Deutschen Ritterordens.

Demnach die Pilgramb sich alle durch die Erfahrung besser in die Raiß und Ordnung geschickt, haben sie allda zu Pozen ihre Tagsstunden ausgeteilt, was man zu allen Tagzeiten unter der Raißen tun solle. Nemblich die Priesterschaft des abends ihr Vesper und Complet, und alsdann die Metten und Laudes, die andern derweil ihre Rosenkränz in der Still beten oder etwas Gutes betrachten, man als dann die Priester fertig, alle zugleich unser Liebfrauen Litaney, oder aller Heiligen singen, oder einer vorsprechen und die andern nachbeten.
Zu morgens aber nach gehaltener Meß – wie dann die Priester täglich abgewechselt einer um den andern – wer gewollt, hat etwas zu sich genommen, ein Brot in ein Wein getrunken, eh die Fasten eingefallen, weliche den 9. Tag nach der Pilgramb Abraiß von Hall angefangen. Hierauf haben die Priester ihre Horas, die andern auch ihre Officien und Laudes gebetet, nach solichem haben die Pilger allesamt ihre Rosenkränz in die Hand gefasst und soliche alle mit einander, nemblich einer ein Ava Maria, der andre ein andern, der 3tte den dritten, der vierte den vierten, der fünft den fünften und also wieder der erste den sechsten, der andre den 7ten und fortan bis der Rosenkranz vollendet; wen das Vaterunser getroffen, der hats auch gebetet, aber alle mit lauter Stimm gebet, damit einer den andern im Beten folgen möge, nach 3 oder 4 solichen Rosenkränz haben sie ein Weil miteinander conversiert, und sonderlich und firnemblich disputiert, ob sie zu Rom etwas von Heiligtumb erlangen und mitbringen werden.
In solicher Erhaltung und Ordnung sind sie fortgeraißt und folgenden Tag bis gegen Salurn zwey Mail ober Trienth zu geraißt.

Blick über die Weingärten auf Kalterer See und Kaltern

Zwischen Bozen und Salurn standen Reisenden zwei Wege zur Verfügung: Der kürzere führte östlich der Etsch über St. Jakob, Branzoll, Auer und Neumarkt, alle mit schönen gotischen Kirchen, und war mit Pferd oder Wagen problemlos in einem Tag zu bewältigen. Häufig zwangen aber Etschüberschwemmungen südlich von Bozen die Reisenden, auf die zweite, ältere Strecke auszuweichen, die auf die römische *Via Claudia Augusta* zurückgeht und hoch über dem rechten Etschufer verläuft. In St. Florian, kurz vor Salurn, trafen die beiden Routen wieder zusammen.

Modernen Fußpilgern ist unbedingt die zweite Variante zu empfehlen, die auf wenig befahrenen Straßen durch alte Weinbauorte, Rebhänge und Obstkulturen verläuft. Bei Sigmundskron mit Reinhold Messners Bergmuseum führt ein Wanderweg vom Bozner Becken auf das Plateau von Überetsch. Sigmundskron, die größte Burganlage Tirols, steht auf den Fundamenten einer prähistorischen Wallburg und geht auf Sigmund den Münzreichen zurück. In St. Michael repräsentieren prächtige Ansitze aus dem 16. und 17. Jh. den Überetscher Baustil, eine harmonische Verbindung von Gotik, Renaissance und Barockelementen. Kaltern lädt zur Rast, nicht zuletzt wegen des Weins, der schon 1220 als *vinum de Caldero* gepriesen wird. Auch Tramin ist ein alter Weinbauort. Die freskengeschmückte romanische Jakobskirche auf dem Kastelaz-Hügel oberhalb

Im alten Weinbauort Kurtasch

von Tramin war Teil einer bischöflichen Weinkellerburg aus dem 13. Jh.

Weithin sichtbar ist der freistehende Turm der Pfarrkirche von Tramin. Diese ist dem hl. Quiricus und seiner Mutter Julitta geweiht, die im Jahr 304 den Martertod erlitten haben sollen. Die rätselhaften Steinköpfe an der Fassade stellen vermutlich die Titelheiligen dar. Ein leider stark beschädigtes Fresko des hl. Christophorus belegt, dass es sich beim Weg durch Tramin um eine Reiseroute mit langer Tradition handelt. In Tramin besaßen zahlreiche Adelsfamilien Weingüter und errichteten behäbig-repräsentative Edelsitze mit steingerahmten Toren, Erkern und Freitreppen. Ein ähnliches Bild bietet sich in Kurtatsch, wo die Straße wieder ins Etschtal absteigt.

Am Knotenpunkt der beiden Routen von Bozen fanden Reisende seit dem frühen 12. Jh. ein Hospiz zur Rast vor. Das stand unweit der Kirche St. Florian in Laag, direkt an der Landstraße. Das hübsche Kirchlein aus dem 12. Jh. diente bis ins 17. Jh. auch als Pfarrkirche für das jenseits der Etsch gelegene Margreid. Im Fenster entdecken wir die Aufforderung, im Haus gegenüber nach dem Schlüssel zu fragen. Valentino wirkt zuerst etwas mürrisch, wir stören ihn bei der mittäglichen Siesta. Dann aber lacht er, es sei ohnehin Zeit, die Blumen in der Kirche zu gießen, holt den Schlüsselbund und begleitet uns. Im Inneren fällt zuerst das farbenfrohe Tafelbild des hl. Florian auf. Von der spätromanischen Ausmalung der Kirche sind noch das hellrot-gelbe Streifenmuster im Chor erhalten und ein Freskenfragment, das vielleicht drei Pilger darstellt.

Hochwasser und Muren richteten wiederholt große Schäden an Hospiz und Kirche an. Die Kirche schützte man im 13. und 16. Jh. durch bauliche Veränderungen wie eine Höherlegung des Westeinganges, das

Hospiz verlegte man an einen weniger exponierten Standort. Der Neubau auf der Anhöhe über der Kirche von St. Florian, heute als Klösterle bekannt, wird 1317 erstmals erwähnt. 1494 machte Albrecht Dürer auf seiner Venedigreise hier Halt. Wanderer können seinen Spuren am Dürerweg folgen. Das Klösterle ist das einzig erhaltene, mittelalterliche Straßenhospiz Südtirols. Heute wird es für Veranstaltungen genutzt, ist aber sonst nicht zugänglich.

Spätromanische Pilgerkirche St. Florian in Laag

Salurn, das reizvolle Städtchen unterhalb des Geiersbergs, war für Pilger gewöhnlich nur ein Durchgangsort zwischen den Herbergen St. Florian und San Michele im Süden. Händler und andere Reisende hingegen machten in Salurn Halt. Der Verkehr bewegte sich unterhalb des Zentrums vorbei; dort ließen sich am südlichen Ausgang der Trienter Straße zahlreiche Gast- und Beherbergungsbetriebe nieder und bildeten im späten Mittelalter ein Viertel für sich. Die alten Gastbetriebe und das Zentrum von Salurn haben sich seit Guarinonis Besuch stark verändert. 1613 noch gotisch geprägt, wurde die Stadt während der zweiten Hälfte des 17. Jh. umfassend barockisiert.

Auf einem Felssporn oberhalb von Salurn wacht seit dem 11. oder 12. Jh. die Haderburg über die Engstelle der Salurner Klause. Die Klause bildet die Südgrenze des deutschen Sprach- und Kulturraumes, hier endet Südtirol und beginnt das Trentino. Die Burg war landesfürstliches Eigentum, im 16. Jh. übergab sie Erzherzog Ferdinand II. an seine Frau Philippine Welser. Seit dem Jahr 1648 ist die Anlage im Besitz der Grafen Zenobio-Albrizzi. Das graue Gemäuer hebt sich kaum vom felsigen Hintergrund ab, von unten betrachtet scheint es unvorstellbar, dass dort ein Weg hinaufführen soll. Der Aufstieg, unerwartet bequem und nur knapp dreißig Minuten lang, lohnt wegen der prächtigen Aussicht und der sehenswerten Burgruine mit kleinem Innenhof, Zisterne, Schießscharten und Burgschenke.

Die Haderburg bei Salurn birgt Geheimnisse.

Zahlreiche Sagen ranken sich um die Haderburg. Von Raubrittern ist die Rede, die die Salurner Klause unsicher machten, und von geheimnisvollen Weinkellern in den Gewölben unter den Burgmauern. Auch der legendäre Weinkeller von Bartholomäus Guarinoni (1535–1616), dem Vater Hippolyts, soll sich dort befinden.

Bartholomäus, so die Sage, war Herr der Haderburg und verfügte über magische Kräfte. War er mit seinen Winzern zufrieden, füllte er ihre Fässer mit bestem, süßem Wein; war er verärgert, ließ er den Wein zu Essig werden. In den Gewölben der Haderburg stapelte er Flaschen und Fässer, dort ließ er seine besten Weine gären. Der Weinkeller sei mit einem Netz anderer Keller verbunden gewesen, das sich unter den Alpen hindurch bis nach Deutschland erstreckte. Auf diesem Weg hätte Guarinonis Vater zollfrei mit dem Wein gehandelt und sich so seinen Reichtum erworben.

Bartholomäus Guarinoni besaß tatsächlich große Weingüter im Etschtal und hatte sich auf die in Italien gebräuchliche Herstellung von „Vergörnem Wein" verlegt. Dazu wurden zerstoßene, aber nicht gepresste Trauben in großen, unbedeckten Bottichen im Keller gelagert, wo sie nach einigen Tagen von selbst zu gären begannen. Während des etwa drei Wochen dauernden Gärvorgangs entstanden laute, weithin hörbare Geräusche, die Guarinoni wohl den Ruf eines Wein-Magiers eingebracht haben.

Dass Salurn ein Weinstädtchen mit Tradition ist, verraten die großen Torbögen vieler Höfe; die dahinterliegenden Weinkeller werden alljährlich zum Torbogenfest geöffnet. Heute wird um Salurn überwiegend Chardonnay angebaut.

Schöffgelegenheit auf der Etsch

TRIENT – ROVERETO – PESCANTINA – VERONA

> *Nächstkommend Tag gegen Trienth auf 10 Uhr zu des Scribenten Vater seligen ankommen, welicher die Pilgramb alle mit Freuden empfangen, und daselbst sie alle zu Mittag mit dem Alten gegessen und sehr wohl traktiert worden. Zwar aber, als man im besten Essen, Botschaft kommen einer guten Schöffgelegenheit nach Pern so 10 theitsche Meil unter Trienth fort zu raißen, dahero man ehest und mit beiderseits Leid von Tisch aufgebrochen und sich wegfertig auf die Lend machen müssen, daselbst der Scribent vor seinem alten Vater niedergekniet, und seinen väterlichen Segen begehrt, der ihm neben ein väterlichen Kuss gegeben; auch damahlen ihn in diesem Leben das letzte Mal gesechen.*

Südlich von Salurn geht es durch die Heimat des Teroldego in der fruchtbaren Ebene Rotaliana. Die Römer errichteten am Rand der Ebene beim heutigen Mezzocorona eine Station an der *Via Claudia Augusta.* Unter der örtlichen Weinkellerei kamen die Fundamente einer Villa Rustica zutage, eines Landgutes aus dem Ende des 1. vorchristlichen Jahrhunderts. Ihre römischen Bewohner dürften hier bereits Reben kultiviert haben; Plinius und Sueton lobten den lokalen Wein im 1. Jh. n. Chr.

Der Ort San Michele all'Adige, einen Tagesmarsch vom Klösterle St. Florian entfernt, entstand um ein Kloster, das Augustiner-Chorherren aus Neustift bei Brixen 1145 errichtet hatten. Die wehrhaft befestigte Anlage mit ihren zwei markanten Rundtürmen diente über Jahrhunderte als Pilgerherberge für Wallfahrer nach Rom. Auch hoher Besuch stieg hier ab: An eine Wand des Innenhofes ist das so genannte „Schachbrett Maximilians" aufgemalt, das an den Besuch des Kaisers im Jahr 1516 erinnert. Dabei stiftete er unter anderem eine prachtvolle Kerze für den Altar der Klosterkirche, die Pilger zu Guarinonis Zeiten noch bewundern konnten. Die alte Klosterkirche San Michele Arcangelo wurde nach einem Brand im 17. Jh. barock erneuert und erhielt dabei die mit Heiligenfiguren geschmückte Fassade. Heute beherbergt das Kloster eine Weinbaulehranstalt und das Museum für Trentiner Volkskultur.

Guarinoni und seine Pilgerfreunde haben sich 1613 wohl nicht in San Michele aufgehalten, es drängte sie weiter nach Trient, wo sie sich auf direktem Weg zu Guarinonis Vater begeben hatten. Wegen des überhasteten Aufbruches bleibt ihnen auch nach dem gemeinsamen Mittagessen keine Zeit für Kirchenbesuche oder andere Besichtigungen. Aus den Berichten anderer Pilger wissen wir, dass gewöhnlich das Grab des hl. Vigilius im Dom und die wegen des Konzils von Trient berühmte Kirche *Santa Maria Maggiore* besucht wurden.

Das Konzil, auch Tridentinum, war eine der bedeutendsten Zusammenkünfte der katholischen Kirche und tagte mit Unterbrechungen von 1545 bis 1563. Zu den Initiatoren zählte der Trentiner Bischof Bernhard von Cles. Das Ziel des Konzils, die Reformkirchen zum Katholizismus zurückzuführen und damit die Einheit der Kirche wiederherzustellen, wurde nicht erreicht; stattdessen löste das Tridentinum die Gegenreformation aus.

Weithin sichtbar überragt der charakteristische Hügel *Doss Trento* die Stadt. Dort, wo heute ein Monument an den italienischen Irredentisten Cesare Battisti erinnert, liegt ihre Keimzelle. Keltische oder rätische Siedler hatten sich als Erste am Hügel niedergelassen; im 3. Jh. v. Chr. kamen die Römer. Sie gaben der Stadt, die sich an der Handels- und Militärstraße *Via Claudia Augusta* rasch entwickelte, den Namen *Tridentum.* Teile der unter der Altstadt Trients gelegenen Römerstadt sind für Besucher zugänglich, ein Erlebnis, das man sich nicht entgehen lassen sollte. Nach den Wirren der Völkerwanderung blühte Trient im 8. Jh. erneut auf. Kaiser Heinrich II. erkannte den zunehmenden Einfluss der Bischöfe von Trient und stattete sie 1004 durch die Ernennung zu Fürstbischöfen auch mit weltlicher Macht aus. Erst der Einmarsch napoleonischer Truppen setzte 1796 dem Fürstbistum Trient ein Ende.

Trient war in Mittelalter und früher Neuzeit berühmt als die Stadt der 30 Türme; viele davon waren Kirchtürme. Jener der *Chiesa di Sant'Apollinare* aus dem 14. Jh. am Fuß des *Doss Trento* ist allerdings eher bescheiden, jedenfalls im Vergleich zum Kirchenbau. Wer sich vom *Doss Trento* her der Stadt näherte und bei *Sant'Apollinare* die Etsch querte, trat am Roten Turm durch die Stadtmauer. Der Turm ist auch als *Torre Vanga* bekannt, benannt nach Erzbischof Federico Vanga oder Friedrich von Wangen, der im frühen 13. Jh. die Stadtmauer mit ihren Türmen und Toren bis an das Ufer der Etsch erweitern ließ. Von der trutzigen *Torre Vanga* führte eine überdachte Holzbrücke ans gegenüberliegende Ufer der Etsch, wo neben dem heutigen Bahnhof im 12. Jh. die Benediktiner-

Domplatz von Trient mit Neptunbrunnen und Stadthäusern des 16. Jh.

abtei *San Lorenzo* errichtet wurde. Vom Kloster steht noch die ziegelrote Sandsteinkirche, in der uns besonders das sternengeschmückte Gewölbe des hohen Schiffes beeindruckt.

Innerhalb der Mauern zählt die *Basilica di Santa Maria Maggiore,* 1520–1524 im Auftrag von Fürstbischof Bernhard von Cles auf den Fundamenten einer frühchristlichen Kirche errichtet, zu den sakralen Zentren der Stadt. Im weiten Innenraum tagte das Konzil von Trient, zur Erinnerung ließ man um 1900 das Gewölbe mit Szenen des Tridentinums ausmalen.

Am Grünen Turm, *Torre Verde,* trat der Verkehr vom Norden in die Stadt. Nicht weit davon entfernt ließen sich Fürstbischöfe um 1200 das *Castello del Buonconsiglio* als neue Residenz errichten. Der Komplex erfuhr mehrere Zu- und Umbauten und ist berühmt für die Freskenzyklen in den Türmen. Heute ist das Castello Sitz des Landeskunstmuseums und des Trentiner Museums des Freiheitskampfes.

Die *Via Suffragio,* südlich des Castellos, galt zu Guarinonis Zeit als „deutsches Viertel", *Contrada Tedescha,* in dem zahlreiche deutsche und deutschsprachige Händler, Wirte und Handwerker ansässig waren. Charakteristisch für die alten Handelshäuser sind die schmalen Durchgänge zu den Warenlagern und ans Ufer der Etsch, die unmittelbar hinter den Häusern vorüberfloss. In der Straße befinden sich auch einige schöne Palazzi, darunter der *Palazzo Salvadori* mit seiner Hauskapelle, die um 1500 anstelle der ehemaligen jüdischen Synagoge errichtet wurden. Über dem Eingang erinnert ein Steinmedaillon aus dem 18. Jh. an das Martyrium des Simon von Trient. Im Jahr 1475 war Simon, Kind eines deutschen Gerbers in Trient, plötzlich verschwunden; zwei Tage später fand man ihn ermordet in einem Keller unweit der Synagoge wieder. Die jüdische Gemeinde Trients wurde des Ritualmordes an Simon beschuldigt; einige der Verdächtigten gestanden unter Folter und wurden hingerichtet, die übrigen Juden aus der Stadt vertrieben, die Synagoge niedergerissen. Ein schrecklicher Justizirrtum, wie wir heute wissen, und ein Prozess, der seinerzeit großes Aufsehen erregte.

In den Prachtstraßen Trients, *Via Manci* und *Via Belenzani*, ließen die großen Adelsfamilien der Stadt im 15. und 16. Jh. herrliche Palazzi errichten. Mit ihren üppig bemalten Fassaden im Stile der frühen Trentiner Renaissance sahen sie 1613 nicht viel anders aus als heute. Im *Palazzo Pono-Geremia* in der *Via Belenzani* logierte 1508 Kaiser Maximilian I. Er befand sich am Weg zur Kaiserkrönung nach Rom, musste aber die Reise aus Sicherheitsgründen abbrechen und hielt die Krönungsfeier schließlich im Dom von Trient ab. Unter dem Fassadenschmuck befindet sich auch eine Darstellung des Kaisers mit einer Abordnung der Trentiner Stadtverwaltung. Während der letzten Periode des Konzils von Trient logierte der päpstliche Legat im *Palazzo Pono-Geremia* und musste für Konzilssitzungen im Palazzo Thun nur die Straße queren. Der Palazzo Thun, 1454 erbaut, wurde etwa 100 Jahre später mit anderen Gebäuden zur heutigen Form erweitert. Zu den angeschlossenen Bauteilen zählte auch die *Torre Mirana*, unter der bemerkenswerte Reste der Römerstadt *Tridentum* entdeckt wurden. Der Palast blieb bis zum Verkauf an die Stadtgemeinde Trient im Jahr 1873 im Familienbesitz; seither dient er als Rathaus. Die *Casa Cazuffi* am Ende der Straße schmückt als Eckhaus mit farbenfrohen Renaissancefresken den Salon von Trient, den Domplatz.

Rund um den Brunnen sitzen Studierende der nahen Universität mit Skripten und Büchern; Touristen gesellen sich dazu, pausierend, fotografierend. Ruhig ist die Ecke unter dem zinnengekrönten Stadtturm, der *Torre Civica*. Er stammt aus dem frühen 11. Jh., gleich wie der anschließende *Palazzo Pretorio*. Dieser war ab 1027 als *Castelletto* die erste Residenz der Fürstbischöfe, später Rathaus und Gerichtsgebäude. Heute ist er Sitz des Diözesanmuseums.

Romanischer Reliefschmuck am Dom San Vigilio

Der Dom von Trient ist dem hl. Vigilius geweiht, der im ausgehenden 4. Jh. als dritter Bischof von Trient wirkte. Vigilius förderte die systematische Christianisierung des Umlandes und ließ für drei seiner im Nonstal getöteten Missionare eine Begräbniskirche in der Stadt erbauen. Nach seinem eigenen Martertod ernannte man Vigilius zum Schutzpatron der Diözese Trient und setzte ihn an der Seite der drei Märtyrer bei. Im 13. Jh. gab Erzbischof de Vanga den Auftrag, über der Krypta der frühchristlichen Kirche einen dreischiffigen Dom zu errichten. Über dreihundert Jahre lang, von 1212 bis 1545, arbeiteten Generationen von Baumeistern und Handwerkern daran und schufen ein sakrales Kunstwerk, an dem sich Stilelemente von Romanik bis Barock vereinen. Unter dem Altar mit dem Reliquienschrein des hl. Vigilius liegt die Krypta. Eine Treppe führt hinab, es riecht modrig; dämmriges Licht fällt auf die Fragmente von Fußbodenmosaiken und Wandmalereien, auf mittelalterliche Sarkophage und Grabplatten.

Zwischen 1682 und 1687 erhielt der Dom im Süden die barocke *Cappella del Crocifisso* angefügt. Sie dient der würdigen Aufbewahrung des hölzernen Kruzifixes aus dem 16. Jh., vor dem 1545 die ersten Konzilssitzungen stattgefunden hatten. Als Zeichen seiner Zustimmung hätte der Gekreuzigte damals das Haupt zur Seite geneigt; worauf alle weiteren Konzilsbeschlüsse vor diesem Kruzifix verkündet worden waren.

Palast der Familie Guarinoni an der Via Mazzini

Unsere Lieblingsecke von Trient liegt – wenig beachtet – an der Rückseite des Doms. Dort finden sich am kunstvollen Portal zu Knoten gedrehte Pfeiler, steinerne, gebückte Gestalten als Säulenträger, ein traurig blickender Marmorlöwe und allerlei mythologische Fabelwesen – beäugt von Vigilius auf einem Podest im schmalen Grünstreifen. Von diesem Platz schlendern wir an der *Via Mazzini* gegen Süden. Ein Stück vor der Stadtmauer, wo links die *Via S. Trinità* abzweigt, steht der Palast der Familie Guarinoni, der seine barocke Form Mitte des 18. Jh. erhielt.

> *Nachdem die Pilgramb in ihr Schöff gestiegen, sind sie selbigen Tag vier theitsche Meilen bis gegen Roverreith gefahren, daselbst bey ein theitschen Zoller ihr Quartier genommen, wogegen auch die Bezahlung geschechen ist.*

Die Flussschifffahrt auf der Etsch war über Jahrhunderte ein einträchtiger Wirtschaftszweig. Die anliegenden Fürstentümer und Klöster erhoben Zölle und Mauten für die beförderten Waren, Werften und Holzlager entstanden an den Anlegeplätzen, Tavernen und Herbergen für die Schiffleute, Stallungen für die Pferde, die die Flöße und Lastenkähne wieder flussaufwärts ziehen mussten.

Rovereto um 1649 (Kupferstich von Martin Zeiller für Matthäus Merians Topographia Provinciarum Austriacarum)

Die Fahrt auf der Etsch ersparte den Pilgern allein bis Rovereto fast 30 km Fußmarsch. Bei Besenello weitet sich das Etschtal zur *Vallagarina.* Vom markanten Hügel oberhalb der Ortschaft blickt seit dem 12. Jh. *Castel Beseno,* die größte und wohl imposanteste Festungsanlage des Trentino. Die Burg unterstand örtlichen Feudalherren, bis sie im frühen 15. Jh. mit der gesamten *Vallagarina* von venezianischen Truppen eingenommen wurde. Ab 1470 war sie im Besitz der Grafen von Trapp, die sie ausbauten, mit Bastionen verstärkten und letztlich um 1972 der Provinz Trentino schenkten.

Südlich von Calliano wurde auf schroffen Felsblöcken im 13. Jh. *Castel Pietra* errichtet und im 15. Jh. zu heutiger Größe ausgebaut. Mit Ringmauern, die ursprünglich bis an die Etsch reichten, und einer Kette, die den Fluss sperren konnte, bewachte *Castel Pietra* die alte Kaiserstraße nach Rom. Es galt bis zur Eroberung durch Napoleon als uneinnehmbar.

Rovereto, heute zweitgrößte Stadt des Trentino, entstand aus einer römischen Siedlung namens *Roboretum* am Zusammenfluss von Leno und Etsch. Auf einem Felsenhügel am Ufer des Leno thront das massige *Castello di Rovereto* mit seinen venezianischen Türmen und befestigten Zinnenmauern. Im 13. oder 14. Jh. errichteten die Feudalherren Castel-

Renaissancepalast der Grafen d'Arco an der Ecke von Corso Bettini und Piazza Rosmini

barco von Vallagarina anstelle einer älteren Burg ein erstes Bollwerk. Die Venezianer nahmen Rovereto 1416 ein und erweiterten die Festung. Diese diente einzig militärischen Zwecken, zeitweise auch als Gefängnis und ist seit 1921 Sitz eines Militär- und Kriegsmuseums.

Wer zu Pferd, im Wagen oder zu Fuß vom Norden her kam, erreichte das Zentrum über den heutigen *Corso Bettini.* Römer marschierten hier auf der *Via Claudia Augusta,* Kaiser zogen über diese Straße der Krönung in Rom entgegen. Das Zentrum von Rovereto ist völlig venezianisch geprägt. Venedig hatte die Seidenraupenzucht in die *Vallagarina* gebracht, und mit dieser auch den Wohlstand. Spuren davon lassen sich an jeder Ecke entdecken. Die Verlängerung des *Corso Bettini* bildet – unter wechselnden Namen – die Lebensader der Altstadt, durchzieht sie vom Norden nach Süden und verbindet dabei die schönsten Plätze der Stadt. Wir folgen ihrem Verlauf, machen immer wieder Abstecher in malerische Seitengassen. Zur *Piazza delle Oche* etwa mit ihrem Neptunbrunnen, umringt von stattlichen Bürgerhäusern mit hübschen hölzernen Fensterläden. Oder durch die *Via Mazzini,* eine alte Geschäftsstraße, mit holzverkleideten Ladenfassaden und breiten Toren. Im südlichen Bereich der Durchzugsstraße, in der *Via Mercerie,* wohnte im *Palazzo*

Todeschi-Micheli Mozart, als er im Jahr 1769 in Rovereto seine ersten italienischen Konzerte gab.

Den Abschluss der Straße bilden drei ineinander übergehende Plätze. Die *Piazza Erbe*, an der Obst und Gemüse feilgeboten wurden; die *Piazza Damiano Chiesa* mit zwei Kirchen und dem Kloster der seligen Giovanna Maria delle Croce; schließlich die *Piazza del Grano*, der einstige Handelsplatz für Getreide. Durch einen Torbogen treten wir in die *Via Portici*, die einen guten Eindruck von der altertümlichen Struktur der Stadt vermittelt. Mehrstöckige Bögen überspannen die schmale Gasse und verbinden die Häuser zu beiden Seiten. Das Gässchen endet unter dem Castello an der *Piazza Podestà*, wo ein prächtiger Markuslöwe am freskengeschmückten *Palazzo Praetorio* an die Venezianerherrschaft erinnert. In die Fassade eingelassen ist auch eine alte Messlatte; sie zeigt die unterschiedlichen Längenmaße auf, die im venezianischen Rovereto und im habsburgischen Wien Verwendung fanden. Vom Palazzo kann man an den Leno spazieren, hinauf zum Castello oder aber durch die malerische *Via della Terra*, zur *Chiesa di San Marco* im ältesten Stadtteil von Rovereto. Stattliche spätmittelalterliche Bürgerhäuser und Palazzi, viele davon mit schönem Freskenschmuck, säumen die Gasse. Die endet schließlich beim Uhrturm am Vorplatz der rot getünchten *Chiesa di San Marco*. 1462 erbaut, wurde sie mehrfach verändert. Die *Porta di San Marco*, ein Stadttor von 1483 mit geflügeltem Markuslöwen, blieb weitgehend unverändert. Beim Rückweg durch die *Via Rialto* an die Hauptader der Stadt fällt erneut die sehr schöne, aber etwas marode Bausubstanz auf.

> *Folgenden Tag sie ober Pern ein Meil, wegen Kürze des Tages, in einem Markt Pescaria genannt, an dem Etschufer bleiben müssen; daselbst weillen es Erchtag, der letzte Fasnachstag, ein soliches Getümmel. Ein Wirthshaus und so stark voll besetzt, dass die Pilgramb von fern anzusechen gegraust, geschweige darin einzukehren, allda fast lauter mit zwey und drey und mehr Pistolen bewaffnete Banditen tanzten und allen Mutwillen trieben. Ithero da es dunkel worden die Pilger angestanden, letztlich sich resolviert bei Herrn Pfarrer selbigen Ortes die Herberg um ihr Geld zu suchen. Und gewisslich haben sie ein guten Herrn angetroffen – ob sie schon ein gut Weil anklopfen müssen – welicher sie gern und willig angenommen, ob er schon mit Seinigen gegessen, ihnen noch von neyem kochen lassen, auch mit Liegestatt also versechen, dass er selbst auf der Bank die Gastnacht beschlossen.*

Anderntags will der Pfarrer von den Pilgern keine Bezahlung annehmen; sollte er einmal nach Tirol kommen, dürften sie sich für die erwiesene Gastfreundschaft revanchieren.

Ohne ihr Boot hätten die Pilger Pescaria, heute Pescantina, auf der Landstraße erreicht, die über Ala, Avio, Dolce und die Berner Klause führt. Ala, Straßenstation an der antiken *Via Claudia Augusta*, war im Mittelalter Eigentum des Bistums von Trient, bis es 1411 an die Seerepublik Venedig fiel. Die Venezianer brachten Maulbeerbäume mit, von deren Blättern sich Seidenraupen ernähren, und begannen bei Ala sehr erfolgreich mit der Seidenraupenzucht. Spinnereien, Webereien und Färbereien entstanden hier wie auch in Rovereto. Seide aus Ala wurde europaweit gehandelt und erlebte im 17. Jh. ihre Blüte. In der Altstadt von Ala erinnern schöne Adelspaläste an die glorreiche Vergangenheit; im Palazzo der Familie Malfatti logierten Gäste wie Karl V., Karl VI., Maximilian II. und Joseph II. Auf der gegenüberliegenden Talseite, hoch über den Weinbergen gelegen, steht das Wallfahrtskirchlein *San Valentino di Ala*. Eine fromme Laiengemeinschaft betreut dort oben ein Gästehaus für Pilger.

Das *Castello di Avio*, auch *Castello di Sabbionara*, auf einer Kalkerhebung oberhalb von Avio errichtet, zählt zu den ältesten Festungsbauten des Trentino; die Anlage wird 1053 erstmals urkundlich erwähnt und im 13. Jh. durch die Familie Castelbarco erweitert. Berühmt ist das Castello für die Wandmalereien des 14. Jh.; darunter kriegerische Szenen im ehemaligen Gebäude der Wachmannschaft und höfische Liebesszenen im Bergfried. Dort, in der *Stanza di Amore*, sollen der Überlieferung nach um 1796 Napoleon und seine Geliebte Josephine genächtigt haben. Die Burg wird noch heute bewohnt, ist aber seit 1977 Staatseigentum.

Südlich von Avio blickt vom Massiv des Monte Baldo das Felsenkloster *Madonna della Corona* herab; *Corona* oder Krone ist ein alter Begriff für eine schroff abfallende Felswand. Benediktiner von San Zeno in Verona hatten das Kloster gegen Ende des 12. Jh. an dieser schwer zugänglichen Stelle errichtet, die früher nur vom Tal aus über einen steilen Treppenweg erreichbar war. Das Kloster kann heute bequemer von der Gardaseeseite her erreicht werden, aber auch immer noch vom Etschtal aus in gut 2 Stunden über den sanierten Treppenweg mit seinen rund 1700 Stufen.

Dolce ist ein schöner Ort mit farbenfrohen Häusern. Hinter weiten Einfahrtsportalen verstecken sich malerische Innenhöfe. Die ehemalige Postkutschenstation neben dem Rathaus und die historische Herberge

Nur scheinbar unzugänglich: das Felsenkloster Madonna della Corona

erinnern an seine frühere Bedeutung als Durchgangsort. Südlich von Dolce, bei Ceraino, hat sich die Etsch ihren Weg durch die letzte Talenge vor der Poebene gebahnt, die *Chiusa di Verona*, oder, in altdeutscher Sprache, die Berner Klause. Erste Befestigungen zur Sicherung der gefürchteten Talenge gab es bereits im Mittelalter, die heute sichtbaren Bollwerke stammen aus der Zeit der Napoleonischen Kriege.

In Arce erreicht die Straße wieder das Ufer der Etsch. Unsere Pilger sind am Fluss an dem kleinen, mittelalterlichen Städtchen vorbeigefahren und werden die noch immer gut erhaltene Stadtmauer betrachtet und bald den Kirchturm am Flusshafen von Pescantina gesehen haben. Pescantina war ein wichtiger Etschhafen, knapp 20 Kilometer vor Verona gelegen, mit Zollstation und großer Werft. Der Fußweg von Arce verläuft am Etschufer und entspricht dem Treidelpfad – *Strada di Alzaia* –, auf dem die Pferde die Boote einst flussaufwärts gezogen haben. Die Bootsanlegestellen von Pescantina befanden sich am nördlichen Ende der Stadt, einige wenige Mauerreste stehen noch. Dahinter eine Front auffallend großer Häuser mit Freskenresten und schmalen Durchgängen, die hinauf zum Domplatz mit der Kirche des San Lorenzo führen. Die Kirche erhielt ihre spätbarocke Gestalt um 1750, die unteren

Mauerbereiche sind unverputzt und zeigen noch das alte Gemäuer aus dem 12. Jh. Über dem Eingang steht eine Skulptur des hl. Laurentius, das Kirchenportal ziert der hl. Nikolaus, Patron der Schifffahrt. In einem Teil des Kirchenkomplexes ist heute das leider nur selten geöffnete *Museo dell'Adige* untergebracht, das sich mit Bootsmodellen, alten Fotografien und Dokumenten der Geschichte der Schifffahrt auf der Etsch widmet.

Haben folgenden Aschermittwoch bis der Schöffmann aus dem Wirthshaus kommen, seine Kirchen besucht, zu Schiff gesechen und um 9 Uhr Vormittag gegen Pern oder Veron, allda die Etsch mitten durch die Stadt fließt, ankommen und bei Herrn Benedictinern zu Sant Zenno einkehrt, daselbst sich einäschern lassen, und ein alten Bekannten angetroffen, item ein andern alten Kranken, dem der Doctor Pilgramb gar ebens und willkommen; sein trefflich wohl gehalten, und die schön große Stadt zu sechen, in Sonderheit das uralte und noch ganze Amphitheatrum so die alten römischen Kaiser zu ihren Schauspielen erbaut, und schöne Gotteshäuser und Gärten umgeführt.

Verona kann auf eine lange Vergangenheit zurückblicken. Bevor um 89 v. Chr. die Römer kamen, hatten sich bereits Euganeer, Räter, Etrusker und Gallier am Rand der fruchtbaren Poebene niedergelassen. Auf die Römer folgten Ostgoten, Langobarden und Karolinger, und oft wählten deren Führer Verona zur Residenz. Im 12. Jh. war Verona eine freie Stadt, in der 1260 Mastino I. della Scala die Macht übernahm; die Skaliger beherrschten Verona bis 1387. Mit der ihnen eigenen Mischung aus Mäzenatentum und Grausamkeit dehnten sie ihren Einflussbereich weit über die Grenzen der Stadt aus. 1405 unterstellte sich Verona der Seemacht Venedig.

Wir halten es wie die Haller Pilger und beginnen unseren Rundgang durch Verona an der *Chiesa di San Zeno*. Für die wir uns viel Zeit nehmen, gilt sie doch als eine der schönsten romanischen Kirchen Italiens.

Der heutige Bau entstand zwischen 1118 und 1135 über den Fundamenten mehrerer Vorgängerkirchen; die älteste davon war die frühchristliche Grabkapelle für Bischof Zeno am Gräberfeld an der Ausfallsstraße gegen Norden. Der Heilige, um 362 zum achten Bischof von Verona geweiht, stammte vermutlich aus Mauretanien. Zeno kümmerte sich um die Bedürftigen der Stadt und lebte selbst in bescheidensten Verhältnissen. Seinen Unterhalt soll er durch Fischfang in der Etsch bestritten haben, weshalb er gerne mit einem Fisch als Attribut dargestellt ist. Der Fisch verweist auch auf den Ruf Zenos als Menschenfischer, der dank seiner Redegabe zahlreiche Menschen für das Christentum gewinnen konnte. Etwa 90 seiner Predigten gegen vorchristliche Bräuche, Arianismus und Judentum sind erhalten. Die Erlaubnis zum Predigen und zum Zerstören altrömischer Kultstätten soll Zeno der Legende nach von Kaiser Gallienus erhalten haben, als Dank dafür, dass er dessen Tochter von ihrem Dämon befreit hatte. Als sich Zenos Gönner um das Jahr 380 auf einem Feldzug befand, hätten verbitterte Gegner die Gelegenheit genutzt und den Bischof erschlagen. Historisch haltbar ist diese Legende nicht: Gallienus lebte ein Jahrhundert vor Zeno, für einen Martertod des Heiligen gibt es keine Hinweise.

Vom Eingang seiner Kirche blickt der hl. Zeno auf uns herab. Die Kirche, geschichtet aus hellem Tuffstein und braunroten Ziegeln, vermittelt schmucklos-schlichte Eleganz. Herausragend ist die romanische Fassade, geschaffen von Meister Nicolò (c. 1114–1140) und seiner Werkstatt. Unter den Reliefs findet sich eine Darstellung des Gotenkönigs Theoderich, der Verona zur zweiten Residenz neben Ravenna gewählt hatte. Als Arianer, der die Einheit von Gottvater und Christus nicht anerkannte, reitet er direkt dem Teufel entgegen. Das einzigartige Portal ist mit 48 Bronzeplatten beschlagen, die von mehreren namhaften Künstlern des 12. Jh. stammen. Sie zeigen Szenen aus dem Alten und Neuen Testament, maskenhafte Fratzen und Episoden aus dem Leben des Kirchenpatrons, darunter den Exorzismus der Kaisertochter.

Im Inneren der Kirche warten Fresken aus verschiedenen Epochen. Sehr eindrucksvoll sind die Darstellung des hl. Christophorus aus dem 12. Jh., die Begegnung des hl. Georg mit Prinzessin und Drachen und Szenen aus dem Leben des Kirchenpatrons aus dem 13. und 14. Jh. Vor dem Chor steht, leicht erhöht, die berühmte Statue des lachenden San Zeno. Sie wurde im 13. Jh. von einem anonymen Künstler aus farbigem Marmor geschaffen und wird von den Veronesern noch heute sehr verehrt. In der Krypta staunen wir über einen wahren Wald unterschiedlicher Säulen und Kapitelle, bevor wir den gläsernen Sarg mit den sterblichen Überresten des hl. Zeno betrachten. Dann wieder hinauf in die Kirche und zum stimmungsvollen Kreuzgang von 1123 mit seinen Doppelsäulen. Er ist mit dem Campanile der älteste erhaltene Teil des ehemaligen Benediktinerklosters. Dieses Kloster, in dem die Mönche die

Die Umbettung der Gebeine des hl. Zeno in die Krypta von San Zeno (Fresko eines unbekannten Meisters aus dem 13./14. Jh.)

Gastfreundschaft Zenos weiterführten und Pilgern Unterkunft gewährten, bestand bis 1770.

Vom Kloster sind die Tiroler Pilger wohl in Begleitung ihres Bekannten der Etsch entlang spaziert, um die Sehenswürdigkeiten Veronas zu besuchen. Am Rand der mittelalterlichen Stadt trafen sie auf das mächtige *Castelvecchio*, von den Skaligern gegen Ende ihrer Herrschaft als Bollwerk gegen äußere Feinde errichtet. Da die Skaliger begonnen hatten, auch an der Loyalität Veronas zu zweifeln, ließen sie vom Castel eine Brücke über die Etsch als Fluchtweg aus der Stadt schlagen.

Von den Plätzen Veronas ist seit jeher einer der ersten Zielpunkte die *Piazza Bra* mit der Arena. Von den Römern im 1. Jh. n. Chr. für Tierhatzen, Gladiatorenkämpfe und Wettspiele erbaut, bot sie 25.000 Menschen Platz. Im frühen Mittelalter residierten Bischöfe in den römischen Mauern, vermutlich auch Zeno. Nach Erdbebenschäden im Jahr 1183 gab man die Arena auf und nutzte sie als Steinbruch für andere Bauvorhaben. Im 18. Jh. fanden dort erste Theateraufführungen statt.

Zur *Piazza delle Erbe*, dem zweiten Zentralplatz der Stadt, nehmen wir den Umweg über die *Chiesa di San Fermo*, von der anzunehmen ist, dass sie Guarinoni in seinem großen Interesse für Märtyrer und Reliquien ebenfalls besucht hat. Um 450 errichtete die christliche Gemeinde von Verona eine erste Kirche zu Ehren der hll. Fermo und Rustico, die unter Kaiser Maximian (286–305 n. Chr.) gefangengenommen, gefoltert und schließlich außerhalb der Stadt enthauptet und verscharrt wurden. Über einige Treppen steigen wir hinab in die Krypta, die noch immer für Messen genutzt wird. Mit ihren hohen, hell getünchten Gewölben ist sie äußerst reizvoll, geschmückt mit herrlichen Fresken, darunter die seltene Darstellung der stillenden Gottesmutter. Auch der Marterstein, auf dem Fermo und Rustico angeblich den Tod fanden, wird hier aufbewahrt.

An der Straße von der *Porta dei Leoni* ins Zentrum, der *Via Cappello* entlang, wird es zunehmend belebter. Touristen pilgern hier zum Haus der Julia mit romantischem Innenhof, einer fotogenen Statue und dem berühmten Balkon. Die Straße mündet in die *Piazza delle Erbe,* die zur Römerzeit das Forum der Stadt war, mit Tempeln, Brunnen und öffentlichen Gebäuden. Im Mittelalter überbaut und verändert, blieb sie Zentrum des städtischen Lebens. Die antike Marmorstatue der Madonna Verona am Brunnen in der Platzmitte personifiziert die Stadt. Um den Platz ließen sich einflussreiche Adels- und Händlerfamilien nieder, in Wohntürmen, die sie später zu prächtigen Palazzi mit freskengeschmückten Fassaden ausbauen ließen. Einen mächtigen Block bildet der *Palazzo del Comune* mit dem 83 m hohen Turm, der im 13. Jh. als adeliger Wohnturm erbaut wurde. Der *Arco della Costa* verbindet den Palast der Kommune, auch Palast der Vernunft, mit dem früheren Palast der Gerichtsbarkeit. Der zugehörige Pranger steht noch heute im Zentrum der Piazza als Teil eines zweiten Brunnens.

Durch den Bogen gelangt man zur *Piazza dei Signori,* dem repräsentativen Sitz von Regierungs- und Verwaltungspalästen im lombardisch-venezianischen Baustil. Auch der *Palazzo del Comune* und der Gerichtspalast wenden dem Platz ihre Schauseiten zu.

Um die Kirche *Santa Maria Antica* aus dem späten 12. Jh. gruppieren sich die berühmten Prunkgräber der Skaligerherrscher Cangrande I., Mastino II. und Cansignorio.

Gleich hinter den Gräbern bezeichnet eine Tafel das Geburtshaus von Julias Romeo. Wir sind dieser Straße weiter gefolgt und entdeckten dabei eine lebendige, von den Touristenströmen weitgehend verschonte Ecke: zuerst die *Piazza Peschieria Vecchia* mit der alten Fischhalle, dann die *Via Sottoriva,* für uns eine der malerischsten und authentischsten Straßen der Stadt. Mit Laubengängen und Gewölben, in denen sich zwischen Handwerksbetrieben und Geschäftchen einige Bars und Tavernen niedergelassen haben, mit hohen Wohnhäusern, wo Blumen die Balkone schmücken oder Wäsche zum Trocknen hängt; und mit einer

Julias Balkon in der Via Capello

Straße, deren Pflasterung altertümlich anmutet und die direkt zur Dominikanerkirche *Sant'Anastasia* führt. Sie ist die größte Kirche von Verona, 1290 begonnen und ein prächtiges Beispiel oberitalienischer Backsteingotik. Ein Bogen verbindet *Sant'Anastasia* mit der kleinen gotischen Kirche *San Giorgetto.* Die herrlichen Fresken im Inneren stammen aus dem Jahr 1354 und sind dankbare Erinnerung an ein Corps des Deutschen Ritterordens, das dem Skaliger Cangrande II. zu Hilfe kam, um die Herrschaft über die Stadt von seinem Bruder zurückzuerobern.

Die Ecke zwischen Kirche und *Ponte Pietra,* der Steinernen Brücke, ist ein Fest für das Auge, wir können uns an den freskengeschmückten Häuserfassaden und venezianischen Fenstern kaum sattsehen. Den *Ponte Pietra* aus Veroneser Marmor errichteten die Römer im 1. Jh. n. Chr. als Zugang zum Theater auf der anderen Flussseite. Das römische Theater schmiegte sich an den Abhang des Hügels am Etschufer. Nach dem Abzug der Römer verfiel dieses zunehmend, die Steine wurden zum Bau von Kirchen und Häusern benutzt. Oberhalb des Theaters, wo heute der ehemalige Konvent der *Gesuati San Jerome* aufragt, soll einst der legendäre Palast Theoderichs gestanden haben. Die *Gesuati* schlossen sich

Stadtansicht vom Klostergarten der Gesuati, im Vordergrund Ponte Pietra und Dom

um 1360 in Siena zusammen; um 1430 gründeten sie eine Niederlassung in Verona, um sich der Krankenpflege zu widmen. Da sie den Kranken gerne selbst zubereitete Medizin und Liköre verabreichten, nannte man sie im Volk auch *Padri dell'Acquavita*, Väter des Aquavit. Seit 1923 beherbergt das Kloster ein sehenswertes archäologisches Museum. In ehemaligen Mönchszellen und Wandelgängen erzählen etruskische und römische Weihegeschenke, Votivinschriften, Glas- und Keramikarbeiten sowie anderes mehr vom religiösen und profanen Leben im vorchristlichen Verona. Alles ist informativ präsentiert, und als Draufgabe gibt es den traumhaften Blick von den Tuffsteinterrassen des Klostergartens über die Stadt.

Dort statten wir noch dem romanisch-gotischen Dom *Santa Maria Matricolare* einen Besuch ab, um das Portal des Meisters Nicolò zu bewundern. Auffallend sind an den Seitenpfeilern die Helden des Rolandliedes aus dem Gefolge Karls des Großen, Olivier und Roland mit seinem berühmten Schwert Durendal. Unsere Pilger haben sich nach ihrer Besichtigung wieder zurück in das Benediktinerkloster bei San Zeno begeben:

Und selbigen Aschermittwoch, welicher schön und sonnenklar, allda zugebracht; zwar abends unter der Colation zwischen ein Benedictiner und dem Scribent schier ein Missverständnis und Unwillen erhebt wegen Herrn der Sociatet, so der Benedictiner getadelt, hingegen der Scribent ernstlich schützet.

Beste Bissen von allerley köstlicher Speis

MANTUA

Den andern ersten Pfinstag in der Fasten sind die Pilgramb nach gehaltner Meß auf St. Zenno Altar nach Mantua geruckt, 4 theitsche Meilen unter Pern, so mitten in ein See liegt. Und ungefähr um Vesperzeit dahin kommen.

Unsere Pilger dürften Verona durch die *Porta del Palio* verlassen haben, an der die *Via Mantovana* ihren Anfang nimmt. Das Tor entstand zusammen mit den Stadtmauern von 1533 bis 1540 nach Plänen von Michele Sanmicheli, der sich vor allem als Architekt herrlicher Palazzi einen Namen gemacht hatte.

Die Etappe von Verona nach Mantua legen wir im Auto zurück; die alte Landstraße ist längst zur stark befahrenen Staatsstraße geworden. Sie verbindet einige hübsche Straßendörfer und Kleinstädte, darunter das schön am Tione gelegene Villafranca. Farbenfrohe Häuser begleiten die Umfahrung der Altstadt, zuletzt kommen wir direkt an der gut erhaltenen Skaligerstadtmauer vorbei. In Mozzecane säumen zahlreiche alte Herrenhäuser die Hauptstraße, in Castiglione bekommen wir erneut mittelalterliche Stadtmauern zu sehen. Eine Brücke bringt uns über den See von Mantua. Ursprünglich war Mantua eine Inselstadt, gewachsen aus etruskischen und gallischen Pfahlbaudörfern inmitten einer vom Fluss Mincio gebildeten Seen- und Sumpflandschaft. Mit der Trockenlegung des südlichen Teils im 19. Jh. verlor die Stadt endgültig ihre Insellage.

Mantua ist eng mit den Namen Canossa und Gonzaga verbunden. Die Markgrafen von Canossa mit Stammsitz bei Reggio erlangten um 1000 die Herrschaft über Mantua und brachten der Stadt nach den Wirren und Zerstörungen der Völkerwanderung Frieden und Wohlstand. Die bekannteste und zugleich letzte Vertreterin war Mathilde von Canossa, die 1077 im Zusammenhang mit dem berühmten Canossagang Kaiser Heinrichs IV. die Versöhnung zwischen Papst und Kaiser erwirkte. In den Nachfolgestreitigkeiten um das Erbe der Canossa konn-

Mantua im Jahr 1575 (Kupferstich von Frans Hogenberg für das Städtebuch Civitates Orbis Terrarum von Hogenberg/Braun)

te sich im 14. Jh. die Adelsfamilie Gonzaga durchsetzen. Ihre Residenz war der *Palazzo Ducale*, 1395 für Francesco I. Gonzaga als viertürmige Zwingburg begonnen und über die Jahrhunderte gewachsen und erweitert, bis er eine Art Stadt in der Stadt bildete, mit Gärten, Innenhöfen und Verbindungsgassen. Etwa 500 Säle und repräsentative Räume soll der Palast umfassen. In diesen empfingen die Gonzaga ihre Gäste, darunter Maler, Dichter, Komponisten und Architekten. Als sich Guarinonis Pilgergruppe in Mantua aufhielt, war die Stadt unter der Herrschaft der Gonzaga ein blühendes Zentrum von Kunst, Kultur und Wissenschaft.

> *Und weillen sie allda niemand Bekannten, haben sie bei einem Kloster versucht, ob sie Quartier erlangten, aber es hat ihnen gefehlt, dahero sie nit gewusst, wo hin oder wo aus, haben in ein Sudlkuchl, weil sie zu Mittag gefastet, einkehrn wöllen, so hat man sie bericht, es habe die keine Liegestatt, an welicher den Pilgramb mehr als an Essen wegen des Ausrasten gelegen; dann nit weit davon ein Wirthshaus „Bey den Mondschein“ genannt gezeigt, dahin sie gangen.*

Der vornehm gekleidete Wirt empfängt sie freundlich, erkennt er doch in den Pilgern trotz ihrer einfachen Kleidung Männer von Stand und Adel. Er führt sie hinauf in einen prächtigen Saal mit seidenen Tapeten, samtüberzogenen Stühlen und goldenen Fransen.

Haben sich die Pilgramb samentlich ob solicher Majestät, so in Theitschland gar selten bey ein Fürsten zu finden entsetzt, und gedacht ein jeder, in diesem Wirthshaus traktiert man fürstlich, so wirds auch fürstlicher Säckl bederfen, weliche aber bey ihnen nit zu finden; und allesamt einer unwissend des andern, gleichen Gedanken, dass sie nemblich gern wieder hinaus und die Stiegen abgeruckt wären.

Der Scribent versucht vergeblich, dem Wirt klarzumachen, dass sie lieber eine ihrem Pilgerstand entsprechende, bescheidenere Herberge suchen möchten.

Fasset also gar freundlich den Scribenten bey der Hand, und führt ihn in eine Cammer nächst vom Saal hinein, darin die andern gar demütig mit niedergedauchten Kopf hinnach zottelten. Und als dieselben in die Cammer getreten, und dieselbe mit ander seiden Tapezierungen umhänget, und die große Breite von Nussbaumholz künstlich geschnitzt, und mit soliche Damascenen Cavillianen gar fürstlich und majestätisch behängt, da fiel ihnen das Zäpfl erst gar in Hals hinab, und haben ihrer etliche entrinnen wöllen.

Unterdessen reisen weitere Gäste an, Edelleute. Den Pilgern wird noch banger, doch einfach davonzulaufen hätte sie verdächtig gemacht. Guarinoni rät den Gefährten, sich standesgemäß zu verhalten und das Beste aus der Situation zu machen. Die Bedenken bleiben, besonders Pfarrer Wenig plagt die Sorge:

Bursch, heut hat uns der Tuifl in welschen Himmel geführet, lasst uns nur lustig sein, und gleich wohl den Säckl für uns schwitzen. Haben wir kein Geld mehr, so haben wir doch das Maul zum Betteln, und Händ zum Finden. Sprach darauf der Scribent: Wir haben auch Häls zum Hängen. Unter welichem der Diener kommt, und ein Feuer unter dem Kamin angemacht, bey welichem die Pilgramb herum saßen, und unlustige Gedanken brateten.
Es nahet die Mahlzeit heran und war eine Tafel mitten in Saal gestellet, schön

sauber ansechlich gedeckt, und die samten Sessel ringsum gestellt [...] Die Tafel war übersetzt von besten Bissen von allerley firtrefflichen gebratnen und gesottnen, eingemachten und köstlichen Fischlen, so in ihren Mantuanischen Seen, unterschiedlichen Torten und Pasteten, und nach den Confecten Obst; die Pilgramb trauten ihnen nit zuzugreifen, ungeacht sie wie Wölf hungert; unter diesem begehrten die fremden Herrn zu trinken, da kommt der Aufwarter, mit ein schön Kristallen köstlichen Weins, auf ein schön fein Teller, und weillen der fremde Herr trank, hebt ihm der Aufwarter das Teller unter, weliches den Herrn Pfarrer und den Bayrischen Wiltener Mönich so seltsamb und lächerlich firkam, dass sie das Gelächter nit verheben konnten. [...] Wie nun der Tisch, wie gemeldet, strotzvoll belegt, also bald und in einer viertel Stund verschwanden die Speisen wieder vom Tisch, also wer nit behänd und hurtig zugegriffen, wenig zuteil worden; wie aber beiden Herrn Pfarrer und Herr von Wilten geschechen, weliche das theitsche Kleiespeisen gewohnt; Herr Steinperger ließ alles gut Ding sein, aß und trank sein Notdurft, wie auch Herr Thaler und der Scribent.

Hungrig gehen Pater Melchior und Pfarrer Wenig zu Bett; Letzterer beklagt zudem die ungewohnte Kost als *das welsche Gefräß, das mich heut Nacht fest drücken wird.*

Die Sorge vor einer hohen Rechnung bereitet allen fünfen eine schlaflose Nacht; am Morgen folgt die Überraschung in Form einer äußerst bescheidenen Forderung.

Da reuete es die 2 Herrn, dass sie nit wacker und ohne Sorg gessen und getrunken hatten, und sprach der Herr Pfarrer: Aus diesem Wirthshaus komme ich nit, bis ich nit mein Leid einbringe. Erst will ich lustig sein, weil ich weiß um was ich essen tue. Haben sich selbigen Morgen zu Mantua aufgehalten, unter andern in der Domkirchen [...] Haben also das Mittagsmahl bey dem vorigen Wirth ober der Cammer absonderlich ihnen geben und sonsten wie vorigen Abend traktieren lassen. Dabey die Bursch sehr lustig gewesen und das vorigen Tags Leid gar wohl ersetzt worden, als die zwey langsamen Esser schon etwas hurtiger griffen und das Welsche schlucken gelernet.

Guarinoni und seine Pilgerbrüder sind über die *Piazza Sordello* zum Dom geschritten. Dieser wurde um 1545 an der Stelle einer älteren Kirche errichtet. Im Inneren entdecken wir einen schönen, frühchristli-

Piazza Sordella mit Regierungspalast und Dom

chen Sarkophag, nicht aber die von Guarinoni erwähnten gläsernen Reliquienschreine. Dem Dom schräg gegenüber liegt das altehrwürdige Hotel dei Gonzaga mit Osteria. Ob es sich dabei um das einstige Hotel Mondschein handelt? Die Osteria im selben Gebäude war bei unserem Besuch geschlossen; eine weitere Osteria auf der *Piazza Sordello* verwöhnt mit ausgezeichneten regionalen Spezialitäten. Unseren *Lambrusco* durften wir ohne untergehaltene Teller trinken; preislich waren wir, wie die Pilger, angenehm überrascht.

Der *Palazzo Sordello* diente im Mittelalter als Regierungsgebäude der freien Stadt. Am Turm, *Torre della Gabbia*, pflegten die Gonzaga Übeltäter in einem eisernen Käfig aufzuziehen und sie so am Pranger zur Schau zu stellen. Gleich dahinter liegt an der mittelalterlich anmutenden *Piazza delle Erbe* die *Rotonda di San Lorenzo* von 1082. Gräfin Mathilde von Canossa ließ sie für Reliquien des hl. Laurentius errichten. Historischen Berichten zufolge pflegten durchreisende Pilger im 16. und 17. Jh. die Reliquien zu verehren, und es verwundert, dass sie Guarinoni nicht erwähnt.

Noch mehr erstaunt es uns, dass er auch die *Basilica di Sant'Andrea* nicht nennt, die mit der Reliquie des Heiligen Blutes Christi seit Jahrhunderten zu den wichtigsten Wallfahrtskirchen Italiens zählt. Der Überlieferung nach war der römische Soldat Longinus, der den Gekreuzigten mit der Lanze verwundet hatte, zwei Jahre nach dem Tod Christi nach Mantua gekommen. Mit sich brachte er in einer Urne den Schwamm

Krypta von Sant'Andrea mit den Reliquien des Heiligen Blutes Christi

und etwas Erde, die mit dem Blut Christi getränkt waren. Longinus, mittlerweile selbst Christ, starb den Martertod, konnte aber zuvor die Reliquien in der Nähe eines Tempels verbergen, wo sie in Vergessenheit gerieten. Im Jahr 804 soll sie der hl. Andreas nach einer Vision geborgen haben, und Karl der Große veranlasste, am Auffindungsort eine Andreaskirche zur Verwahrung des Heiligtums zu errichten. Um sie vor den 923 einfallenden Ungarn zu schützen, vergrub man die Reliquien im Garten des Pilgerhospizes neben der Kirche, wo sie erst 1048 wiedergefunden wurden.

Die Basilika, seither mehrmals erweitert, um den Pilgerströmen zu entsprechen, erhielt ihre heutige Gestalt um 1472. Das angebliche Blut Christi wird in der Krypta in den Heiligen Gefäßen aufbewahrt, zwei Ampullen in kunstvollen goldenen Reliquiaren. Sie werden alljährlich am Karfreitag zur Verehrung ausgesetzt, in einem feierlichen Zeremoniell, in dem der Schrein von 12 angesehenen Persönlichkeiten der Stadt mit 12 Schlüsseln aufgeschlossen wird.

Bei unserem Besuch finden wir die Krypta versperrt, nur an den Wochenenden gibt es regelmäßige Öffnungszeiten. Ein Aushang lädt ein, bei Fragen die angegebene Telefonnummer zu wählen, und während wir noch die Nummern ins Telefon tippen, kommt raschen Schrittes ein Kustode herbei. Er sammelt in der Kirche Interessenten für einen außerplanmäßigen Kryptabesuch und gibt den kleinen Gruppen Extraführungen.

Durch lauteres Moos und Pfützen

FERRARA – RAVENNA

Nach dem Mittagmahl haben sich die Pilgramb wieder auf den Weg nach Ferrara gemacht, dahin sie inner 2 Tag, aber nit in die Stadt kommen, vielmehr es spät und die Tore gesperrt, sondern heraußen bei ein Bauern einlogiert.

Guarinoni gibt nicht an, welchen Weg er mit seinen Gefährten durch die Poebene eingeschlagen hat. Eine Pilgerkarte von 1500 empfiehlt Reisenden, auf dem Weg nach Ferrara und Rimini dem nördlichen Ufer des Po zu folgen und den Fluss erst bei Ferrara zu queren. Wir machen das ebenso. Nördlich und südlich des Po reihen sich alte Städtchen und Weiler aneinander wie Perlen. Nördlich, an der traditionellen Route, sind das Sustinente, Serravalle und Ostiglia. Reiche Weinbauorte zumeist, mit Kirchen, deren Ursprünge in das frühe Mittelalter zurückreichen. Dazwischen liegen Ansitze adeliger Familien, prächtige Renaissancepalazzi der Gonzaga oder anderer einflussreicher Geschlechter. Und Gutshöfe, die oft wie etwas bescheidenere Paläste wirken. In Occhiobello queren wir den Po, nähern uns Ferrara. Alte Ansichten zeigen den Kanal, der Fluss und Stadt verband, den Wassergraben speiste und Boote und Kähne zur Lände an der Stadtmauer brachte.

Ferrara ist eine Stadt der Renaissance, elegant und ziegelrot. Aus Backsteinen errichtet ist die 9 km lange Stadtmauer mit ihren Bastionen und Toren, ebenso das wuchtige *Castello Estense*, einst mittelalterliche Zwingburg mit quadratischem Hof und vier Ecktürmen, zu denen sich später weitere, unterschiedlich hohe Türme gesellten, die wie eine Gruppe von Wächtern etwas hochmütig auf die Stadt und die Menschen herabblicken. Guarinoni und seine Freunde blieben vorerst außen vor der Stadtmauer. Am nächsten Morgen, als sie die Reise nach Ravenna fortsetzten, querten sie die Stadt von Norden nach Süden, so wie wir das heute machen.

Die *Viale Camillo Benso Conte di Cavour* und ihre Fortsetzung, der *Corso della Giovecca*, durchlaufen das historische Zentrum in einer langen Geraden und passieren dabei das *Castello Estense* und zahlreiche prächtige Renaissancepaläste des 15. und 16. Jh. Sie stammen aus der Blütezeit Ferraras unter der Herrschaft der Herzöge von Este, die nach

Ferrara um 1600 (Ansicht nach einem Stadtplan von Pietro Bertelli)

dem Aussterben der Familie Canossa die Herrschaft über Ferrara, Modena und Reggio Emilia übernommen hatten.

Goethe erzählt in seinem *Torquato Tasso* vom höfischen Leben der Spätrenaissance in Ferrara. Der historische Torquato Tasso (1544–1595), einer der bedeutendsten Dichter seiner Zeit, wurde von den Este nach Ferrara geholt. Volk und Hof liebten und schätzten den Künstler und seine Dramen, Epen und Gedichte. Um 1575 aber begann er zunehmend an Depressionen und Verfolgungswahn zu leiden. Er fiel durch aggressives Verhalten auf und floh mehrmals vor vermeintlichen Nachstellungen aus der Stadt. Dass er immer wieder zurückkehrte, soll unbestätigten Gerüchten zufolge an seiner Liebe zu Eleonore, der Schwester des regierenden Herzogs Alfons II., gelegen haben. Tatsache ist, dass ihn der Herzog schließlich sieben Jahre lang im Irrenhaus von St. Anna einkerkern ließ, bis Torquato auf Betreiben des Herzogs von Mantua entlassen wurde und Ferrara endgültig den Rücken kehrte.

Patron von Ferrara ist der hl. Georg. Mit der Jungfrau Maria teilt er das Patronat der Kathedrale, deren älteste Bauteile auf das 12. Jh. zurückgehen. Prächtig ist die Fassade, romanisch begonnen und gotisch abgeschlossen. Das mit Skulpturen geschmückte Mittelportal stammt vom Meistersteinmetz Nicolò, dessen Kunst wir schon in Verona bewundert haben. In Ferrara illustrierte er das Leben des heiligen Drachentöters aus Kappadokien und zeigt neben der berühmten Errettung der Prinzessin vor dem Drachen auch weniger bekannte Szenen: den Austritt Georgs aus dem Heer Kaiser Diokletians etwa, seine Predigten, seine Gefangennahme als Opfer der Christenverfolgung, seine Marter und seine Enthauptung.

Zwischen Ferrara und Ravenna liegen etwa 70 Kilometer, die die Pilger wohl auf dem Vorgänger der heutigen Staatsstraße 16 zurückgelegt haben. Die Ebene ist flach, eintönig. Entwässerungskanäle durchziehen das marschige Land; Reiher finden hier ihr Paradies, die unterschiedlichsten Arten stolzieren auf den Feldern umher. Angebaut werden Getreide, Obst und Gemüse. In der Renaissance waren die Karotten aus dieser Gegend begehrt, heute sind es Süßkirschen, Birnen und Tomaten.

> *Und haben aber zwei oder dritthalb Tagreisen bis zur uralten Stadt Ravena gehabt, um weliche Stadt rings um auf eine halbe starke theitsche Meil ein lauteres Moos und Fischpfützen, und dermaßen um und um mit Fröschen belegt, dass man sie auf eine halbe Meil weit schreyen hört. Und haben befunden, wahr zu sein, was die alten Römer geschrieben, wenn sie einen Schwätzer taxieren wollen, ihme vorgeworfen, er gehöre unter die römischen Frösch. Hat zwar die Landstraße durch soliches Moos ihren Saum und auch Steine, dass man gelegentlich durchkommen, aber seltsamb kommt die Pilgramb für. Als dieselben näher zu der Stadt kommen, laufen Knaben und Mädlein kutlweiß gegen ihnen her und singen sie an, reimweis in welsch Sprach, mit diesen Worten: Romia, Romia, E tuta la Compagnia, Che va a Santa Maria, Il ben venuta sia. Weliches zu Theitsch also lautet: Seid ihr willkommen ihr Pilgramb all, die ihr zu der heiligen Maria wallt. Sintemahlen dieser Hohlweg der getriebene auf unser lieben Frau zu Loreto ist. Und als man ihnen etwas geschenkt erst, haben sie ein schön langes Lob- und Danklied gesungen.*

In Ravenna hatten viele frühe Christen den Martertod erlitten, entsprechend groß ist der dort verwahrte Schatz an Reliquien. Guarinoni schildert erstaunt, was ihnen alles gezeigt wird:

etliche große Häfen voll mit gestockten und aufbehaltnen Blut von heiligen Martirern [...], ein ziemlich langes Drum von der Ruten Mosis eines Fingers dick, und über Spann lang von Farb braun wie ein Birkenruten, auch andre ansechliche Heiligtumben, so dem Scribenten seithero aus dem Gedächtnis gewichen, außer dem ansechlichen Brunnquell, so unter dem Hochaltar des heiligen Vitalis klar wie ein Kristall und überaus groß und lieblich zu trinken, so der hl. Vitalis wunderwirklich entspringen machen. Item wie daselbst auch der h. Vicesimus der Arzney Doctor die Marterkron, also hat man die Pilgramb den großen Marbelstein gezeigt [...]

Der Stein weist zwei Vertiefungen auf, die als die Abdrücke der Kniescheiben und Schenkel des hl. Vitalis erklärt werden. Dem sollen angesichts der Qualen christlicher Blutzeugen Zweifel an der Macht Gottes gekommen sein; er begann, in seinem Glauben zu wanken, und begehrte ein Zeichen von Gott:

Ihme Gott sein Wankelmut verziehen, dass als er niederkniet auf gemeltem Stein, der harte Marbelstein wie ein Wax unter seine Knie und Schenkel, als wenn er auf ein samten weichen Kissen niederfiele, zum Zeichen gewichen, auf weliches er die Marterstraf überstanden.

In Ravenna treffen Kunst und Kultur aus Frühchristentum, Byzanz und Abendland aufeinander. Tage reichen nicht, um die berühmten und verborgenen Schätze zu bestaunen, und wir müssen uns, wie Guarinoni, auf das Wesentliche beschränken.

Die *Basilica di San Vitale* zählt zu den Meisterwerken unter den spätantik-byzantinischen Kirchen Ravennas. Theoderich der Große gab um 525 den Auftrag, den äußerlich eher schlichten, achteckigen Bau als Gedächtniskirche für den Märtyrer Vitalis über dem Ort seines Martyriums zu errichten. Vitalis, so erzählen seine Biografen, kam um das Jahr 67 als Soldat mit Richter Paulinus nach Ravenna. Es war die Zeit der Christenverfolgung durch Kaiser Nero, und die beiden sollten der Hinrichtung des christlichen Arztes Ursicinus, den Guarinoni irrtümlich Vicesimus nennt, beiwohnen. Vitalis sprach dem Arzt vor der Hinrichtung Trost zu, beerdigte seinen Leichnam und wandte sich anschließend selbst dem Christentum zu. Dafür ließ ihn Richter Paulinus verhaften, auf der Streckbank foltern und zuletzt lebendig begraben.

Justinian mit Gefolge, darunter Erzbischof Maximian von Ravenna (Kaisermosaik in San Vitale, um 546)

Wer *San Vitale* heute besucht, gedenkt kaum der beiden Märtyrer. Die byzantinischen Mosaiken ziehen alle Aufmerksamkeit auf sich, auch unsere. Fast völlig bedecken sie die Wände von Altarraum und Apsis. Die Intensität der Farben, die Strahlkraft von Blau, Grün und Gold, ist gewaltig. Aus farbechten Edelsteinen und Halbedelsteinen sollen die Mosaikstückchen gefertigt sein und mit Blattgold überzogen. Kaiser Justinian ließ die Mosaiken nach 546 anbringen; die berühmtesten davon verherrlichen ihn und seine Gattin Theodora.

Unmittelbar neben der Basilika steht das Mausoleum der Galla Placidia, einer der außergewöhnlichsten Frauen der Geschichte. Guarinoni erwähnt es im Gegensatz zu anderen Pilgern seiner Zeit nicht. Galla war die Schwester des weströmischen Kaisers Honorius, der die Hauptstadt des Reiches um 404 nach Ravenna verlegt hatte, da er sich im sumpfigen Umland vor den Gefahren der Völkerwanderung sicher wähnte.

In Rom hatte der Westgotenkönig Alarich im Jahr 410 Galla geraubt und sie mit seinem Nachfolger verheiratet. Der starb bald, und Galla zog nach Ravenna, wo sie ihr Bruder seinem Mitkaiser Constantius III. zur Frau gab. Aus dieser Ehe stammen ein Sohn und eine Tochter. 423 verbannte Honorius seine erneut verwitwete Schwester und ihre Kinder nach Konstantinopel. Zwei Jahre später, nach Honorius' Tod, kehrte sie mit einer Flotte zurück, um bis 445 die Regentschaft des Römischen Reiches für ihren unmündigen Sohn Valerian zu übernehmen. In Seenot geraten, gelobte sie den Bau einer Kirche und ließ in Erfüllung des Gelübdes die Basilika zu Ehren Johannes' des Täufers errichten. Galla Placidia starb 450. In ihrem schlichten romanischen Mausoleum stehen drei Marmorsarkophage, Galla war in keinem davon beigesetzt.

Das Weströmische Reich ging 476 zu Ende; zwei Dekaden später nahm der Ostgotenkönig Theoderich Ravenna ein. Theoderich ist der Dietrich von Bern in der Heldensage, die Rabenschlacht meint seinen Kampf um Ravenna. Theoderich hing dem arianischen Glauben an, in dem Christus nicht als Gottes Sohn angesehen wurde, sondern als ein aus dem Nichts geschaffenes Wesen. Für die Arianer errichtete er in Ravenna mehrere Kirchen und ein Baptisterium, für sich selbst einen Palast und ein Mausoleum außerhalb der Stadt. Das Baptisterium der Arianer ist ein magischer Ort, stiller als die großen Kirchen von Ravenna. Das Kuppelmosaik zeigt die Taufe Christi im Jordan. Anwesend sind neben den 12 Aposteln auch der Heilige Geist in Taubengestalt und eine archaische Flussgottheit.

Die große dreischiffige Säulenbasilika *Sant'Apollinare Nuovo*, ebenfalls eine Gründung Theoderichs, ist mit ihrer flachen Decke charakteristisch für die römischen Basiliken seiner Epoche. Die ältesten Mosaiken entstanden noch zur Zeit Theoderichs, die meisten aber erst, nachdem Justinian I. Mitte des 6. Jh. von Byzanz aus die arianischen Goten gestürzt hatte. Kein schwieriges Unterfangen, da das Volk vom Arianismus wenig begeistert war. Ravenna wurde zur Hauptstadt der oströmischen Besitzungen in Italien, der byzantinische Stil kam ins Abendland und feierte das Christentum mit prachtvollen Mosaikausgestaltungen in den Kirchen. *Sant'Apollinare Nuovo* ehrt das christliche Martyrium. Wir blicken staunend hinauf zum Zug der 22 Märtyrerinnen, die vom Hafen in Classe der thronenden Gottesmutter entgegenschreiten, und zur Prozession der 26 Märtyrer, die sich vom Palast Theoderichs dem thronenden Christus zuwenden.

Der Palast Theoderichs soll sich unmittelbar neben *Sant'Apollinare Nuovo* befunden haben, einige beeindruckende Mauern sind erhalten. Etwas weiter stadtauswärts, an der *Via di Roma*, sehen wir in der *Basilica di Santa Maria in Porto Nuovo* eine Madonnendarstellung, die uns mehrmals an Hauswänden aufgefallen ist. Das kleine Marmorrelief hätte dem glühenden Marienverehrer Guarinoni gefallen: Es zeigt eine so genannte Griechische Madonna, die in alter Gebetsgeste die Arme nach oben erhebt, und soll im Jahr 1100 von Engeln über das Meer nach Ravenna gebracht worden sein.

Durch die *Porta Nuova* ziehen wir südwärts nach Classe, einige Kilometer von Ravenna entfernt. In der Antike reichte das Meer bis hierher, in der Lagune siedelten Etrusker und später Römer. Augustus ließ einen Hafen für die Flotte, *Portus Classis*, anlegen, um den sich rasch eine lebhafte Stadt entwickelte. Archäologische Ausgrabungen deuten auf ihre beachtliche Größe hin. Im Jahr 49 v. Chr. brach Cäsar mit seiner Legion von Classe zur Überschreitung des Rubikon auf, um in Rom seinen Gegenspieler Pompeius zu konfrontieren.

Um die Mitte des 1. Jh. wurde Classe zum Bischofssitz. Apollinaris aus Antiochia, so die Legende, hatte in Rom den hl. Petrus getroffen, der ihn zum Bischof weihte und nach Classe schickte. Hier missionierte er, hier vollbrachte er aufsehenerregende Wunder. Er befreite Besessene von ihren Dämonen, heilte Stumme und soll sogar Tote zum Leben erweckt haben. Aber die Zeit für das Christentum war noch nicht reif in Classe. Mehrmals wurde Apollinaris gefangengenommen und gefoltert; schließlich überfiel ihn eine Gruppe aufgebrachter Männer und erschlug ihn fast. Sieben Tage überlebte er noch, dann erlag der erste Bischof von Classe seinen Verletzungen und wurde außerhalb der Römerstadt in einem steinernen Sarg bestattet. Über seinen sterblichen Überresten entstand im 6. Jh. die prachtvolle *Basilica di Sant'Apollinare in Classe.*

Classe ist längst zum Vorort von Ravenna geworden, die Basilika steht etwas am Rand, umgeben von ein paar Pinien und nicht sehr weitläufigen Wiesen. Wasserbüffel grasen seit 2012 vor der Kirche; sie sind aus Bronze gegossen und Teil eines künstlerischen Projekts von Davide Rivalta. Von ihm stammen auch Pferde und Esel bei der Kirche *San Vitale.* Wasserbüffel kamen mit den Kreuzfahrern nach Südosteuropa und wurden bis in die Neuzeit als Arbeitstiere in den sumpfigen Landstrichen Italiens eingesetzt. Guarinoni und die Pilger sahen die ihnen bislang unbekannten Tiere erstmals weiter südlich, bei Loreto.

Die Basilika des hl. Apollinaris, errichtet aus schmalen, roten Ziegeln, wirkt schlicht und hatte ursprünglich keinen Campanile. Der Glockenturm – heute in leichter Schräglage – kam erst im 11./12. Jh. dazu. Riesig wirkt die Kirche von außen, und auch im Inneren fühlt man sich sehr klein. Wie *Sant'Apollinare Nuovo* ist diese Kirche eine typische römische Basilika ohne Querschiff und Deckengewölbe. Die flache Holzkas-

Das berühmte Apsismosaik von Sant'Apollinare in Classe

settendecke aber ist nicht mehr vorhanden, der hölzerne Dachstuhl liegt frei und lässt den Raum noch höher erscheinen. Säulen trennen das Hauptschiff von den beiden schmalen Seitenschiffen; nur im vorderen Teil steht Kirchengestühl, was die ohnehin lange Kirche optisch zusätzlich streckt; und den Blick nach vorne lenkt, der erhöhten Apsis zu. Dort ruhten in der Krypta unter dem Hauptaltar die Gebeine des hl. Apollinaris, bis man sie 856 zum Schutz vor Plünderungen aus dem exponiert gelegenen Classe nach Ravenna brachte.

Über dem Altar befinden sich die berühmten Mosaiken, aufgrund derer die Kirche zum UNESCO-Weltkulturerbe erklärt wurde. Sie zeigen Christus als Retter der Welt, einmal bescheiden klein und begleitet von den vier Evangelisten, einmal im Hauptmosaik, mächtig, aber recht ungewöhnlich durch ein Kreuz symbolisiert. Vor allem aber zeigen sie den hl. Apollinaris, der als Hirte in bischöflichem Ornat auf einer blumenübersäten, paradiesischen Wiese steht, die Arme im Gebet erhoben, umgeben von zwölf Schafen – diese stehen für die Apostel oder auch die Gläubigen, die er um sich schart. Die Blicke lösen sich nur schwer von diesem prachtvollen und in seiner Schlichtheit so ausdrucksstarken Mosaik. Zuletzt dann doch ein Gang durch die Seitenschiffe. Steinerne Sarkophage stehen an den Wänden, meist von Bischöfen aus Ravenna, immer leer. Im linken Seitenschiff ein abgesperrter Bereich, in dem der Rest eines Bodenmosaiks aus dem 6. Jh. erhalten ist. Gläubige werfen Münzen durch die Gitter, es soll Glück bringen.

Gleichsam in ein irdisches Paradies

RIMINI – FANO – PESARO – SENIGALLIA – ANCONA

Von Ravenna aus haben sich die Pilgramb durch den Cirenischen Port an das Möhrufer begeben, und ist ihnen nit anders gewesen, als wann sie von einer alten in eine ganz neye, und von einer langweiligen in eine ganz lustige, allerdings anders gestellte Welt, oder gleichsam in ein irdisches Paradies kommeten; denn als sie vor den benannten Cirenischen Port hinaus kommen, da öffnen sich unversechens vor ihren Augen zwey unbegreifliche und gleichsam unendlich Weiten: die an der rechten Hand eines glatten ebnen, holdselig mit Getreid, Wiesenmahd, Wein und Öl gezierten und auf viele theitsche Meil in die Länge hinaus erstreckte Lands, und auf der linken das schöne weite breite und in seinen zierlichen Luftwellen holdselig an das Gestad spielende Möhr, so seine allerley Möhrmuscheln, vielerley Austern und anders seltsambes schönes Zeug, gleichsam ein kostfreier Auffund, ohne Unterlass auswirft, und das Ufer fort und fort mit schönen und klugen Lenden, und doch beynebens hergetragenen Möhrsand belegt, so denen Pilgramb sehr wohl bekommen und Herr Pfarrer vermeint, es sollen alle Potograischen [Gichtkranken] diesem Sand und Möhrufer zureisen; und wie das vorgemelte Land und Meer einander terminieren und begrüßen, also ersetzen sich beide miteinander auf etliche theitsche Meil, und bleiben allzeit die schönen Flecken und Städte an dem Möhrufer, eine nach der andren, also die Raißenden von Anfang auf alle Städt vor Augen haben, dahin sie ihr Raiß wenden bis zu der großen und namhaften Port und Stadt Ancona; diese in der Gedächtnis gebliebne vortreffliche Land und Möhrgestalt ist dem Scribenten oft in seinen melancholischen Zufällen zu einer Ergötzlichkeit gewesen, als welicher in dergleichen Fällen schnell dahin verruckt und auf ihren holdseligen Straßen im Geist sich wiederum erholt und fortgeschickt.

Von der Begeisterung unserer Pilger angesteckt, fassen wir den Plan, die Strecke von Ravenna nach Ancona ebenfalls zu Fuß zurückzulegen. Auch uns wird das noch lange im Gedächtnis bleiben, wenn auch weniger der „Ergötzlichkeit holdseliger Straßen" als der schmerzenden Füße wegen. Guarinonis Pilgergrüppchen erreichte Ancona nach drei bis vier Tagen; wir sind weniger zügig unterwegs, wandern bei deutlich geringerem Tagespensum. Als Übernachtungsorte wählen wir die bei Guarinoni erwähnten Stationen, die auch andere Pilgerberichte nennen.

Wunderbare Rad- und Wanderwege verbinden Ravenna und Classe mit den Badeorten an der Adria, führen durch alte Pinienwälder und wildromantische Kanallandschaften. Manche Kanäle sind gesäumt von hölzernen Fischerhütten mit breit ausladenden Netzen. Bei Cervia erreichen wir endlich das Meer. Hinter der Fassade des modernen Badeortes verbirgt sich eine hübsche, kleine Altstadt, die erst um 1700 im Zusammenhang mit der Saline entstanden ist. Das rechteckige Zentrum am Salinenkanal wurde am Reißbrett geplant, innerhalb der Mauern stehen die Wohnhäuser der ehemaligen Salzarbeiter, ihre Kirchen und der *Palazzo Comunale*. Der steingraue *Torre di San Michele* schützte Hafen und Salzlager vor Pirateneinfällen. In einem der mächtigen Salzspeicher erzählt heute ein Museum von der Salzgeschichte Cervias.

Die alte Landstraße, Weg der Pilger nach Rom, verlief hier noch etwas weiter im Landesinneren, durch den kleinen Ort Pisignano. Dort steht eine der ältesten Pfarrkirchen im Raum Ravenna, *Pieve di Santo Stefano*, 977 erstmals urkundlich erwähnt. In Mittelalter und früher Neuzeit war dem Gotteshaus ein Hospiz für Rompilger angeschlossen. Vielleicht haben Guarinoni und seine Pilger hier übernachtet, vielleicht erst in Cesenatico.

Spätestens dort hatten auch unsere Pilger die Küste erreicht. Cesenatico entstand 1314 als Handelshafen für die Stadt Cesena. Als Cesare Borgia die Stadt 1502 einnahm, gab er seinem Militäringenieur Leonardo da Vinci den Auftrag, den Hafen so umzubauen, dass er vor Strömung und Sandablagerungen geschützt ist. Wir schlendern den Kanal entlang auf den Hafen zu, ein angenehmer Spaziergang, vorbei an liebevoll restaurierten historischen Booten, die als Teil des Schifffahrtsmuseums im Kanal ankern, am alten überdachten Fischmarkt und an der Pfarrkirche zum hl. Jakobus von 1324, die ihre heutige Form im 16./17. Jh. erhielt.

Zahllose Rompilger werden hier ein Gebet gesprochen oder eine Messe gehört haben, bevor sie ihren Weg fortsetzten. Die mittelalterliche Landstraße hatte sich aus der römischen *Via Popilia* entwickelt, auf der schon Cäsar gegen Rom gezogen ist. Längst ist daraus die Staatsstraße 16 geworden, von der 1987 Roger Willemsen in seinem Kunstführer schreibt: Über größte Strecken ist die Straße entlang der Küste nach Süden von dramatischer Hässlichkeit. Wir stimmen ihm zu, die endlose Kette von Hotelbauten und Industrieanlagen ist mehr als eintönig, der Verkehr verbietet jedes Wandern am Straßenrand. Die Küstenlinie präsentiert sich kaum abwechslungsreicher. Ein Hotel reiht sich an das andere, die Strandabschnitte mit ihren Sonnenschirmen, Liegen, Bars und Eisdielen sind austauschbar, besonders in den Sommermonaten. Wir sind im Frühjahr hier, die Küstenorte sind noch etwas verschlafen vom Winter, putzen sich erst langsam heraus für die ersten Besucher. Nur vereinzelt sind Cafeterias geöffnet, selten hört man deutsche oder englische Sprachfetzen. An den weitläufigen Stränden nutzen wenige die Sonnenstrahlen: Ein paar junge Familien lassen kleine Kinder im Sand buddeln, gelegentlich flaniert ein Paar an der Wasserlinie vorüber, eine Schulklasse spielt Beachvolleyball; ins Meer wagt sich kaum jemand, das Wasser ist noch zu kalt.

Wir wechseln zwischen Strand und Promenade. Schmerzen die Füße vom langen Gehen im Sand, lassen wir sie vom Meer umspülen. Nützt auch das nichts mehr, trotten wir ein Stück am harten Pflaster der Strandpromenade und kaufen Eiscreme in einem der wenigen geöffneten Läden, die meisten Eisdielen sind noch geschlossen.

Kurz nach Gatteo Mare queren wir den Rubikon. Den Steg schmückt Cäsars bronzenes Haupt. Zu dessen Zeit bildete der Rubikon die Grenze zwischen dem römischen Kernland und der Provinz *Gallia Cisalpina*, der Cäsar als Konsul und Gouverneur vorstand.

Cäsar war außerordentlich erfolgreich, und in Rom begann man ihn zu fürchten. Um seine Macht einzuschränken, sandte sein Mitregent und Schwiegersohn Pompeius Order zu Cäsar, die Legion aufzulösen und das Kommando zurückzulegen, andernfalls werde er zum Staatsfeind erklärt. Der römische Historiker und Biograf Sueton berichtet, dass Cäsar, kaum hatte er diese Nachricht erhalten, mit seiner Legion von 5000 Mann von Classe aus gegen Süden aufgebrochen war, um Pompeius zu konfrontieren. Am Rubikon zögerte er kurz, bevor er mit dem berühmten Ausspruch *Alea iacta est!* – „Der Würfel ist gefallen!" den Grenzfluss querte, nach Rom marschierte und damit den römischen Bürgerkrieg auslöste, aus dem er schließlich erfolgreich hervorging.

Es haben sich zwar die Pilgramb samentlich in Anfang dieser schönen Landschaft Erscheinung vergafft, und die Füß nit fortbringen können, auch bey weitem nit genug Augen gehabt, alles nach Genügen zu sechen, und so ein, zwey oder drey fortgangen, sind die zwey dahinten blieben und ihnen nit anders als den über Land laufenden Hunden gewesen, weliche jetzt fir, jetzt hinten, jetzt auf die Seiten aus laufen, und nit genug Augen und Nasen haben alles zu sechen und zu schmöcken und forschen; sich bald hinten vergaffen und darweil ihre fortraißenden Herrn verlieren. Da geht's an ein Springen und Laufen, bald aber wieder an ein neues Gaffen, dahero die Pilgramb auf diesem Weg wenig Müdigkeit empfunden und also bey drey oder vier Tag auf solichem schönen Land und bey dem Möhr und bey den Möhrflecken; und Stadt Recanuta und die große Stadt Akrimina, daselbst ein schöne alte und große römische Triumphpforten noch steht, so einem römischen daselbst raißenden Kaiser aufgerichtet worden, ferner durch die Stadt Cathalica genannt, und dann durch die uralte Stadt Pisaurum oder Pesaro, durch Fano, und letztlich durch Sinagalia und andere Flecken auf den Möhrhäfen zugebracht. Auch endlich in die namhafte und große Stadt Ancona ankommen.

Der Stadt Rimini, *Akrimina,* näherten sich Guarinoni und die Seinen von Norden her auf der *Via Popilia*, die über die *Ponte di Tiberio* ins Zentrum der Stadt führte. Die Brücke über die Marecchia wurde im Jahr 14 n. Chr. unter Kaiser Augustus begonnen und sieben Jahre später unter Tiberius vollendet. Den Travertin-Stein brachte man aus Istrien.

Rimini im Jahr 1572 (Kupferstich von Frans Hogenberg für das Städtebuch Civitates Orbis Terrarum von Hogenberg/Braun)

Der Augustusbogen markiert den Beginn der Via Flaminia in Rimini.

Jenseits der Brücke verlief die Straße, der heutige *Corso d'Augusto*, in einer Geraden gegen Süden, um die Stadt am *Arco d'Augusto* wieder zu verlassen; nun aber als *Via Flaminia*, der großen römischen Fernstraße zwischen Rimini und der Hauptstadt. Um 220 v. Chr. von Konsul Gaius Flaminius in Auftrag gegeben, entwickelte sie sich zu einer der verkehrsreichsten Straßen der Antike. Kaiser Augustus ließ sie später erneuern und verbessern, der Augustusbogen von Rimini, 27 v. Chr. errichtet, dankte ihm für den Abschluss dieser Arbeiten.

Neben *Via Flaminia* und *Via Popilia* nahm auch die *Via Emilia* nach Bologna ihren Ausgang in Rimini. Damit beherrschte das römische *Ariminum* als Straßenknotenpunkt den Zugang nach Oberitalien. In oströmischer Zeit war Rimini Mitglied der *Pentapolis Marittima*, einem Fünf-Städte-Bund, dem auch die Seehafenstädte Pesaro, Fano, Senigallia und Ancona angehörten. Der Bund formierte sich um 600 als oströmischer Vorposten in Italien und bildete später eine Art eigene Provinz. Im Mittelalter war Rimini weitgehend selbstständige Kommune unter päpstlicher Oberhoheit, regiert vom 13. bis ins 16. Jh. von der Dynastie der Malatesta.

Die Vertreter dieses Adelsgeschlechts treten erstmals im 12. Jh. als reiche Landbesitzer und Condottieri, Führer von Söldnertruppen im Dienste des Papsttums, in Erscheinung. Der Name Malatesta, wörtlich „schlechter Kopf", war vermutlich ein wenig schmeichelhafter Spitznamen für einen frühen, besonders eigensinnigen oder bösartigen Vertreter. Durch eine Kombination von Heiratspolitik und rücksichtslos-grausamen Strategien stiegen sie rasch zu einem der wichtigsten Häuser Italiens auf. Im 13. Jh. hatten sie sich alle politischen und kirchlichen Ämter in Rimini angeeignet. Wer ihnen im Weg stand, wurde eingekerkert oder getötet. Auch vor Morden innerhalb der eigenen Familie schreckten sie nicht zurück.

Elefantenwappen der Malatesta am Castel Sismondo

Dante besingt im fünften Gesang seines *Inferno* die tragische Geschichte der schönen Francesca da Polenta, die aus politischem Kalkül mit Giovanni „Gianciotto" Malatesta verheiratet wurde, sich aber zu dessen jüngerem und attraktivem Bruder Paolo hingezogen fühlte. Eines Tages sollten sie sich bei der Lektüre romantischer Episoden aus der Artussage nähergekommen sein. Der betrogene Ehemann überraschte die Liebenden und tötete Gattin und Bruder. Die Liebestragödie wird in der Literatur auf die romantische Burg Gradara bei Ancona verlegt, trug sich aber, falls überhaupt, 1283 oder 1284 in der früheren Malatesta-Residenz in Rimini zu.

Das *Castel*, wie wir es kennen, wurde erst für Sigismondo Malatesta (1417–1468) errichtet, der die Stadt wie kein anderer geprägt hat. Sein *Castel Sismondo* war Palast und Festung zugleich, fast eine kleine Stadt in der Stadt, mit mächtigen Türmen und Burgwällen. Das Wappen der Malatesta mit dem Elefanten prangt auch heute noch über dem Zugang.

Sigismondo war dreimal verheiratet, zuletzt ab 1456 mit seiner langjährigen Geliebten Isotta degli Atti. Gerüchte kursierten, er habe seine beiden ersten Frauen ermorden lassen. Isotta, um 1432 als Tochter eines reichen Kaufmanns geboren, war Sigismondo schon im Alter von 12 oder 13 Jahren aufgefallen, bekannt wurde die Affäre erst nach dem Tod von Sigismondos zweiter Gattin. Isotta und Sigismondo hielten prunkvoll Hof, luden als großzügige Mäzene Dichter, Künstler und Gelehrte aus ganz Italien nach Rimini und machten die Stadt zu einem Zentrum von Kunst und Kultur. War Sigismondo als Condottiere außer Landes, leitete Isotta die Geschicke des Malatesta-Imperiums, ebenso während der Zeit, als er wegen seiner Konflikte mit Papst Pius II. exkommuniziert war. Sigismondo, der als tapfer, aber impulsiv und undiplomatisch galt, hatte sich mit dem Papst überworfen, als dieser Burgen an Sigismondos Erzfeind, Federico da Montefeltro, übertragen wollte.

Sigismondo starb 1468 und wurde in dem von ihm errichteten *Tempio Malatestiano* beigesetzt. Der Tempio entstand als Erweiterung der gotischen *Chiesa di San Francesco*, der Familienkirche der Malatesta, um Raum für die Grabkapellen von Sigismondo und Isotta zu schaffen. Die Kirche im Stil der Frührenaissance wurde nie völlig fertiggestellt, hat aber ein beachtenswertes Inneres mit puttengeschmückten Grabkapellen, erhöhten Prunksarkophagen und schönen Wandmalereien. Als Ornament erscheinen vielfach die verschlungenen Initialen „I" und „S", was für Isotta und Sigismondo stehen soll. Nach Sigismondos Tod übernahm sein Bruder Roberto der Herrliche die Macht. Er entledigte sich der übrigen Brüder und Isottas und heiratete die Tochter des früheren Erzfeindes Federico da Montefeltro. Mit ihrem Sohn endete 1528 die Herrschaft der Malatesta.

An der *Piazza Tre Martiri*, angelegt über dem altrömischen Forum, errichtete man im 16. Jh. eine Kirche zu Ehren des hl. Antonius von Padua, der im 13. Jh. in Rimini zwei seiner berühmten Wunder vollbracht haben soll. In Rimini nämlich waren die Anhänger der Katharer, hier *Patarini* genannt, zahlreich; diese Reformkirchenbewegung sprach sich vor allem gegen den Verkauf von kirchlichen Ämtern an wohlhabende Laien aus, zweifelte aber auch an der Gegenwart Christi in der Hostie. Die *Patarini* zeigten vorerst kein Interesse an der Predigt des Antonius, erst als er am Meeresufer predigte und die Fische kamen, um ihn zu hören, war auch ihre Neugier geweckt. Zur Abkehr von ihren reformatorischen Gedanken soll sie schließlich ein hungriger Esel bewegt haben, der vor der Monstranz des Heiligen niederkniete, statt das gereichte Futter zu nehmen.

Durch den Augustusbogen verlassen wir, wie Generationen von Reisenden vor uns, die Stadt, um über die *Via Flaminia* gegen Süden weiterzuziehen. Noch bevor sie wieder in die Staatsstraße übergeht, wenden wir uns der Adria zu und wandern am Meeresufer nach Cattolica, der Königin der Adria. Sie war schon zur Römerzeit Raststation an der *Via Flaminia.* Anlässlich des Jubeljahres 1300 errichtete die Stadt ein erstes Hospiz, um den Strom von Rompilgern aufnehmen zu können. Im Mittelalter sprossen entlang der stark frequentierten Pilgerrouten Herbergen wie Pilze aus dem Boden. Papst Gregor XIII. regte in der Bulle von 1579 an, die zahlreichen kleinen Hospize in der Region Rimini aufzulassen und ein neues, großes Pilgerhospiz zu errichten. Dass die Wahl auf Cattolica fiel, lag primär an der verkehrsgünstigen Lage; zudem sprach sich auch Kardinal Carlo Borromeo, der 1583 von Rom über die *Via Flaminia* nach Rimini und Mailand gereist war, für Cattolica als Standort dieses neuen Hospitals aus. Guarinoni empfand zeitlebens eine große Verehrung für den Kardinal, vielleicht Grund genug für die Haller Pilger, hier ihr Nachtquartier zu beziehen. 1584 war Baubeginn des großen *L'Ospitale dei Pellegrini* in der *Via Cattaneo.* Es verfügte über mehrere Zimmer, darunter ein Dormitorium für zehn Männer und ein separater Schlafraum mit vier Betten für Frauen. Angesehenen und wohlhabenden Pilgern standen Einzelzimmer zur Verfügung. Es gab eine Küche und einen Gemeinschaftsraum, in dem sich die Pilger am Kamin wärmen konnten. Sie erhielten außerdem unentgeltlich Verpflegung und Unterkunft, Holz für das Kaminfeuer und eine spirituelle Wegzehrung in Form eines Sakraments. Das angeschlossene *Oratorio di S. Croce,* auch *Chiesa dell'Ospedale,* wurde zu Beginn des 17. Jh., kurz vor Guarinonis Besuch, fertiggestellt. Das Hospiz war bis ins 19. Jh. in Betrieb. Heute beherbergt es das *Museo della Regina,* das unter anderem vom Reisen an der *Via Flaminia* von der Antike bis ins Mittelalter erzählt. In der schönen archäologischen Abteilung ist ein Stück der originalen Straßenpflasterung der Römerstraße zu sehen, in der säkularisierten Kirche wechselnde Kunstausstellungen.

Der heute stark befahrenen Nachfolgerin der *Via Flaminia* möchten wir auch am nächsten Wegabschnitt von Cattolica nach Pesaro nicht unmittelbar folgen. Wir wählen als Alternative einen Weg, der zu den schönsten Panoramastrecken an der italienischen Adria zählt und gewiss auch Guarinoni und seine Burschen begeistert hätte, besorgen uns eine detaillierte Wanderkarte und machen uns auf den Weg durch den

Parco Naturale Monte San Bartolo. Kurze Abschnitte an wenig befahrenen Straßen wechseln mit wunderschönen Pfaden und Steigen durch Wälder von Zerreichen und Buchen. Immer wieder gibt es Infotafeln zur Flora und Fauna des Naturparks. Auf die Stacheltiere wären wir besonders neugierig, leider lassen sie sich nicht blicken. Nur ab und zu finden wir am Wegrand vereinzelt ihre langen Stacheln.

Immer wieder geben die Wälder den Blick ins Landesinnere frei, auf die Burg Gradara etwa, die das gleichnamige mittelalterliche Städtchen überragt. Den Malatesta verdankt Gradara ihre Ringmauern und zinnengekrönten Wachtürme. Der Burgfried war Gerichtssitz und Gefängnis; die Folterkammer für peinliche Befragungen ist erhalten. Das romantische Gradara nimmt, wie erwähnt, für sich in Anspruch, im 13. Jh. Schauplatz der tragischen Liebesgeschichte zwischen Francesca da Polenta und ihrem Schwager Paolo Malatesta gewesen zu sein. Von den Malatesta ging die Burg später in den Besitz der Sforza, der della Rovere und des Kirchenstaates über. 1920 erwarb ein Privatmann die baufällig gewordene Anlage und ließ sie stilgerecht und authentisch restaurieren.

Das wundertätige Kruzifix im Santuario di Casteldimezzo

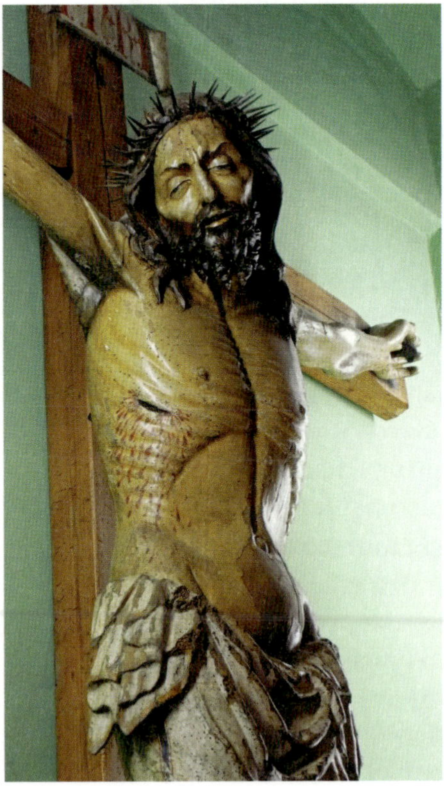

Prächtig blühender Besenginster und die faszinierenden Ausblicke auf Meer und Landesinneres begleiten uns bis Casteldimezzo. Dort halten wir, um das *Santuario del Crocifisso* mit dem legendenumwobenen Kruzifix zu sehen, das Antonio Bonvicino aus Venedig um 1500 geschaffen hat. Es soll in stürmischer Nacht über das Meer gekommen sein und wird von Fischern noch heute hoch verehrt. Von Fiorenzuola di Focara sieht man schon von Weitem die Stadtmauern aus dem 13. Jh. Wir schlendern durch altertümliche Gassen, vom Stadttor hinauf zur *Chiesa di Sant'Andrea.* Hier möchte man verweilen. Die Stadt macht einen

Lohnender Rastplatz im Naturpark San Bartolo

gepflegten, liebevoll restaurierten Eindruck; noch immer vorhandene unrestaurierte Winkel und malerische Ecken mit Häusern und Mauern in zarten Pastelltönen verleihen Fiorenzuola einen besonderen Reiz. Ebenso erfreulich ist der Weiterweg auf schönen Pfaden durch prachtvolle Eichenwälder. Am Abhang des Monte San Bartolo, Pesaro zugewandt, haben Kapuziner und Serviten ihre Klöster errichtet. Vorbei am jüdischen Friedhof, im 17. Jh. von der damals großen jüdischen Gemeinde von Pesaro angelegt, gelangen wir an den *Ponte Vecchio*, den alten Zugang in die Stadt Pesaro.

Wie alle Seestädte war auch Pesaro ursprünglich von einem Mauerring umgeben. Zu Beginn des 20. Jh. hat man ihn geschleift, um Platz für den Verkehr zu schaffen. Das moderne Pesaro: Hafenstadt, auch für private Freizeitbootfahrt, Geburtsstadt von Gioacchino Rossini (1792–1868), der alljährlich in einem Opernfestival gefeiert wird, Großstadt mit einer überraschend angenehmen Strandbadefront.

Der Raum Pesaro war bereits besiedelt, bevor die Römer 184 v. Chr. an der *Via Flaminia* die Kolonie *Pisaurum* gründeten. Eine erste Blüte erlebte die Stadt in oströmischer Zeit als Mitglied des Städtebundes

Pentapolis. Nach den Wirren der Völkerwanderungszeit und Machtkämpfen mit benachbarten Städten kam Pesaro gegen Ende des 13. Jh. unter die Herrschaft der Malatesta, die sich als großzügige Förderer und Stifter erwiesen. Sie legten den Grundstein für die später europaweit berühmte Majolikaproduktion der Stadt und ließen die romanisch-gotischen Kirchen mit ihren prächtigen Portalen errichten. Das Portal der Klosterkirche *San Domenico* an der *Piazza del Popolo* etwa ist unser Favorit, hier schufen die venezianischen Steinmetzbrüder dalle Masegne 1395 ein Meisterwerk. Im Klosterkomplex von *San Domenico* ist seit 1914 das Postamt untergebracht. Den Malatesta verdankt Pesaro auch die Fassade des *Palazzo Ducale* mit seinen kunstvoll ornamentierten Arkadenbögen und dem zinnenartigen Dachabschluss. Heute nutzt die Stadtverwaltung den Palazzo als repräsentativen Sitz.

1455 gaben die Malatesta Pesaro freiwillig auf und verkauften die Stadt an die Mailänder Familie Sforza. Unter Costanzo Sforza begann 1474 der Bau der *Rocca Costanza*; vollendet wurde die Festung 1505 unter seinem Sohn Giovanni. Es waren unruhige Zeiten: 1500 drang Cesare Borgia mit seinen Söldnertruppen an die Adria vor und eroberte Stadt für Stadt. Pesaro besetzte er drei Jahre lang und soll mit seiner Gattin Lucrezia im *Palazzo Ducale* residiert haben. Dort wird das so genannte Bad der Lucrezia Borgia gezeigt; ob sie tatsächlich jemals hier gebadet oder die kunstvollen Wandmalereien in Auftrag gegeben hat, wird bezweifelt. Sehenswert ist es jedoch allemal. Nach dem Tod von Giovanni Sforza fiel Pesaro an die della Rovere, Herzöge von Urbino.

Ob sich unsere Pilger wohl lange in Pesaro aufgehalten haben? Schon das antike *Pisaurum* galt nach Catull als *moribunda sede*, Sterbestadt. Noch im 16. und 17. Jh. fürchteten Reisende Pesaro besonders zur Sommerzeit. 1609 beschrieb sie Johann Jakob Gasser in seiner „Schatzkamer" als eine ungesunde Stadt, in der die Menschen nicht alt werden, weil sie zu viele Früchte äßen. Der Rompilger Jakob Rabus wiederum gibt der Luft von Pesaro, die übel wäre wie im Norden die Pestilenz, die Schuld am großen sommerlichen Sterben.

Wir empfinden die Strände von Pesaro als angenehm, können uns vorstellen, im Sommer wiederzukommen. Südlich von Pesaro wird der Küstenstreifen schmäler, die Hotelbauten kleiner, je mehr wir uns von der Stadt entfernen. Dann begrenzt eine steil abfallende Hügelkette den Küstenstreifen noch weiter, nur für die Eisenbahn und die Staatsstraße bleibt Raum, dazu wenige Meter Strand, keine riesigen Hotels, nur einige Bars. Selbst im Hochsommer müssen hier die Reihen von Schirmen und Liegen überschaubar sein. Wie haben unseren Spaziergang durch Pesaro morgens unternommen, uns an der *Rocca Costanza* von der Stadt verabschiedet und sind dann den Strand entlanggeschlendert, drei, vier herrliche Kilometer.

Fano erreichen wir zur Mittagszeit. Und wieder begrüßt eine Festung die Ankommenden, *Rocca Malatestiana.* Die massive Anlage mit vier kubisch zulaufenden Bastionen, um 1400 von den Malatesta als Bollwerk und Kerker erbaut, wirkt noch heute unbezwingbar. Auch die fast vollständig erhaltene Stadtmauer geht auf die Herrschaft der Malatesta (1357–1463) zurück, steht aber auf antiken römischen Fundamenten. Wir spazieren, von der Rocca ausgehend, die Stadtmauer entlang, umkreisen die Stadt in leichtem Bogen. Entlang der *Via Mura Augustee* zwischen *Rocca* und *Porta Maggiore* sind die ältesten, römerzeitlichen Teile der Stadtmauern zu sehen; an der mächtigen *Porta Maggiore,* Relikt eines Malatesta-Stadttores, treten wir durch den antiken Augustusbogen in die Altstadt.

Kaiser Augustus ließ hier, wo die *Via Flaminia* wieder auf die Adria trifft, eine Kolonie errichten, die *Colonia Julia Fanestris.* Die Stadt baute ihm zum Dank und zu Ehren einen Triumphbogen aus Travertin, dem hellen, istrischen Kalktuffstein. Die Kolonie entwickelte sich zum blühenden Stützpunkt an der *Via Flaminia* und war in oströmischer Zeit Mitglied im Städtebund *Pentapolis.* Im Mittelalter blieb Fano Etappenziel und Treffpunkt für Pilger, die entlang der Adria nach Loreto und weiter nach Rom zogen. Sie fanden Unterkunft im Hospiz außerhalb der Stadt oder in einem der Klöster oder Wirtshäuser innerhalb der Stadtmauern.

Gleich hinter dem Augustusbogen steht die *Loggia di San Michele,* ein kleiner Renaissancebau mit hübschem Arkadengang und angeschlossener Kapelle. Wohlhabende Bürger haben beides errichtet, nicht für sich selbst, sondern als Waisenhaus für Findelkinder. In der *Via Arco D'Augusto* zeugen stattliche Palazzi vom Reichtum der Bürgerschaft. Die Kathedrale an derselben Straße ist im Kern romanisch, geht aber auf einen älteren Bau zurück. Sie ist San Fortunato geweiht und ersetzte vielleicht einen römischen Tempel der Göttin Fortuna, den berühmten *Fanum Fortunae,* als Mittelpunkt der antiken Stadt.

Wir flanieren die *Via Arco D'Augusto* entlang, queren den *Corso G. Matteotti* auf der Suche nach dem Tagesmarkt, der ein Stück weiter in einem Innenhof gelegen ist. Aber wir sind spät, die meisten Waren sind verräumt, die leeren Gemüsekisten gestapelt. Dort eine zertretene Tomate am Boden, hier ein kleines Büschel Petersilie, ein paar dunkelgrüne Blätter von Orangen oder Zitronen. Ein wenig Obst können wir noch ergattern.

Dann zurück an den *Corso G. Matteotti*, wo eine steinerne Tafel, in eine Hauswand eingelassen, angibt, dass der Corso der *Via Flaminia* entspricht. Wir folgen den Spuren unserer Pilger und dem *Corso G. Matteotti* in südlicher Richtung zum Hauptplatz, den der *Palazzo della Podestà* mit seinem Uhrturm und der anschließende Komplex der Malatesta-Residenz beherrschen. Bescheiden gibt sich dagegen die Kirche des *San Silvestro*. Den Brunnen am Platz, die *Fontana della Fortuna*, hat auch Guarinoni gesehen, er stammt von 1593. Die Statue der Fortuna erinnert an den römischen *Fanum Fortunae*, dem die Stadt ihren Namen verdankt. Und die Tatsache, dass Einheimische sie heute liebevoll *La Città della Fortuna* nennen, Stadt des Glücks. Fano ist lebhaft, schmale Straßen führen zu stimmungsvollen Plätzen, viele ziegelrote Backsteinbauten schaffen eine warme Atmosphäre. Es lohnt sich, der Stadt etwas Zeit zu widmen. In einer Seitengasse findet sich ein schlichtes Lokal, in dem wir eine ausgezeichnete *Brodetto* serviert bekommen. Fano ist die Stadt des *Brodetto*, jener bekannten Fischsuppe, für die es so viele Rezepte wie Köche geben soll. Im September findet in der Stadt das *Festival del Brodetto* statt, bei dem einheimische und internationale Köche ihre Lieblingsvarianten präsentieren.

Nicht immer ist der anschließende Weg eine reine Freude. Unsere größte Mühsal war die Strecke zwischen Fano und Senigallia. Durchgehend den Strand entlangzuwandern ist hier nicht möglich, für einige Kilometer bleibt auch uns nur die Staatsstraße. Am Flüsschen Metauro entschädigt das *Ostello B. Cecco*, eine ehemalige Pilgerherberge, mit der Backsteinkirche *Madonna del Ponte*, beide eine fromme Stiftung des 13. Jh. Gedämpftes Licht fällt durch die modernen Glasfenster, das geheimnisvolle Dunkel erhellen ein paar flackernde Kerzen vor dem Seitenaltar mit dem Bild der hier verehrten Madonna del Ponte. Es ist eine der seltenen Darstellungen der *Maria Lactans*, der stillenden Gottesmutter. Votivgaben in Herzform zeugen vom Alter der Wallfahrt.

Senigallia: Rocca Roveresca mit Brücke zum Herzogspalast

Später, in den Badeorten Torrette und Marotta, kehren wir an den schmalen Küstenstreifen zurück. Die Strandpromenaden geben sich hier bescheidener als weiter nördlich, auch die Hotels. Alles wirkt um eine Spur ruhiger, einfacher, vielleicht auch maroder. Wir machen Rast, sitzen unter verblichenen Sonnenschirmen in einer der wenigen Bars, die jetzt, Mitte Mai, geöffnet haben. Die Schokolade zum Kaffee ist grau und bröckelig. *Mi dispiace!* Aber auch der Ersatz ist nicht besser. Am Bahnhof von Marotta überlegen wir, die Wanderung abzubrechen, mit dem Zug weiterzufahren. Dass wir dennoch beschließen, weiterzugehen, liegt nicht am großen Durchhaltevermögen, sondern einzig an der Zugverbindung, die über die Mittagszeit recht lange aussetzt.

Bei der Ankunft im Hafen von Senigallia sind wir müde, missmutig und wortkarg; der Rundgang durch die Stadt ist rasch beendet und beschränkt sich auf das Wesentliche.

Das wäre zuerst einmal die mächtige *Rocca Roveresca*, die seit dem 15. Jh. den Seezugang zur Stadt beherrscht und auf römischen Fundamenten ruht. Die Römer waren im 3. Jh. v. Chr. an die Adria vorgedrungen und eroberten das bis dahin gallische *Sena*. Immer wieder kommen auch heute unter der modernen Stadt Relikte aus der Römerzeit zutage. In byzantinischer Zeit zählte Senigallia zur *Pentapolis*, dem Fünf-Städte-Bund. Im Mittelalter kämpften die Adelsgeschlechter Malatesta und Montefeltro um die Herrschaft über Senigallia, das schließlich 1474 an die Familie della Rovere fiel.

Ab 1478 ließ Herzog Giovanni della Rovere auf den antiken, quadratischen Grundmauern die *Rocca Roveresca* in ihrer heutigen Form mit vier mächtigen Bastionen und umlaufenden Kranzgesimsen errichten. Ein Jahrhundert später ergänzten die della Rovere die Anlage um einen Palast, den eine lange Brücke mit der Festung verbindet. Der Komplex war später Militärschule, Gefängnis, Hospital und Waisenhaus. Heute stehen Teile zur Besichtigung offen, andere bieten Raum für Ausstellungen und kulturelle Veranstaltungen.

Hinter der *Rocca*, dem Fluss Misa zu, das in einer Schleife die Altstadt von Senigallia umfasst, liegt das *Foro Annonario*, das alte Areal von Fisch- und Tagesmarkt. Dieser findet auch in unseren Tagen noch dort statt, allerdings seit dem Jahr 1834 umrahmt von 30 neoklassizistischen dorischen Säulen. Ein kleines Stück weiter der Misa entlang stadteinwärts stellen die *Portici Ercolani* eine Neuinterpretation mittelalterlicher Laubenhäuser dar. Errichtet wurden die Arkaden in der Mitte des 18. Jh. im Auftrag des Kardinals Ercolani als Standort der Handelsmesse von Senigallia, die schon zu Guarinonis Zeit weithin berühmt war.

Das Herz der Stadt ist das Gassengeviert um die *Piazza Roma*. Dort gibt es Bars, kleine Geschäfte, die Bekleidung, Handtaschen, Gegenstände des täglichen Gebrauches anbieten; und den Neptunbrunnen mit der armlosen Statue des Meeresgottes, den die Einheimischen respektlos *il Monco* nennen, den Verstümmelten.

> *Auf dieser Raiß hat denen drey Pilgramben Herr Steinperger, Herr Thaler und den Scribent die Schnabelwaid trefflich wohl geschlaunt mit allerley seltsamben Möhrfischen, Austern, Schnecken und dergleichen in süßem Öl gesotten und schwimmende Speisen, dessen der Herr Pfarrer und Bayrische Pater nichts gemecht, sich aber der Scribent doch befließen, dass etwas so einem theitschen Tisch gleich gesechen auch zum besten gehabt, sintemahlen an köstlichem Wein und Brot kein Mangel gewesen, aber von Milch, Käß und Oyrschmalz in der Fasten in Welschland nichts gessen wird.*

Mittelalter und frühe Neuzeit hatten außerordentlich strenge Fastenregeln: Bis etwa 1490 durften gläubige Christen zu den Hauptfasttagen ausschließlich Brot, Wasser und etwas Bier oder Wein zu sich nehmen, an den leichten Fasttagen waren nur Fleisch- und Milchprodukte sowie Eier, die als flüssiges Fleisch galten, verboten. Bei dem von Guarinoni erwähnten *Oyrschmalz* handelt es sich um Eier im Schmalz oder Spiegeleier. Alle Arten von Fisch und Meeresfrüchten, sogar Schildkröten, waren erlaubt, blieben aber aus ökonomischen Gründen meist wohlhabenden Schichten vorbehalten. 1491 lockerte Papst Innozenz VIII. die Fastengebote durch den so genannten Butterbrief-Ablass: Mit dem Butterpfennig, Spendengeldern, die für den Bau von Kirchen und Brücken verwendet wurden, konnten Gläubige die Genehmigung für den Verzehr von Milch, Butter, Käse und Eiern während der Fastenzeit erkaufen. Um 1550 ließ Papst Julius III. diese Produkte für alle Christen auch während der Fastenzeit zu. Guarinonis Bericht zeigt, dass die Neuerung nicht überall angenommen wurde.

> *So denn die raißenden Pilgram ihr Raiß also zielet, dass sie Samstag auf Ancona und am Sonntag daselbst rasten sollten zu Ancona, so hat es ihnen aber gefehlt und Ancona nit erreicht, daran das schöne Landgaffen schuldig, dass dieselben verspät; und weillen außer der Stadt die Weg fast unsicher, ihnen bey herstreichendem Abenddunkel wohl lang worden; weil es etliche Abwege deren andre zum Port und Hafen, andre ringsum bis zu der Stadt führen; drin die Pilgramb keinen Bericht gehabt, daher sie ein guten Mann angetroffen und mit Lohn bedingt, sie bis in das nächste Wirthshaus vor der Stadt begleitet [...] Wollt der Wirth sie nit beherbigen, aber hört, dass sie anders nit als ein bisschen Brot und ein Gläsl Wein begehren, hat er ihnen aufgemacht, und als er Licht hinein brachte und er die Pilgramb in das Gesicht gesechen, bald den Hut geruckt und mit großen Titeln zugeworfen, Feuer in Kamin anzünden machen und sehr wohl traktieren lassen. Sie auch mit Liegestatt wohl versechen und Sonntags morgens mit der Zahlung auch gar bescheidlich gewesen.*

Ancona war schon immer vom Hafen geprägt, längst hat sich Industrie dazugesellt. Heute kündigt ein breiter Industriegürtel mit Raffinerien, Produktionsbetrieben und Stahlbetonbauten die Stadt an. Im Zentrum, wo der Zweite Weltkrieg und das Erdbeben von 1972 viel von der alten Bausubstanz zerstört haben, dominieren Neubauten. Dazwischen, fast

Die Hafenbucht von Ancona, betrachtet vom Monte Guasco

versteckt, Relikte vergangener, glorreicherer Tage. Der römische Trajansbogen etwa, 115 n. Chr. vom großen Baumeister seiner Zeit, Apollodor von Damaskus, errichtet, steht heute inmitten der Hafenanlage, umgeben von reger Betriebsamkeit. Und die macht den etwas spröden Charme Anconas aus, der sich erst auf den zweiten oder dritten Blick erschließt, wenn man sich öffnet für die multikulturelle Vitalität und Aufbruchsstimmung im Hafen. Faszinierend ist der Blick vom *Monte Guasco*, ein Ausblick, für den sich Reisende schon vor Jahrhunderten begeistern konnten.

> *Wie dann die Pilgramb nit gar zu frühe aufgestanden, zuweilen sie nit weiter bis zur Stadt als von Hall bis gegen Mils gehabt, ungefähr um 8 Uhr in die Stadt kommen und eines Ganges der Domkirch zugegangen; es liegt diese Stadt auf ein schönen runden im Möhr begründeten Hang, welicher Hang ein Spitz hinaus in das Möhr macht, dass denselben nichts in Weg und Augen steht, sondern zwey Möhr unter Augen fließt, eines das adriatische hinauf auf Venedig, das andre die Tirgey hinein. Und muß man die ganze Stadt auf und ab steigen, alle Gassen zu der Domkirchen, weliche mitten oben auf dem*

Berggipfel steht, durch lange Stiegen hinaufgehen; auf alle Gassen begegneten denen Pilgramb theitsche Handlersleut und Kaufleut; haben in der Domkirchen die zwey Herren Meß gelesen auf St. Ciraci Altar, so im Altar begraben liegt, wie auch andere ansechliche Heilige; hinter dem Altar der Domkirchentür auf der linken Hand an der Mauer lag ein Stuck grad von ein Möhrfisch dick wie ein großer Baum, und lang wie die Arbeitsstuben in dem königl. Stift, darob die Pilgram genug zu sechen hatten; an der linken Hand des Bergs ist ein runder Kessel hinein in das Möhr, in welichen die Galeeren und Schöffer, wann sie ankommen, einfahren und zulanden, so groß als fast die halbe Stadt Hall, darin stunde alles mit Galeeren und Schöffen belegt. Von der Höche des Bergs haben die Pilgram auf das weite Möhr, weliches damahlen so still wie ein Spiegel, und so schön klar und möhrgrün. Und so weit hinaus, dass es geschienen, dass der Himmel und das Möhr einander berührten und wann die Sonn untergangen, als wann sie in das Möhr, gleichsam in das Bad hinabstiege.

Neben den genannten Treppenwegen ist der *Monte Guasco* längst über eine bequeme Panoramastraße erreichbar. Um 390 v. Chr. hatten griechische Flüchtlinge aus Syrakus am bogenartigen Felssporn unterhalb des *Monte Guasco* eine erste Kolonie gegründet und sie *Dorica Ancon*, dorischen Bogen, genannt. Am Gipfel des Hügels legten sie die Akropolis an. Cäsar eroberte die griechische Kolonie vor allem wegen des Naturhafens und siedelte römische Veteranen an, Trajan baute den Hafen zum Flottenstützpunkt aus. Am *Monte Guasco* entstand über griechischen Fundamenten ein Venustempel.

Im 5. Jh. hatte das Christentum in Ancona Fuß gefasst; die Stadt wurde Bischofssitz, den Tempel ersetzte eine frühchristliche Basilika des *San Lorenzo*. Dann kamen die Reliquien des hl. Cyriak von Rom nach Ancona.

Cyriak war um 300 Diakon in Rom und genoss dort hohes Ansehen, hatte er doch die Tochter Kaiser Diokletians von ihrem Dämon befreit. Nach der Abdankung Diokletians wurde Cyriak von Kaiser Maximian gefangengenommen, zur Zwangsarbeit beim Thermenbau verpflichtet, später gefoltert und enthauptet. Mit der Überführung seines mumifizierten Leichnams auf den *Monte Guasco* erhob ihn Ancona zum Patron der Stadt. Um 1000 begann man, die Bergkirche, nun dem hl. Cyriak geweiht, zu erweitern, im 13. Jh. war der Dom in der heutigen

Der mumifizierte Leichnam des hl. Cyriak von Ancona

Form fertiggestellt und vereint romanische, gotische und byzantinische Elemente.

Weithin sichtbar ist die Fassade aus weißem und rosa Marmor; den Portikus mit spitzem Giebel und zahlreichen zierlichen Säulen bewachen Löwen. Sehr schön ist auch das Seitenportal, geschmückt mit kleinen Drachen und anderen Fabelwesen. Im schlicht gehaltenen Inneren der Kathedrale zaubert der Lichteinfall am späten Nachmittag eine eigentümliche Atmosphäre und lässt den Altarraum beinahe überirdisch strahlen. Wir steigen in die Krypta, die hell wirkt, leicht und freundlich. In barocken, gläsernen Sarkophagen ruhen dort die sterblichen Überreste von Cyriak und drei weiteren Märtyrern.

Großmächtige Tempel und wunderwirkliche Heiligtumben

LORETO – TOLENTINO – ASSISI

Obwohlen die Pilgramben Vormittag selbigen Tag, so der andre in der Fasten Reminiscere Sonntag war, daselbsten zu Ancona zum zubringen vermeinten, weillen ihnen aber die Weil lang, sind sie selben Nachmittag aus der Stadt geruckt und zu einer namhaften Kirchfahrt, auf ein halbe oder ganze Meil weit, zu ein Crucifix, in einem Flecken zu gegangen, daselbst die Messen oder Complet gehört, und demselben wunderwirklichen Crucifix schuldige Ehr anzeigt. Und allda selbige Sonntagnacht logiert.

Der Weiler Pietra la Croce, einige Kilometer südlich von Ancona an der Straße zum Monte Conero gelegen, entstand im Mittelalter um die Kapelle *di Santa Croce*. Dort verehrte man bereits vor 1290 einen Splitter vom Kreuz Christi, eingebettet in ein steinernes Reliquiar in Form eines Kreuzes. Serviten betreuten die Wallfahrt, 1563 bauten sie die Kapelle zur Kirche aus. Bei Guarinonis Besuch blühte die Wallfahrt noch. Während der Belagerung Anconas im Jahr 1799 wurde die Kirche samt Steinkreuz und Reliquie zerstört, die heutige *Chiesa di Santa Croce* ist 1826 geweiht.

Folgenden Montag nach der Meß von Ancona drey theitsche Meilen durch das Gebirg, die Marca Anconitona genannt, auf Loreto zugeraißt, und als sie in ein Flecken kommen, allda zu Mittag sich zu laben, und die Wirthin etliche seltsambe kleine gelbe Fischlen, fast wie die Grundten, also kalt, wie allda gebreichig, dass man nit die Speisen wie die Theitschen heiß und warm auftrage, und es beiden der Welt unerfahrnen Herrn Pfarrer und Mönich v. Wilten seltsamb vorkommen, und im Scherz ein welsch Wort, so Herr Pfarrer nit verstanden, hinstehen lassen, ist die Wirthin schnell hinausgangen, und den Wirth, ihren Mann, und ihren Bruder rufen lassen, denen die Sach also firgetragen, dass die beiden über den Herrn Pfarrer gewöllt, und ihme durchaus zum Klopfen schicken. Also dass der Scribent von Leib und Leben zu wehren und den Handel zu stillen hatte; dahero der Pfarrer oft an diese Fischlen gedacht, dass diese kleinen Fisch schier aus ihme ein großen geblut Stockfisch gemacht hätten; hat ihme dann auch auf der Raiß geforchten, es rucke der Wirth und der Wirthin Bruder nachher und geben ihm das übrig, maßen weillen ohnedies selbiges Land nit fast sicher, sondern mit Banditen wohlbesetzt.

Die historische *Marca Anconitana*, Grenzmark zwischen der Romagna im Norden, Umbrien im Westen und den Abruzzen im Süden, entspricht in etwa der heutigen Region Marken. Die alte Landstraße zwischen Ancona und Loreto verlief über den bergig-hügeligen Abhang des *Monte Conero*, der südlich von Ancona steil über dem Meer aufragt. Im kleinen Städtchen Camerano könnten unsere Pilger die verhängnisvollen Fischlen verzehrt haben, bevor sie durch die fruchtbare Ackerlandschaft ihrem Ziel entgegenzogen.

Sind also um Vesperzeit den Städtl Loreto zu gemacht, weliches auf ein Bergl [...] liegt, und herunten in Feld gesechen, wie ein Bauer mit zwey Spann große Büffelochsen, wohl schwarz und glänzend, ackerte, kommen ihnen soliche Tier seltsamb fir, weillen sie die gleichen vorniemals gesechen, daher der Herr Pfarrer gesprochen „Sieh dies schwarze Viech." Und die Welschen gar wohl in der Farb zusammen verglichen.

Nach Büffeln halten Reisende in diesem Teil Italiens heute vergeblich Ausschau. Längst haben Maschinen die sanften, schwarzen Riesen als Arbeitstiere in der Landwirtschaft ersetzt; nur als Milchrinder werden sie noch gehalten, besonders in der süditalienischen Region Kampanien. Wo für die Herstellung des berühmten *Mozzarella di bufala* Büffelkühe sehr häufig ein trauriges Dasein in Massentierfabriken fristen. Bis wir Loreto erreichen, diskutieren wir über die Ethik der modernen Lebensmittelerzeugung.

Da sie nun in das Städtl Loreto hinaus gegangen, weliches Städtl nur ein einzige Gassen hat, war aber dieselbe stark voller Wirthshäuser beider Seiten, sind die Wirth schon vorhanden gewesen, weliche die Pilgramb eingeladen, und ein jeder alle liebreiche gute und stattliche Traktion versprochen, welichen aber die Pilgramb kein besonderes Gehör gegeben, sondern geraden Gangs der heiligen Kapellen und der Domkirchen, darinnen die h. Kapell steht, zugangen.

Loreto um 1570 (kolorierter Kupferstich von Frans Hogenberg für das Städtebuch Civitates Orbis Terrarum von Hogenberg/Braun)

Massive Befestigungswälle umgeben das Heiligtum von Loreto. Papst Sixtus V. ließ sie im 16. Jh. zum Schutz vor räuberischen Überfällen errichten; mit den Mauern und Toren erhielt Loreto auch das Stadtrecht. Wie die meisten Loreto-Pilger treten wir durch die *Porta Romana* und finden uns am *Corso* wieder, der vom Uhrturm geradewegs zur Wallfahrtskirche führt. Guarinoni erwähnt nur die eifrigen Wirte in dieser einzigen Gasse; der Rompilger Jakobus Rabus, der 40 Jahre vor den Hallern in Loreto Halt machte, spricht auch von den zahlreichen *Krämern, die Rosenkränzwaren, Kerzen und ander dergleichen geistliche Waren feilhaben.*

Wenig hat sich geändert: Das Geschäft mit Devotionalien blüht, Rosenkränze, Kerzen und Darstellungen der Madonna von Lourdes in allen Größen, Macharten und Preislagen finden regen Absatz. Nur die Technik hat sich längst auch der Frömmigkeit angenommen und lässt Heilige bunt aufleuchten, Rosenkränze flackern und Madonnen von flimmernden Lichtern umspielen. Die Andachtsautomaten faszinieren uns am meisten: das lebensgroße Jesuskind etwa in einer Auslage, das immer wieder die Hände zum Gebet faltet; eine kleinere Muttergottes daneben, die sanft die Krippe mit dem Kind schaukelt. In einem anderen Laden entdecken wir Josef, unablässig an einem Stück Holz sägend und umgeben von einer Herde von Schafen, die ihre Köpfe heben und senken. Devotionalienhändler auch am Domplatz, der *Piazza della Madonna.* Abends oder frühmorgens, wenn Kirche und Verkaufsläden geschlossen sind, kommt der kunstvolle Brunnen aus dem 17. Jh. zur Geltung, der dem Platz eine wunderbare Ruhe verleiht; nun aber strömt alles dem Heiligen Haus zu.

> *Alldorten vor Eingang des Tempels die Bildnis des Papst Sixti quinti in Stein gehaut, Lebensgröße in Stuhl sitzend gestellt, als welicher den grossen landschönen Tempel über die heilige große Kapell bauen lassen; dieser Tempel ist kreuzweis gebaut und in der Mitten unter der Kuppel steht die heilige Kapell; welicher Tempel das bischöfliche Domstift, und daselbst ein Bischof residiert. Haben selbigen Abend den gewaltigen Schatz von Kleinodien gesechen, so in ein besondern Sacristey, wie ein großer Saal, fast wie der Hof im königl. Stift weit, mit lauter Kisten ringsum, in welichen der Schatz, so dieser Kapell vermacht worden, ist; von Kirchenzierden, Ampeln, Leuchtern, Meß- und Altargewändern, und guldene Kannen, Kronen, goldgestickte mit Kleinodien versetzte Unser Lieben Frauen Kleider und der gleichen. Zwar aber wenig von stattlich versetzten und gefassten Heiligtumb, wie das königl. Stift hat.*

Papst Sixtus V. auf der Freitreppe zur Wallfahrtskirche (1589)

Es dürfte Guarinoni mit Stolz erfüllt haben, dass die weithin berühmte und außergewöhnlich reich bestückte Schatzkammer von Loreto mit dem Reliquienschatz von Hall nicht mithalten konnte. Die Schatzkammer, heute im *Palazzo Apostolico*, der zwei Seiten der *Piazza della Madonna* umfasst, ist seit der Plünderung durch Napoleon beträchtlich bescheidener als 1613, bietet aber noch immer eine sehenswerte Sammlung von sakraler Kunst, wertvollem Kirchengerät, Majoliken und Tapisserien.

Das Bronzedenkmal Sixtus' V. blickt segnend und milde lächelnd auf die Menschen herab, die sich dem Loretoheiligtum nähern. Sixtus V. gilt wegen seiner umfassenden Erneuerungen im kirchlichen Verwaltungswesen als Reformpapst; er war auch eifriger Bauherr und veranlasste während seines Pontifikats zwischen 1585 und 1590 die Errichtung zahlreicher barocker Bauten im Kirchenstaat. An der Kathedrale von Loreto ließ er die Fassade vollenden; den Bau der Kathedrale hatte Papst Paul II., dem wir die Verkürzung der Intervalle zwischen den Jubeljahren auf 25 Jahre verdanken, bereits 1468 in Auftrag gegeben.

Als die ersten gotischen Entwürfe dem Geschmack der neuen Zeit nicht mehr entsprachen, lieferte der gefeierte Begründer der Hochrenaissance-Architektur, Meister Donato Bramante, der 1506 auch den Neubau des Petersdomes in Rom beginnen sollte, die Pläne für die prächtige Kuppelbasilika von Loreto. Ein breiter Treppenaufgang führt zu den Kirchenportalen. Älteren Reiseberichten zufolge soll er früher auf den Knien erklommen worden sein, um einen besonderen Sündenablass zu erlangen. Das rituelle Berühren oder Küssen der bronzenen Kirchenportale, die um 1600 geschaffen wurden und Szenen aus dem Alten und Neuen Testament zeigen, ist vielen Gläubigen noch heute ein Anliegen.

Haben auch die heilige Kapell ferners, da es bester Abend war, inwendig gesechen, weliche in allen der unseren bey Hall gleicht, als allein, dass daselbst das Ziegelgemäuer mitnichten wie bey uns umhängt, sondern frei und ledig ist, das mans wohl beym Licht sechen kann; und innerhalb etliche gemalte Bilder, wie mans seither in Druck geben, an das Gemäuer selbst; in die heilige Kapell hat ein Pater der Socieatet abends spät als das Volk aus der Kirchen, die Pilgramb eingeführt, und hinter dem Altar die zwey irdenen innen blau glasierte Schüsslen, das eine etwas tiefer, daraus man auch trinken kann, das andere etwas flacher, aber breiter, die wir mit unsern Rosenkränz berühren lassen, aus welichen zwey Schüsslen Christus der Herr und jungfreyliche Mutter gegessen, diese h. Kapell ist außerhalb mit lauter schneeweiße Marbelsteinbildern und Figuren umringt, gar künstlich gehauen. [...] Zwar aber ist die heilige Kapell sehr finster, weil sie inner der großen Kirchen steht, also das man nur den stattlichen Ampelleuchter darinnen sechen kann.

Ursprung und Zentrum der Verehrung bildet die *Santa Casa*, das Heilige Haus aus Nazareth, in dem nach alter Überlieferung Maria geboren worden war, die Verkündigung des Engels empfing und später mit Josef

Hinter monumentalem Marmorschmuck verbirgt sich die Santa Casa.

und ihren Kindern gelebt hatte. Auch Jesus wohnte hier bis zu seinem 20. Lebensjahr. Das Heim Marias bestand aus einer Felsgrotte, die heute in der Verkündigungsbasilika zu Nazareth verehrt wird, und einem vorgebauten Haus aus Steinen und Lehmziegeln. Um das Jahr 325 soll die hl. Helena, Mutter von Kaiser Konstantin, die Stätte entdeckt haben, als sie auf der Suche nach dem Kreuz Christi ins Heilige Land gepilgert war. Christen wurde das Wohnhaus Marias bald zur Kultstätte, als aber gegen Ende des 13. Jh. die Bastionen der Kreuzfahrer in Palästina fielen und die Bevölkerung den muslimischen Glauben annahm, war es eines Tages verschwunden.

Der Legende nach hätten Engel das Heilige Haus im Jahr 1291 auf wundersame Weise von Nazareth an die Adriaküste unweit des heutigen Rijeka gebracht. 1294 trugen sie es von dort durch die Lüfte über das Meer nach Italien und setzten es auf einem Hügel bei Recanati ab. Da jedoch Räuber diesen Ort unsicher machten, transportierten sie das Haus ein Stück weiter in den Garten zweier Brüder. Dort war es zwar sicher, aber die Brüder erwiesen sich als unwürdig und begannen einen blutigen Streit um die Opfergaben von gläubigen Besuchern. Daher verlegten die Engel das Heilige Haus erneut und setzten es am 10. Dezember 1294 am heutigen Standort in einem Lorbeerhain ab, der vom lateinischen *lauretum* für Lorbeer den Namen erhielt: Loreto. In der Nacht zum 10. Dezember, erzählt unser Herbergswirt, werden im Gedenken daran auf den Hügeln um Loreto nach alter Tradition Feuer entzündet, um den Engeln den Weg zu weisen.

So seltsam die Legende klingen mag, dürfte sie doch einen wahren Kern in sich bergen: Wissenschaftliche Untersuchungen zeigen, dass das Mauerwerk der *Santa Casa* tatsächlich aus Palästina stammt. Passend dazu legen dokumentarische Quellen nahe, dass hinter den Engeln der frommen Erzählung Adelige namens *de Angeli* stecken, die als Kreuzfahrer das Heilige Haus am Seeweg in Sicherheit brachten.

Kurz bevor die Tore um 20 Uhr schließen, schlüpfen wir in die Basilika und sind überwältigt: Die riesige, dreischiffige Kirche ist pompös, die zahlreichen Kapellen reich mit Fresken geschmückt. Direkt unter der Kuppel liegt die *Santa Casa*, ummantelt von einer prunkvollen Marmorverkleidung. Die Entwürfe für die Reliefs stammen von Bramante; sie zeigen Szenen aus dem Marienleben und natürlich auch die Übertragung des Heiligen Hauses nach Loreto. Krass ist der Gegensatz zum Inneren des Heiligen Hauses. Es ist schlicht und viel kleiner, als die Mar-

Die Übertragung der Santa Casa (Marmorrelief der Verkleidung)

morverkleidung vermuten lässt. Nicht mehr als 9,5 m lang, gut 4 m breit und 5 m hoch ist der Innenraum. Die Angaben dazu schwanken in der Literatur recht stark – ein weiteres Rätsel von Loreto.

Das Dunkel in der *Santa Casa*, der intensive Geruch von Weihrauch und das Flackern einiger weniger Kerzen erzeugen eine eigene, mystische Stimmung. Auch die gemurmelten Gebete, die aus den Mauern zu steigen scheinen, haben etwas Magisches, Beschwörendes an sich. Langsam gewöhnen sich die Augen an die Finsternis, nehmen die noch immer zahlreich anwesenden Gläubigen wahr, manche auf ihren Knien, einige ausgestreckt am Boden liegend, andere an die Wände gelehnt.

Die drei gemauerten Wände von Marias Wohnhaus sind dunkel, geschwärzt vielleicht vom Rauch von Kerzen und Öllampen, oder von einem Brand im Jahr 1921, dem auch das ursprüngliche Gnadenbild einer Schwarzen Madonna zum Opfer gefallen war.

Die vierte Wand ist mit Marmor verkleidet. Dort blickt vom Altar die berühmte Madonna von Loreto herab, die 1922 nach dem verbrannten Vorbild aus Zedernholz vom Libanon geschnitzt und mit dunkler Farbe übertüncht wurde.

Schwarze Madonnen stehen in vielen großen und alten Marienheiligtümern im Mittelpunkt der Verehrung. Sie haben eine ergreifende Ausstrahlung, vielleicht, weil das Geheimnis ihres Ursprungs bis heute nicht geklärt ist. Die früher häufig vertretene Erklärung, die Schwarzfärbung sei auf das hohe Alter des Holzes oder auf den Rauch von Kerzen und Ampeln zurückzuführen, wird heute nicht mehr akzeptiert, da sie ausschließlich Gesicht und Hände betrifft. Historiker vermuten, Kreuzritter hätten erste Bildnisse von Schwarzen Madonnen aus dem Orient nach Europa gebracht. Ungeklärt bleibt, ob sie als christliche Interpretationen einer schwarzen, in zahlreichen antiken Kulturen verehrten Göttin entstanden sind, oder nach dem biblischen Hohelied 1,5 geschaffen wurden, wo es heißt „*Nigra sum sed formosa*, schwarz bin ich, aber schön".

Schwarz, schön und geheimnisvoll leuchtet auf jeden Fall auch die Madonna von Loreto im Kerzenlicht. Hinter den Gebeten und Tränen, stillen Bitten und deutlichen Gefühlsäußerungen, die ihr entgegengebracht werden, sind Hoffnung und Verzweiflung beinahe körperlich spürbar. So sehr, dass gläubige Andacht respektiert wird und selbst jene, die nur kulturelles Interesse nach Loreto führt, das Fotografierverbot

Weithin sichtbar: die Basilika vom Heiligen Haus in Loreto und der langgestreckte Apostolische Palast

beachten. Durch ein niedriges Portal gelangen wir in den kleinen Raum hinter dem Altar. Dort steht in einer Nische eine der blau glasierten Schüsseln, der Legende nach aus dem Haushalt Marias, heute allerdings sicher vor Zugriffen hinter Glas verwahrt. Denn zentrales Element der Pilgerfahrt nach Loreto bildet die körperliche Annäherung an die Muttergottes, indirekt ermöglicht durch Verweilen in ihrem Haus und Berühren von Gegenständen, die sie selbst einst berührt und damit beseelt hat. Unzählige Hände streichen über die Türstöcke und Innenmauern der *Santa Casa*, viele auch über die Marmorreliefs der Verkleidung. Vom alten Brauch, das Heilige Haus auf Knien zu umrunden, sollen Furchen im Stein herrühren.

> *So nun die Pilgramb selbigen Abend ihr Andacht vollbracht, und etwan einer Herberg zugehen gewollt, haben die Wirth fleißig gewartet und sie eingeladen, treffliche Traktion verheißen und um ringes Geld, sind also mit ein Wirth in gutem Vertrauen fortgangen dessen Zeichen vor dem Haus ein Gloggen, und der Wirth bey der Gloggen war, verhoffend, man würde ihnen wohl aus- und einläuten, aber es hat nie wohl, sondern gar dumper klingen wollen.*

Bereits zu Beginn des 14. Jh. hatte sich die *Santa Casa* zu einem veritablen Wallfahrtsziel entwickelt. Loreto ist damit der älteste Marienwallfahrtsort Europas; und bis heute einer der wichtigsten, alljährlich von weit über einer Million Gläubigen besucht. Entsprechend groß ist die auf Pilger ausgerichtete touristische Infrastruktur. Schon in früheren Jahrhunderten hatte sich die Stadt auf Wallfahrer eingestellt, und es herrschte kein Mangel an Unterkünften. Am Corso halten wir Ausschau nach alten Herbergen, finden das *Pellegrini e Pace*, das *Loreto* – und endlich entdecken wir auch den Glockenwirt. Oder genauer: das Glockensymbol am ehemaligen Wirtshaus, das 1734 renoviert wurde und heute im Erdgeschoss eine Pizzeria beherbergt. Ein paar Häuser weiter lassen wir uns zum Abendessen nieder und bestellen Fischgerichte in diversen Varianten – mariniert, frittiert, gegrillt – neugierig auf seltsame gelbe „Fischlen", wie sie unsere Haller Pilger unterwegs verspeist hatten. Sardinen vermutlich, oder Sardellen. Die wir, wie sämtliche Gerichte, lauwarm und triefend von Olivenöl serviert bekamen. Der ausgezeichnete *Verdicchio* aus der Region versöhnte Gaumen und Magen.

> *Des andern Tags frühe in der Kirch erschienen, allda sie alle gebeichtet, der Scribent ein Generalbeicht verricht, und ist die Sacristey mit angelegten Priestern, so einer auf den andern gewartet, voll besetzt gewesen und obwohl unsre 3 Priester früh sich angelegt, so haben sie bey 3 Stund warten müssen, bis sie zu beichten kommen, und als man den Pater Prior von Wilten die Ehr gelassen, vor unseren zwey anderen Priestern zu lesen, und er die bayrische Bescheidenheit und nit die römische mit sein gelegnen und langsamen Lesen gebraucht, sind die welischen Priester in der Sacristey alle toll und unwillig worden, und sich hart vor Zorn erwehrt, weliches Herr Pfarrer und Stiftscapelan gemerkt, sich desto bälder befördert; und haben die zwey weltlichen Pilgramb Herr Thaler und Scribent aus Handen des Pater der Societät, so nachher Meß gelesen in der heiligen Kappel, communiciert; wie man all Tag ein gesungenes Amt halte, also selbigen Tag mit stattlicher Music heraußen im großen Tempel gesungen worden.*

Der Orden der Jesuiten, auch *Societas Jesu*, kam 1554 nach Loreto, betreute die Wallfahrt und propagierte eifrig die Verehrung des Heiligen Hauses. 1558 besuchte der Jesuit Petrus Canisius auf seiner Romreise die Ordensbrüder in Loreto, hörte dort erstmals die lateinisch gesungene Lauretanische Litanei und ließ sie noch im selben Jahr in die deutsche Sprache übertragen und drucken. Guarinoni und seine Pilgerfreunde stimmten diese Litanei auf ihrer Wallfahrt immer wieder an.

Die Geschichte von der wundersamen Übertragung des Heiligen Hauses gab der Jesuit Orazio Torsellini 1597 unter dem Titel *Historia Lauretana* in Rom in Druck. In acht Sprachen übersetzt, verbreitete sie den Ruhm der *Santa Casa* auch außerhalb Italiens, führte zur Entstehung zahlreicher Loretokirchen als getreue Nachbauten des Originals und förderte Pilgerfahrten zum Heiligtum nach Italien. Um die Pilger bestmöglich zu betreuen, standen auch sprachkundige Beichtväter zur Verfügung. Geistlichen Pilgern war es auf Anfrage gestattet, eine Messe zu lesen. Wie die drei Geistlichen aus Guarinonis Gruppe nahmen viele dieses Angebot als Teil eines Pilgergelübdes gerne an. Seit der Aufhebung des Jesuitenordens 1773 betreuen Kapuziner das Loretoheiligtum.

Der Scribent sein Pilgerstab an der Sacristeytür angelehnt, als er zur h. Communion ausgangen, ihm derselbe derweil verschwunden ist. Und sich mit ein starken Rohr daselbst wegen hinfür behelfen müssen; sodann die Pilgramb ihr Raiß weiter erleben und mit dem Wirth abreiten wöllen, ist der sehr vorholdselige Wirth mit zwey Pistolen an der Seiten erschienen, Angesicht so schiech, als wollte er alle erwürgen. Ob dieser Reitungsforderung haben sich die Pilgramb entsetzt und haben geschaut, wo die Haustür ware, und gleichwohl den Scribent mit ihm handlen lassen, der mit ihm doch eins worden. Und die Pilgramb wieder in die h. Kapell gangen, bey unser Lieben Frauen Urlaub zu nehmen und derselben ihr Commision der zu Rom überkommenden Heiligtumben zu befehlichen.
Von Loreto aus sein die Pilgramb der weit gelobten Landschaft Umbrien, so damahlen mit Wein, Traid [Getreide] und Öl stark geblühet, nach Francisci zu Asisi zu gangen und sie nit anders gedünckt, als gingen sie vom Halltal herab und hätten das ganze Inntal vor ihren Augen, dermaßen große Gleichheit ist zwischen ihrem und unserem Tal an der Längen und Breiten und Stellung des Gebirgs, obzwar dasselbe nit so hoch als das unsere, aber ihre Städt und Flecken also disponieret.

Guarinoni hält sich mit Angaben zur Reise durch die Marken und Umbrien nach Assisi leider sehr bedeckt. Nur Recanati erwähnt er, verlegt es jedoch in seiner Erinnerung an die nördliche Adria. Aus anderen Berichten des 16. und frühen 17. Jh. lässt sich aber gut nachvollziehen, dass Reisende gewöhnlich den Weg über Macerata und Tolentino nach Spello und Assisi nahmen.

Das mittelalterliche Städtchen Recanati beherrscht einen langgestreckten Hügelrücken und ist schon von Loreto aus gut zu sehen. Am Weg entlang der Stadtmauer finden wir Recanati mit den langen, massiven Häuserfronten vorerst etwas abweisend; ein Besuch der Altstadt belehrt uns eines Besseren. Ausgesprochen schön sind die Gassen und Treppenwege der ziegelroten Backsteinstadt, gepflegt und liebevoll mit Pflanzen geschmückt. Der beeindruckende Stadtturm am Hauptplatz stammt aus dem 12. und 13. Jh. Die papsttreuen Guelfen, denen Recanati als befestigter Stützpunkt diente, erbauten ihn als Ausguck gegen anrückende kaisertreue Ghibellinen. Ein Bronzeguss hoch am Turm erinnert an die Übertragung der *Santa Casa* aus Nazareth.

Auch Macerata, die nächste Stadt auf der Pilgerroute, liegt auf einem Höhenrücken. Im Frühjahr und Spätherbst bilden die schneebedeckten Ausläufer der Abruzzen eine prächtige Kulisse. In der Stadt besuchten durchreisende Pilger gewöhnlich den Dom mit einer Armreliquie jenes hl. Longinus, der das Blut Christi nach Mantua gebracht hatte. Macerata ist eine alte Universitätsstadt, 1290 öffnete hier die erste Rechtsschule ihre Tore. Beim Schlendern durch die von rosa Backstein und barocken Fassaden geprägte Altstadt fällt auf, dass zahlreiche historische Gebäude heute Fakultäten der Uni beherbergen.

Der klassische Pilgerweg von Loreto nach Assisi oder Rom führte über Tolentino, der Stadt des hl. Augustinermönches Nikolaus. 1245 in S. Angelo in Pontano geboren, stand er bereits zu Lebzeiten im Ruf eines Wunderheilers, der auch Tote zum Leben erweckt hätte. Nikolaus verbrachte die letzten 30 Jahre seines Lebens im Augustinerkloster von Tolentino, wo er nach seinem Tod 1305 auch beigesetzt wurde.

Wir erreichen Tolentino zur Mittagszeit und spazieren hinauf zur *Piazza della Libertà*, dem Zentrum des Städtchens. Es ist ruhig zwischen den hohen Häusern, von Fassaden löst sich der Putz, von hölzernen Fensterläden die Farbe, viele der kleinen Geschäfte stehen leer. Rund um den Stadtplatz dann ein völlig anderes Bild. Hier zeigt sich Tolentino quirlig und in renovierfreudiger Aufbruchsstimmung. Der Platz flirrt vom Lachen der jungen Leute, die, von der Schule kommend, auf die Busse in die umliegenden Orte warten. Auch die beiden Bars am Hauptplatz sind gut besucht. Wir trinken unsere Espressi unter den hohen Arkaden eines Renaissancepalazzos und versuchen *Occhi di Bue*, große, kreisrunde Mürbteigkekse, die mit unterschiedlichen Marmeladefüllungen tatsächlich an Ochsenaugen erinnern. Touristen verirren sich selten nach Tolentino. Wenn wir wegen des hl. Nikolaus hier wären, meint der Herr vom Nebentisch, müssten wir uns gedulden, Kloster und Basilika öffneten ihre Tore erst um 15 Uhr. Astronomische Zeit, setzt er hinzu. Und verweist lachend auf den stattlichen *Torre dell'Orologio* gegenüber, der sowohl die Normalzeit als auch die am Klosterrhythmus ausgerichtete alte italienische Zeit angibt; plus Datum, Mondphase und Sonnenstand.

Der Uhrturm, seit 1822 Wahrzeichen von Tolentino

Eine riesige steinerne Sonne blickt von der barocken Fassade der *Basilica di San Nicola* und symbolisiert die Strahlkraft des Heiligen. An der Basilika hat man vom 14. bis ins 18. Jh. gebaut, bemerkenswert ist das elegant ziselierte Portal, um 1430 im spätgotischen Stil geschaffen. Im Inneren fällt zuerst die reich ornamentierte Holzkassettendecke von 1628 mit üppig vergoldeten plastischen Figuren auf. Ursprünglich war Nikolaus in der gotischen Klosterkapelle, der *Cappellone di San Nicola*, beigesetzt. Um 1340 statteten sie unbekannte Meister aus der Schule von Rimini mit einem wunderschönen Freskenzyklus mit Szenen aus dem Leben des Heiligen aus. Heute ruht Nikolaus in der neuromanischen Krypta in einem gläsernen Schrein; durch die Schutzgitter stecken Gläubige Opfergeld und Bittbriefchen. Das Grab des Heiligen ist noch immer eine viel besuchte Wallfahrtsstätte; Nikolaus gilt als Helfer in Seelennöten und soll auch zahlreichen Paaren zum ersehnten Nachwuchs verholfen haben.

Vor dem Abschied von Tolentino begegnet uns der Heilige erneut, diesmal als Held einer populären Sage um den mittelalterlichen *Ponte del Diavolo*, der vor den Toren der Stadt den Fluss Chieti überspannt.

Nikolaus von Tolentino als Retter in Seenot (Fresko in der Cappellone di San Nicola, um 1340)

Der Baumeister, in Sorge, den Brückenbau nicht bewältigen zu können, schloss einen Pakt mit dem Teufel. Der verlangte als Gegenleistung für seine Hilfe das erste Lebewesen, das die fertige Brücke betreten sollte. Kaum hatte der Meister den Pakt geschlossen, bereute er es auch schon und eilte zum Heiligen zur Beichte. Als der Teufel den Bau über Nacht errichtet hatte, brachte Nikolaus einen Hund an den Fluss und warf ihm einige Stücke Käse auf die Brücke. Der Hund holte den Käse, der geprellte Teufel aber stieß einen furchtbaren Schrei aus und verschwand im wilden Wasser des Chieti. Eine marmorne Tafel auf der Brücke erinnert an ihre Erbauung im Jahr 1268 während der Regentschaft des Fürsten Leopardo di Osimo. Der Leopard des fürstlichen Wappens und die dem Volk unverständliche lateinische Inschrift gaben wohl den Anlass zur Entstehung der Sage.

Dem Flusstal des Chieti folgen wir in südwestlicher Richtung. Aus der Landstraße früherer Jahrhunderte hat sich längst die gut ausgebaute Staatsstraße 77 entwickelt. Sie führt uns durch dünn besiedeltes Hügelland, die Kuppen mit Strauchwerk überzogen und mit niedrigem Eichen- und Eschengehölz. Manchmal ein kleiner See, auf den Höhen ein Bergdorf oder eine Burgruine. Hier ist altes Grenzland; bei den Relikten der Talsperre von Serravalle verlassen wir die Marken und haben Umbrien erreicht. Das Tal weitet sich vor Casali zu einer von bewaldeten Hügeln umgebenen Hochebene, dem *Piano di Colfiorito*. Bauern verkaufen am Straßenrand Kartoffeln, Zwiebeln und Knoblauch. Bald werden die Hügel rechts und links der Straße höher, dann senkt sich die Straße hinab nach Spello.

Spello soll von Umbrern gegründet worden sein. Den Römern verdankt die Stadt ihre Ummauerung, drei prächtige Stadttore und die spärlichen Reste des *Anfiteatro Romano* an der Straße nach Assisi. Spello selbst hat uns begeistert: Die überaus reizvolle, mittelalterlich geprägte Altstadt nimmt einen Hügel ein, durchzogen von einem gemächlich ansteigenden Straßenzug, von dem malerische Treppenwege und steile, enge Gassen abzweigen. Viele davon so schmal, dass kein Auto Platz findet. Die Häuser aus hellem Sandstein sind üppig mit Blumen geschmückt, Weinlaub hängt über Mauern und Balkone, Minigärtchen werden liebevoll gehegt. Dazwischen einige wenige Tavernen, ein paar Läden, die regionale Spezialitäten – Olivenöl etwa oder lokale Weine – anbieten. Kinder spielen in den Gassen, man trifft sich zu einem Schwatz auf der Straße oder in einer der Bars.

Am nächsten Morgen machen wir uns an der *Via Flaminia* auf gegen Norden, wenden uns Assisi zu. Weithin sichtbar blickt die Stadt von einem lang gestreckten Rücken auf das fruchtbare Valle Umbra herab. Getreide gedeiht dort, Tabak, Oliven und Wein. Über Assisi ragt der *Monte Subasio* auf, etwa 1200 m hoch, heiliger Berg und Kultort bereits in der vorchristlichen Glaubenswelt von Umbrern und Etruskern.

> *Da die Stadt Asisi wo der heilige Franciscus ist, ganz auf den Gebirg und steinigen Boden und Felsen und anders nit als Höttigen das bey Ynnsprugg liegt, ist dorten die gewaltig große Kirchen unser Lieben Frau der Engel, weliches Fest man den 2. August hält, samt einer ander des h. Franzisci Kapell und viel andern Häuser.*

Die monumentale *Basilica di Santa Maria degli Angeli*, eine der zehn größten Kirchen der Christenheit, steht am Rand des *Valle Umbra* und beherrscht mit ihrer mächtigen Kuppel das Tal. Papst Pius V. ließ die Basilika zwischen 1569 und 1697 errichten – gegen den Willen der Franziskaner, die das Armutsideal vertraten –, um die gewaltigen Pilgerströme aufzunehmen, die sich alljährlich am 2. August zum großen *Per-*

Assisi, von der Basilica di Santa Chiara betrachtet: links vom zinnengekrönten Stadtturm die Kuppel der Chiesa Nuova, der Turm von Sant'Antonio und die Chiesa di Santa Maria Maggiore

dono, dem Ablass aller Sünden, einfanden, und um der *Portiuncula* einen würdigen Rahmen zu schaffen.

Ob die Bezeichnung *Portiuncula* nun „kleiner Flecken Land" oder „Keimzelle" bedeutet, ist nicht eindeutig geklärt. Fest steht, dass die kleine Kapelle für den Orden der Franziskaner als Gründungsort ihrer Gemeinschaft von großer Bedeutung ist.

Franziskus hatte die um 1000 von Benediktinern in einem Steineichenwald erbaute Kapelle in desolatem Zustand vorgefunden und hier im Jahr 1208 seine Berufung vernommen. Gegen eine Jahrespacht von einem Korb voller Fische erbat er sich die Kapelle von den Mönchen, restaurierte sie mit seinen Mitbrüdern und ließ sich mit ihnen ganz in der Nähe in einfachen Zellen nieder. Die *Portiuncula* ist der Ort, an dem Franziskus erstmals Klara Favarone traf; hier nahm er sie 1211 in die Gemeinschaft auf, hier widerstand er der Versuchung des Teufels und hier sollte er den berühmten Portiuncula-Ablass verkünden, der als erster Ablass der Kirchengeschichte einen Sündennachlass ohne materielle Gegenleistung versprach. Franziskus hatte den Ablass von Papst Honorius III. erbeten, der ihn für die Weihe des neuen Portiunculakirchleins am 2. August 1216 und für alle folgenden Jahrtage gewährte. Als Franziskus das Ende nahen fühlte, ließ er sich zur Portiuncula bringen, wo er, nackt am Steinboden liegend, am 3. 10. 1226 verstarb.

Etwas verloren steht die kleine Portiuncula unter der Kuppel im Inneren der Basilika. *Hic Locus Sanctus Est*, ist in steinernen Intarsien am Zugang zu lesen. Das ist ein heiliger Ort. Was Kulturreisende und Pilger nicht davon abhält, trotz des Verbotes auch im Inneren der Portiuncula eifrig zu fotografieren – nicht nur die Fresken von 1516, die Szenen aus dem Leben des Heiligen zeigen, oder das farbenfrohe Altarbild von 1393, das die Verkündigung und Geschichte des Ablasses darstellt –, auch Betende werden respektlos abgelichtet.

> *Zuvor aber haben sie zu Asisi die drey auf- und übereinander gebaute große mächtige Tempel mit großer Verwunderung gesechen; in dem unteristen der heilige Franziscus wohnhaft, und aber gerad ober ihme in der Mittelkirchen der Hochaltar, und sein Bildnis darauf steht, also dass der Altar doppelt und man hinten, derbey und vorne Meß lesen kann, weil er frey ringsum und mitten in der Kirch steht.*

Unser erster Besuch in Assisi war kurz, kaum mehr als ein rascher Blick auf die Stadt. Es war später Vormittag, die Kolonnen von Reisebussen an den Zufahrten zu den Parkplätzen, die Ströme von Menschen, die sich dicht an dicht ins Zentrum wälzten, haben uns entsetzt und wir kehrten um, ohne dem hl. Franziskus irgendwie nahegekommen zu sein. Beim zweiten Anlauf wollen wir es besser machen, kommen morgens und wählen einen ruhigen, sehr schönen Zugang zur Basilika, der hinter dem Minervatempel am Hauptplatz beginnt und durch die gemächlich ansteigende *Via San Paolo* führt. Am Weg liegt die schlichte romanische Steinkirche *San Stefano*. Die Legende erzählt, die Glocken der Kirche hätten in der Todesstunde des hl. Franziskus von alleine zu läuten begonnen. Am Ende der Straße führen Gassen

Die Portiuncula in der Basilica di Santa Maria degli Angeli

hinunter zur Basilika, mit herrlichem Blick auf die Kirche und das *Valle Umbra*.

In der *Basilica di S. Francesco* ist Schluss mit besinnlicher Ruhe, trotz der frühen Stunde. Sie zählt zum UNESCO-Weltkulturerbe, fünf Millionen Menschen besuchen sie alljährlich, Pilger und Kunstbeflissene.

Die Basilika besteht aus zwei übereinander gebauten Gotteshäusern. Die hohe, helle Oberkirche wurde von 1230 bis 1253 für die Messen und Predigten des Franziskanerordens gebaut. Für die Glasfenster holte man Künstler aus Deutschland und Frankreich, da diese Kunst in Italien noch nicht entwickelt war. Die Fresken schufen um 1300 toskanische Meister wie Giotto di Bondone und seine Werkstatt. Berühmt ist der Zyklus zum Leben und Wirken des hl. Franziskus.

Die etwas ältere Unterkirche oder *Chiesa Inferiore* war als Grab- und Pilgerkirche gedacht. Papst Gregor IX. ließ den Bau im Jahr 1228, am Tag nach der Heiligsprechung des Franziskus beginnen, zwei Jahre später war er fertiggestellt, als eines der ersten gotischen Bauwerke Italiens. Allen Mitarbeitern am Kirchenbau wurde der Sündenablass versprochen; die besten Künstler ihrer Zeit, darunter Giotto und Cimabue, kamen zur Ausschmückung. Den Heiligen begrub man aus Furcht vor Reliquienräubern aus Perugia in einem Steinsarg unter dem Altar. Seit 1818 ist die Grabstätte mit einer niedrigen Krypta umbaut und zugänglich. Eine schmale Treppe führt hinunter, zu schmal meistens für den enormen Andrang. Die Gebeine des Heiligen ruhen in einem frei stehenden, steinernen Sarkophag; in Glaskästen sind einige Erinnerungsstücke an Franziskus ausgestellt, darunter seine bescheidene Kutte.

Zurück ins Zentrum nehmen wir den alten Pilgerweg, die *Via S. Francesco*. Auch die Haller Pilger sind über diese Straße gezogen, und Guarinoni bemerkte dazu in seinen Aufzeichnungen:

> *Diese Stadt ist von Häusern gar schlecht und doch alle Häuser aus lauter roten und leibfarben Marbel erbaut.*

Uns gefallen die Häuser von Assisi, die aus dem braun-rosa Stein des *Monte Subasio* gebaut sind; im Abendlicht oder morgens hat ein Spaziergang durch die engen Gassen und Treppenwege einen eigenen Zauber. In der *Via S. Francesco* reihen sich Imbisslokale, Bars und Souvenirshops aneinander; gleich wie in Loreto überwiegt Massenware;

Kunsthandwerk ist selten, dann aber oft sehr schön aus Olivenholz gearbeitet. An der *Via S. Francesco* war schon im Mittelalter für Pilger bestens gesorgt. Die *Casa di Ospitalità* etwa führten Antonius- und Jakobsbruderschaft bereits 1457 gemeinsam als Pilgerhospiz; heute betreuen Missionsschwestern der Franziskaner das Haus. Die Hospizkapelle, das *Oratorio dei Pellegrini*, malten umbrische Meister zwischen 1468 und 1477 aus.

Die *Via S. Francesco* mündet in die *Piazza del Comune*, den Hauptplatz mit seinen Cafés und Palazzi. Der *Palazzo del Popolo*, überragt vom zinnengekrönten *Torre del Popolo*, stammt aus dem 13. Jh. Im Mauerwerk des Turms sind alte Maßeinheiten eingelassen und erinnern daran, dass hier früher Wolle, Leinen und andere Waren gehandelt wurden.

Direkt unter der Piazza liegt das Forum der im Gotensturm 545 zerstörten Römerstadt *Asisium*. Durch das *Museo Civico* in der Krypta des Kirchleins *San Nicolò* kann man hinabsteigen, um Mauerfundamente und Pflasterungen zu betrachten. Aus der Römerzeit stammt auch die imposante Säulenfront des Minervatempels. Der wurde 1539 zu einer Kirche umgestaltet, nachdem er zuvor Versammlungshalle und Gefängnis war.

> *Sind auch in das hl. Franzisci Haus und erste Zimmer kommen, das zu seiner Zeit ein Stall gewesen und auch anders nit ist, hinter dessen Stalltür, so aus Mußgang und altershalber wurmstichig, er geboren; [...] ist dorten das Gemäuer bei der Tür, und geht eben bey der linken Hand auf, und hier einwärts der Winkel auch nit größer; die Tür in der Breite wie die aufgehende gemeine mittlere Stiftstür, sondern oben rund dick; und in selbigen Winkel hinter der Tür ist der hl. Franziscus geboren; dass aber der Scribent soliche so genau abgesechen, ist nit gar guten Titels schuld, sintemahlen er ein Spalten von der Tür nit ohne geflissne Diebskunst herabgeschnitten, und eben vom inwendigen Teil, der sich gegen den Winkel neigt.*

Unsere Suche nach dem Haus des hl. Franziskus bringt uns zur *Chiesa Nuovo*, einer Stiftung König Philipps II. von Spanien, errichtet zu Beginn des 16. Jh. auf den Fundamenten des Wohnhauses von Franziskus' Eltern, der Familie Bernadone. Ihnen ist vor der Kirche ein Denkmal gewidmet. Drinnen wird eine kleine vergitterte Kammer an der linken Kirchenwand als Verlies des Heiligen bezeichnet. Sein verärgerter Vater soll Franziskus hier eingesperrt haben, weil er einen Stoffballen aus dem el-

Die Basilica di San Francesco mit dem Sacro Convento, dem geistigen Zentrum und Mutterkloster des Franziskanerordens

terlichen Laden veräußert hatte, um Reparaturarbeiten an verwahrlosten Kirchen der Umgebung zu finanzieren. 1206, als die Auseinandersetzungen mit seinem Vater eskalierten, sagte sich Franziskus von allen weltlichen Gütern los, legte seine Kleider ab und lief, in eine Kutte gehüllt, hinaus, um in den Wäldern als Einsiedler zu leben.

In der nördlichen Außenwand der Kirche ist ein Fliesenbild der hl. Klara eingelassen. An der Häuserzeile genau gegenüber liegt hinter einem alten hölzernen Portal das Oratorium des *San Francesco Piccolino.* Alter Tradition zufolge wäre das der Stall eines Esels und eines Ochsen gewesen, in dem Franziskus zur Welt kam – was angesichts seiner wohlhabenden Familie äußerst unwahrscheinlich ist. An den Kanten des Holzportals lassen sich mit etwas Fantasie Schnitzspuren von Hippolyt Guarinoni oder anderen Reliquienjägern entdecken.

> *Daselbst in gemelter Mittelkirchen haben die Pilgramb Priester Meß gelesen, als dann zu der hl. Clara Kirch allda sich verfügt, und ferners hinab zu unser Lieben Frau Kirch der Engel geruckt, alldort sich ein Weil aufgehalten.*

Die hl. Klara, Weggefährtin von Franziskus und Gründerin des Klarissinnenordens, wurde 1193 als Chiara Favarone in dem Haus geboren, das direkt an den Dom *San Rufino* anschließt. Der Dom stammt aus dem

12./13. Jh. und ist dem ersten Bischof von Assisi geweiht, der 238 wegen seines Glaubens im Fluss *Chiasco* ertränkt wurde. Die Fassade mit ihren reich verzierten Portalen ist fantastisch, ein Meisterwerk umbrischer Romanik, auf dem sich Tierköpfe, Dämonen und biblische Figuren tummeln. Im Seitenschiff befindet sich das Taufbecken, in dem Klara und Franziskus getauft wurden und angeblich auch der Stauferkaiser Friedrich II., der seine frühe Kindheit in Assisi verbracht haben soll.

Die *Chiesa di Santa Chiara* ist die Ordenskirche der Klarissinnen und entstand von 1257 bis 1265 als Grabeskirche für die hl. Klara. Die große gotische Basilika aus rotem und weißem Stein war ursprünglich völlig mit Fresken ausgemalt. Recht gut erhalten sind Szenen aus dem Leben Klaras, gemalt im rechten Seitenarm der Kirche von einem unbekannten umbrischen Meister. Auch an den Wänden der Krypta sind Stationen und Legenden aus ihrem Leben bildlich dargestellt.

Klara war die älteste Tochter von Ritter Favarone. Im Alter von 18 Jahren hätte sie auf Wunsch des Vaters heiraten sollen, floh aber zu den frommen Brüdern bei der Portiunculakirche. Dort ließ sie sich von Franziskus das Haar schneiden, legte ihr Gelübde von Armut, Keuschheit und Gehorsam ab und die Nonnenkutte an. Dann zog sie sich nach *San Damiano* zurück, wohin ihr zwei Wochen später auch ihre jüngere Schwester Agnes folgte.

Wie Franziskus wurde auch Klara unter dem Altar ihrer Grabeskirche beigesetzt, um ihren Leichnam vor Reliquienräubern zu schützen. Die Krypta ist seit dem 20. Jh. umgestaltet, statt Klaras mumifiziertem Körper liegt heute eine wächserne Replik im gläsernen Sarg. Echt sind die Reliquien und Gedenkstücke in den Glasvitrinen, darunter Kleidungsstücke der hll. Klara und Franziskus, ein hölzernes Sprechgitter aus ihrem ersten Kloster und anderes mehr. Auch in Klaras Kirche fallen Andacht und Besinnung schwer, Absperrungen geben die Marschrichtung vor, Pilger- und Reisegruppen schieben sich in zäher Beharrlichkeit durch die Gänge. Nur in der *Cappella del Crocifisso* ist es etwas ruhiger. Hier befindet sich das Wunderkreuz von *San Damiano*, ein byzantinisches Kruzifix, das der Legende nach Franziskus aufgefordert hatte: „Geh hin und stelle mein Haus wieder her, das einzustürzen droht". Franziskus verstand das wörtlich, verkaufte sein Pferd und den bereits erwähnten Stoffballen aus dem Laden des Vaters und ließ mit dem Erlös *San Damiano* instand setzen.

Blumengeschmückter Ort der Ruhe: der Kreuzgang von San Damiano

Das Kloster *San Damiano* ist für uns der eindrucksvollste Platz in Assisi. Um die schlichte alte Kirche gründete Klara 1212 den Orden der Klarissinnen. 1225 zog sich Franziskus nach *San Damiano* zurück, um sich von seinem schweren Augenleiden zu erholen. In dieser Zeit schuf er den berühmten Sonnengesang, einen Hymnus auf die Schöpfung, in der alle Lebewesen Brüder und Schwestern sind. In der Kirche sind die Bänke gut besetzt. Eine Pilgergruppe aus Frankreich betet leise murmelnd den Rosenkranz, Nonnen sitzen in den Bänken, dazwischen einzelne Betende und kleine Grüppchen. Durch den stimmungsvollen Kreuzgang mit Fresken von 1507 gelangt man zum Refektorium, dem dunklen Speisegewölbe; die Blumen am langen Holztisch bezeichnen Klaras Platz. Schlicht ist auch das Dormitorium, in dem die schwer kranke Klara ihren Tod erwartete und am 9. August 1253 verstarb.

Vor dem Kloster stimmen junge Menschen aus Südamerika, den Blick auf die Ebene gerichtet, den Sonnengesang des Franziskus an. Verzaubert und versöhnt mit dem Trubel in den großen Pilgerkirchen von Assisi, ziehen wir weiter gegen Perugia.

Räuber, Diebe, Straßenhunde

PERUGIA – MONTEFALCO – SAN GEMINI – NARNI

... und alsdann auf gemelte Stadt Perus geraißt, dahin sie etwan auf Vesper Zeit kommen, und was etwan zu sechen gewest besichtiget. Ist die große und namhafte Stadt und hohe Schul Perus auf ein Gebirg gelegen, wie man eben daselbst aus allen Gassen wie zu Hall auf und absteigen müssen.

Den Aufstieg zur Altstadt von Perugia, *Perus*, erleichtern heute unterirdische Rolltreppen, die durch ein Labyrinth geheimnisvoller Gewölbe hinauf ins Zentrum führen und dabei einen Streifzug durch die Geschichte der Stadt bieten: Die ältesten Gewölbegänge stammen aus der Zeit der Etrusker, die *Perusia* im 6. Jh. v. Chr. gegründet hatten; 295 v. Chr. kamen die Römer und bauten die unterirdischen Gänge aus. Im Mittelalter verstärkte und erweiterte man die Gewölbe erneut. Eine düstere Legende berichtet vom Goteneinfall im Jahr 547. Den Bewohnern der belagerten Stadt drohte schon der Hungertod, als Bischof Ercolano, zweiter Stadtpatron von Perugia, das letzte Kalb mit dem letzten Getreide aus den unterirdischen Speichern füttern und über die Stadtmauern den Belagerern vor die Füße werfen ließ. Die Goten nahmen an, dass Perugia der Belagerung noch lange standhalten könnte, und bereiteten schon den Abzug vor. Ein einfältiger Mönch aber verriet die List, worauf die Goten die geschwächte Stadt stürmten und Ercolano den Martertod starb.

Später, als freie Kommune unter päpstlicher Oberhoheit, war Perugia häufig in Fehden mit anderen umbrischen Städten verstrickt. Blutige Machtkämpfe brachen auch wiederholt unter den Adelsfamilien innerhalb der Stadt aus. Selbst mit Rom legte sich die Stadt mehrmals an; nach einem Aufstand gegen die päpstliche Salzsteuer bereitete Papst Paul III. im Jahr 1540 der Unabhängigkeit ein Ende und ließ als Zeichen der Macht die *Rocca Paolina* errichten. Und dort treten wir aus der Unterwelt wieder ans Tageslicht.

Perugia ist reich an Palazzi und Kirchen. Wer sich auf Pilgerfahrt nach Rom befindet, wird sich mit dem Besuch der wichtigsten Monumente zufriedengeben müssen. Bequemerweise gruppieren sich diese um den Hauptplatz. Die *Piazza* ist das Herz der Stadt, ihr sakrales und weltliches Zentrum. Hier steht, als traditioneller Mittelpunkt der Stadt, die be-

Fontana Maggiore und Palazzo dei Priori im Herzen von Perugia

rühmte *Fontana Maggiore*, einer der schönsten mittelalterlichen Brunnen Italiens. Von 1277 bis 1278 schufen ihn die berühmtesten Steinmetze ihrer Zeit, Nicola und Giovanni Pisano. Kunstvolle Marmorreliefs am unteren Becken zeigen unter anderem die zwölf Monate des Jahres mit ihren typischen Arbeiten wie Getreideernte oder Weinkeltern, die 12 Tierkreiszeichen und die sieben freien Künste. Das obere Becken schmücken Marmorskulpturen von Persönlichkeiten aus der Geschichte Perugias, darunter Bischof Ercolano.

Im zinnengekrönten, gotischen *Palazzo dei Priori*, an dem die filigrane Steinmetzarbeit des Hauptportals auffällt, befinden sich heute Rathaus und Gemäldegalerie. Als der weitläufige Komplex noch Amtssitz der gewählten Vertreter der Kommune war, erwarben angesehene Zünfte wie jene der Kaufleute, Bankiers, Juristen und Notare gegen beträchtliche Summen das Recht, Räume für ihre Geschäftsabwicklung zu nutzen.

Schließlich der Dom, die Kathedrale *di San Lorenzo*, ein dreischiffiger gotischer Bau mit einer Fassade, die unvollendet wirkt. Auf den Treppen vor dem Dom treffen sich Leute auf einen Plausch, verbringen ihre Mittagspause bei einem Buch oder schließen einfach die Augen und genießen die Sonne. Im Dom ist es ruhig und dunkel. Er birgt den Schatz von Perugia, eine der großen prestigeträchtigen Reliquien des Mittelalters:

Perugia, Hauptstadt von Umbrien

> *in dieser Stadt wird aufbehalten der Vermechelring, mit welichen der hl. Joseph Unsrer lieben Frau vermechelt worden, welicher aus keinen Gold oder andern Metall, sondern wie die sagen, so ihn gesechen, aus weißem Elfenbein, und aber solichen die Pilgram nur in Geist sechen müssen, sintemahlen derselbe in solichen Ehren gehalten, auch mit solichen herrlicher Gepräng verwahrt wird, dass man solichen einmals im Jahr und sonsten wenn etwan ein firnember Potentat firraißt zeigen tut; in Bedenkung zu dessen Öffnung und Firweißung ihre 12 firnembsten Landherrn mit ihre 12 besondern Schlüsslen sich versammlen und beywesend sein müssen …*

Die sorgsame Verwahrung hatte gute Gründe, denn der Ring soll im 15. Jh. auf sehr umstrittene Weise nach Perugia gelangt sein. Die Geschichte könnte aus dem Drehbuch eines Historienfilms stammen: Ein deutscher Bettelmönch aus Mainz fand Aufnahme im Kloster Chiusi in der Toskana, geriet dort aber in Verdacht, kostbares Kirchengerät gestohlen zu haben. Er wurde verhaftet, verhört, auch unter Folter, bekannte sich jedoch unschuldig und durfte wieder ins Kloster zurückkehren. Nun bezichtigten ihn seine Mitbrüder, es auf die größte Kostbarkeit des Klosters, den Verlobungsring Marias, abgesehen zu haben. Erst diese Unterstellungen, so beteuerte er später, sollten ihn auf die Idee gebracht ha-

Der „Vermechelring“ in der Capella di Sant'Anello

ben, einen Nachschlüssel zum Reliquienschrein anzufertigen, den Ring zu entwenden und zu fliehen. Den diebischen Mönch erfasste bald tiefe Reue, am 30. Juli 1473 übergab er deshalb seine Beute dem Dom zu Perugia. Natürlich forderte Chiusi die Reliquie zurück, Perugia weigerte sich, worauf lange Auseinandersetzungen zwischen den Städten folgten. Als Sicherheitsmaßnahme ließ Perugia eine Kassette mit besagten zwölf Schlüsseln anfertigen, in der sie das turmförmige Reliquiar samt dem Ring vor Zugriffen verwahrten. In der *Cappella di Santo Anello*, der Kapelle des Heiligen Ringes, zeigt man das Schmuckstück zweimal im Jahr in feierlichem Ritual, und zwar am 30. Juli, dem Tag seiner Übergabe an Perugia, und am Sonntag nächst dem 23. Jänner, dem Verlobungstag von Maria und Josef.

Einfach ist es also nicht, den Verlobungsring von Maria und Josef zu Gesicht zu bekommen. Auch der Rompilger Jakob Rabus meinte bedauernd: *Den hätten die Pilgram gern gesechen, mocht aber nicht sein*. Uns erging es nicht besser.

> *Wann aber den Pilgramb die heilige Clara V. Monte Falco stark in Sinn gelegen, haben sie den andern Tag aus lauter Begierd den rechten Weg auf Rom, so von Perus aus, fahren lassen und herabwärts nach Monte Falco ihren Zug genommen.*

Wieder einmal zeigt sich, wie sehr der Wunsch, bestimmte Heiligtümer zu sehen, Pilgerwege beeinflussen konnte. Guarinonis Pilgergruppe mag für den Umweg über Montefalco einen sehr alten Weg eingeschlagen haben, der bei Torgiano den Tiber quert, das Städtchen Bettona durchläuft und in Bevagna in den ältesten, westlichen Strang der *Via Flaminia* einmündet, der schon um 220 v. Chr. angelegt worden war.

Das ummauerte Bevagna wurde als *Mevana* von der umbrischen Urbevölkerung gegründet, später vom Römischen Reich einverleibt und zur Station an der *Via Flaminia* ausgebaut. Mitte des 12. Jh. war daraus die freie Kommune Bevagna entstanden, die ihre noch heute fast vollständig erhaltene Stadtmauer über antiken Fundamenten errichtete. Vom Norden her treten wir durch die *Porta Cannara*, eines der sechs historischen Tore, in die kleine Stadt und statten der Klosterkirche *San Francesco* einen Besuch ab. In der rechten Seitenkapelle ist in der Wand ein Stein eingemauert, den einige Eisenstäbe schützen. Auf diesem Stein soll der hl. Franziskus vor Bevagna seinen gefiederten Brüdern die berühmte Vogelpredigt gehalten haben.

Montefalco, auf einer Hügelkuppe über dem Valle Umbria gelegen, hieß ursprünglich Coccorone: Dann rebellierten die Bewohner gegen den Stauferkaiser Friedrich II., der es 1249 zerstören und als Falkenberg, *Mons Falco*, wieder aufbauen ließ. Montefalco ist Weinkennern ein Begriff wegen des Sagrantino, dem ausgezeichneten, dunkelrot schimmernden, trockenen Rotwein der Region. Kunstbeflissene finden ihre Freude in freskengeschmückten Ordenskirchen wie der *Chiesa di San Francesco* aus dem 14. Jh. oder der *Chiesa di Sant'Agostino* aus dem 13. Jh. Wir halten es mit Guarinoni und streben der *Chiesa di Santa Chiara*, der Klosterkirche der Augustinerinnen zu, die bald nach 1613 stark barockisiert wurde.

Dort die Frauenklosterkirch, als die h. Clara auf dem Hochaltar, in einer silbernen Truhen, vorhero mit drey großen cristallen Platten, eine zum Haupt, die andre in der Mitten, die dritte zu Füssen versetzt, also dass man den ganzen Leib sechen kann. Angelegt in ihrem Klosterhabit, wie es die Augustiner tragen; ihr Angesicht ist schön leibfarben gefärbt, die Lefzen wie die etwas bleichen Corallen [...] Auch in der Mitten, neben ihr gestellt, das kleine fleischerne Crucifix so inmitten ihres Herz gefunden, auf ein silbern Herz ausgebreitet, und dann auch die drey Kugeln, so drin gefunden worden, einer gemeinen welschen Haselnuss gleich, an der Farb fast wie zeitige Oliven, etwas gelbgrünlich [...] Item ist in einem klaren gläsern runden Geschirr das Blut, so bey Öffnung ihres Leibs geflossen, gefasst worden, weliches zu vorstehender großer Trübsal anfangt zu sieden und über sich zu quellen, wie mans in den innern Wänden des Geschirrs augenscheinlich wo es gestiegen, und die Wänd geblutigt, sechen kann. Auch ist allda der Finger, so man den Zeiger nennt, der heiligen Anna, der Mutter unser lieben Frau, innen und neben der benannten Sachen gestellt, schön ganz, etwas bräunlich samt seinen Nagel.

Chiara von Montefalco (1268–1308), Gemälde aus dem 17. Jh.

Chiara von Montefalco, auch Chiara vom Hl. Kreuz, 1268 in Montefalco geboren, stammte aus einer wohlhabenden und gläubigen Familie. Mit elterlicher Erlaubnis zog sich Chiara schon im Alter von sechs Jahren zu Gebet und Andacht in die Klause ihrer älteren Schwester Giovanna zurück. Als sich weitere junge Mädchen den Schwestern anschlossen, errichtete ihnen Klaras Vater eine größere Unterkunft als Vorgängerin des heutigen Klosters. 1290 wandelten sie ihre Gemeinschaft in ein Kloster nach den Regeln der Augustinerinnen um, dem Chiara nach dem Tod ihrer Schwester 1291 als Äbtissin vorstand. Von ihrer ersten Klosterkirche, geweiht 1303, ist die *Cappella della Croce* oder Kapelle vom Kreuz mit prächtigen Fresken erhalten. Sie zeigen unter anderem die berühmte Vision der hl. Chiara, in der ihr Christus im Pilgerkleid begegnet und ihr sein Kreuz ins Herz verpflanzt. Während ihrer letzten Lebensjahre soll Chiara immer wieder betont haben, dass sie den Gekreuzigten in ihrem Herzen trage. Als man zehn Tage nach ihrem Tod im Jahr 1308 Chiaras Körper öffnete, entdeckte man in ihrem Herzen das kreuzförmige Gewächs, das auch Guarinoni beschreibt.

Der silberne Schrein mit dem mumifizierten Leib der Heiligen ruht am Altar *della Croce* an der rechten Kirchenwand. Auch die weiteren, bei Guarinoni erwähnten Reliquien befinden sich hier. Ein kleines Schild bittet Besucher, bei Fragen zu klingeln. Folgt man der Aufforderung, öffnet eine der Schwestern gerne durch einen verborgenen Mechanismus den Schrein, in dem die Heiligtümer verwahrt sind. Chiara wurde erst 1881 kanonisiert, als die Kunde von ihrer Unvergänglichkeit und den symbolhaften Funden in ihrem Herzen längst ihre intensive Verehrung ausgelöst hatten.

Als die Pilgramb soliches Heiligtumb wohl besichtiget, haben sie nachgefragt, weillen dieselben Abwege von der Landstraßen nach Rom und wieder hinauf bis nach Perus zu raißen kleine Lust gehabt, ob nit von dorten aus auch der Weg nach Rom führte. Welichen gleichwohl gar ein gelegner gezeiget worden, den sie auch guten Muts angetreten.

Der „gelegene Weg" brachte die Pilger nach einigen Kilometern an den westlichen Strang der *Via Flaminia*, auf die sie vor dem Besuch in Montefalco bereits in Bevagna gestoßen waren. Die Westroute der *Flaminia* hatte 1613 längst an Bedeutung verloren; als Karrenweg verband sie die Dörfer der *Monti Martani* und war Vorgängerin der modernen S 316, auf der wir gemütlich durch abwechslungsreiches Hügelland mit Weingärten und kleinen, malerischen Dörfern auf den Höhenkuppen reisen. Mancher der tiefer gelegenen Orte verrät eine lange Vergangenheit: Bastardo entstand aus einer römischen Straßenstation an der *Via Flaminia*; im mittelalterlich anmutenden Massa Martani wurden frühchristliche Katakomben aus dem 3. und 4. Jh. entdeckt; eine weitere Station aus der Römerzeit befand sich unweit der Straßenkirche *Santa Maria in Pantano*. Die Region um Acquasparta ist seit der Antike berühmt für ihre Thermal- und Mineralquellen.

Auch die Mineralquellen von San Gemini-Fonte, für die der Ort heute noch bekannt ist, nutzten bereits die Römer, als sie hier die Stadt *Carsulae* anlegten, mit Bädern und Zisternen, Theaterbauten sowie einem Forum. Die antiken Schriftsteller Plinius und Tacitus priesen *Carsulae* vor allem wegen seiner herrlichen Lage. Im 4. Jh. zerstörte ein starkes Erdbeben die Stadt, nur wenig ist erhalten geblieben: einige hundert Meter römisches Straßenpflaster, das Stadttor *Arco di San Damiano*, das wie so viele Denkmale an der *Via Flaminia* auf die Zeit von Kaiser Augustus zurückreicht, und ein romanisches Kirchlein auf römischen Fundamenten, den syrischen Märtyrerzwillingen Cosmas und Damian geweiht.

Wir halten uns nur kurz in *Carsulae* auf, denn es zieht uns weiter. Wir sind gespannt auf San Gemini, diese mittelalterliche Kleinstadt, in der unsere Pilger ein Abenteuer erlebten, das Guarinoni noch ein Vierteljahrhundert später äußerst lebhaft im Gedächtnis war. Erwartungsvoll nähern wir uns der Stadt, gegen Abend, so wie einst die Tiroler Pilger.

Carsulae, heute wieder gut besucht

> *[...] und den andern Tag abends vor ihnen in einer Tiefen ein kleines Städtl gefunden, so man Gheminy genannt, und einen Margraffen gehörig, in welichen Ort sich viel Banditen aufgehalten, so aber damahlen denen Pilgramben unbekannt. Zogen derhalben guten Mutes mit Singung Unser Lieben Frau Litaney der Vorstadt zu, und hinein, dem Wirthshaus nachfragend, so wird ihnen geantwortet, es hat allda kein Wirthshaus, weil da durch keine Landstraßen gehn, zwar wäre wohl ein Weinhaus, darin wohl auch Leut beherbergt, weliche nit in ihr Vaterland dürfen; die neye Zeitung [Nachricht] kam den Pilgramb seltsamb fir, und wollt ihnen darob schütteln, sonderlich weil sie nit bewaffnet, doch weillen es spät und sie müd gingen sie den Wirthshaus zu.*

Abseits der gegen 27 v. Chr. gegen Osten verlegten *Via Flaminia* und der daraus entstandenen Hauptverkehrsroute hatte sich San Gemini weder zur Poststation noch zum Etappenort für Pilger entwickelt. Die Stadt unterstand im Mittelalter päpstlicher Oberhoheit, genoss aber weitgehende Selbstständigkeit und wurde von Condottieri regiert, von Söldnerführern im Dienste des Kirchenstaates.

Der Name der Stadt lässt mit dem lateinischen Wort *gemini* für Zwillinge einen Zusammenhang mit den syrischen Märtyrerzwillingen vom nahen *Carsulae* vermuten; die Überlieferung allerdings will im Namenspatron von San Gemini einen geheimnisvollen syrischen Mönch namens Yemin sehen, der sich im 9. Jh. hier niedergelassen und ein Kloster gegründet hätte. In der ehemaligen Klosterkirche, dem heutigen Dom, soll er beigesetzt sein. Wie bereits in den mittelalterlichen Statuten der Stadt festgesetzt, feiert San Gemini alljährlich um den 9. Oktober zu Ehren des Stadtheiligen ein Fest mit Prozession, Kerzenweihe und Ritterspielen.

Für das Fest öffnen auch die zahlreichen alten Tavernen der Stadt ihre Tore. Einige davon entstanden im späten Mittelalter und durften Wein und Speisen anbieten, aber gewöhnlich keine Unterkunft für die Nacht. Bei unserem Besuch im Frühjahr finden wir von den alten Weinhäusern nur die *Taverna del Torchio* geöffnet; die schummrige Stube hat mit offener Feuerstelle, alten Kaminen, unverputzten Steinwänden und dekorativem Hausrat aus vergangenen Tagen etwas Museales an sich, die Atmosphäre ist urig-gemütlich. Die Küche ist auf Spezialitäten der Region spezialisiert wie z. B. Pasta mit schwarzen Trüffeln; dass im Obergeschoss auch Zimmer vermietet werden, trägt noch mehr dazu bei, Guarinonis Wirtshausabenteuer vor unseren Augen wiederauferstehen zu lassen:

Rufen den Wirth, so ein altes dickes Mändl, ihme um Herberg ansprechend, welicher sich etwas entsetzt, in Ansechen der 5 Pilgramb, und ihrer verwundert, dass sie diesen Weg raißen, mit vermelden, wenn sie vorlieb nehmen, so sey er zufrieden, es seye auch ein andrer geistlicher Mönch vorhanden, so allda eingekehrt; die Pilgramb aber haben mit ihme nit Welsch, sondern gebrochen Latein geredt, und dergleichen getan, als könnten sie nit Welsch.

Eine weise Entscheidung. Denn nachdem der Wirt die Pilger in die Stube des oberen Stockwerks gebracht und zum Kaminfeuer geladen hatte, verlässt er eilig das Haus. Kaum haben die Priester mit ihren Gebeten begonnen, kommt der ebenfalls hier abgestiegene Mönch vom Stall hoch. Die Anwesenheit der fremden Pilger verwundert ihn sehr:

Schüttelte den Kopf darüber und sagt öfters zu den Scribenten dies Worth: O male gente, tutte bandity, zu theitsch: oh ein bös Volk, alle Banditen. Seye nit gut da bleiben, er selbst wolle auch den Ersten hier weg; hat sich also zu dem Feuer gesetzt, und bald hernach kommt der Wirth und nach ihm zwey starke

Kerl mit ihre Stöcken und Pistolen, setzen sich zum Feuer, der Wirth zu ihnen [...] und untereinander gesprochen, dies sein nit schlechte noch geldleere Leut; als aber der Mönch von Feuer hinweg gangen und wieder hinab zum Esel gangen, fingen diese an, den Betenden zu spotten, und untereinand ihre vollbrachten Angriff und heroischen Raubtaten auf Welsch rühmlich zu erzählen, weillen sie nit vermeint, dass die Pilgramb verstehen, weliche aber nichts dergleichen getan, sondern die zwey stets gedeutet, man solle ihnen zu Essen geben nur ein Colation, weillen es in der Fasten. [...] und mittligst wieder einer mit seinen Pistolen hinzugetreten, und weillen die Pilgramb essen, der Wirth wieder verschwunden, so hat aber der Scribent zu Fleiß gedeutet, die Pilgramb wollen schlafen gehen in die Cammer hinauf, und aber den Wirth zuvor zahlen; als nun die 3 Kerl dies vernommen, sind sie allgemach vom Feuer hinweg und die Stiegen hinauf geschlichen, und die Bettstatt so die nächsten bey der Stiegen, eingenommen.

Die Pilger bezahlen den Wirt für Speise und Liegestatt; dann geben sie vor, die Kammer zu beziehen, verlassen aber stattdessen eilends das Haus. Es ist bereits dunkel, die Stadttore sind gesperrt. Vor der Kirche am Hauptplatz stehen die Pilger, ratlos und müde.

Sich völlig resolviert, also vor der Kirchtür zu bleiben bis Tag wurde, denn so die Banditen ihre Flucht merkten, werden sie alsbald aus der Stadt auf der Straßen und ihnen nach eilen; haben sich also auf der Türschwell der Kirchen gesetzt, unter den heitern Himmel, und zwar der Scribent die meiste Wacht gehalten, die andern Bursch gar andächtig geschlafen; als die firlaufenden Stadthund in Ansechung der Pilgramben die selben angefangen unaufhörlich anzubellen, so die Pilgramb geduldig leiden müssen. Und die Pilgramb nit dürfen abjagen, damit die Hund nit noch ungestümer wurden. [...] als sich nun die Hund müd gebellt, und etliche Stund firüber und an den Gestirn vermerkt, dass es ein gutes nach Mitternacht, sonsten auch sehr frisch, und die Pilgramb lustig zum Gehen waren, haben sich dieselben in großer Stille aufgemacht, vor der Kirchentür gebetet und dem Stadttor zugangen, daselbsten anklopfet, und eines Rufenden Stimm gehört, deme der Scribent [...] gebeten, das Tor zu öffnen, sie hätten eine große Tagraiß vor ihnen, wollten in der Kühl ihren Fortgang nehmen, welicher sich dann bereden lassen, herabgangen, das Tor geöffnet gegen dene Trinkgeld, und den Pilgramb den Weg gezeigt.

Die Altstadt von San Gemini besteht aus zwei historischen Stadtteilen oder *Rioni* und ist ausgesprochen gut erhalten. Wer sich vom Norden nähert, kommt zuerst in den höher gelegenen, älteren Stadtbezirk *Rocca*, der bereits im 12. Jh. entstand. Die Kirche des San Giovanni Battista mit ihrem romanischen Seitenportal befindet sich hier, der wappengeschmückte *Palazzo Vecchio* und das bereits erwähnte alte Weinhaus. Enge, gewundene Gassen, hohe steinerne Häuser, auch tagsüber in diffuses Licht getaucht, kaum einmal Blumenschmuck vor den Fenstern, wenige Läden. Selten zeigt sich jemand auf der Straße: eine kleine weißhaarige Dame, Einkaufsnetz am Arm, biegt in ein Seitengässchen; anderswo schließt eine schmale Hand ein Fenster; hinter einem Paar fällt überraschend leise ein schweres Holztor ins Schloss. Gelegentlich ein Kinderlachen, aber auch dieses gedämpft. Beim abendlichen Bummel durch die düsteren Gassenschluchten unweigerlich Gänsehaut, und ein leichtes Unbehagen beim Gedanken, hier auf Quartiersuche gehen zu müssen.

Der Torbogen am südlichen Ende der *Rocca* verlor mit der Stadterweitung gegen Ende des 13. Jh. seine Funktion als Tor gegen außen, wurde aber bald trennendes Symbol zwischen den rivalisierenden Bewohnern der *Rocca* und jenen des neu entstehenden Stadtteils *Piazza*. An der Piazza, dem Tor gegenüber, liegt die Pfarrkirche San Francesco. Sie wird für ihre Fresken aus der Bauzeit um 1300 gerühmt, uns interessiert vor allem das schöne, hölzerne Portal. Denn hier suchten unsere Pilger Zuflucht vor den Banditen aus der Taverne, hier saßen sie, von den Stadthunden verbellt, auf der Schwelle der verschlossenen Kirche und warteten auf den anbrechenden Tag.

Wir lassen uns auf der Schwelle nieder. Wie authentisch möchten wir die Reise von 1613 nachvollziehen? Können wir es wagen, einfach sitzen zu bleiben, bis die Nacht anbricht, und der Dinge harren, die da kommen? Die misstrauisch-neugierigen Blicke der Passanten ignorieren, das etwas unfreundliche Gemurmel der beiden Herren, die nun schon wieder an uns vorbeigehen? Wir machen uns besser auf, folgen der *Via Roma* durch den Stadtteil *Piazza*. Dieser ist lebhafter als Rocca, die Gassen sind breiter, das Hauptsträßchen gesäumt von Läden. Am Ende der *Via Roma* liegen der Dom und der *Albergo Duomo*, das einzige, ganzjährig geöffnete Hotel der Stadt. Keine einfache Herberge allerdings in ehemaligen Klosterzellen, sondern ein feines Hotel in der ehemaligen Residenz jener Fürsten, die im Auftrag des Kirchenstaates die Stadt regierten. 1613 war das die Familie Bracciano, später die Fürsten von Santacroce.

Am nächsten Morgen spazieren wir noch einmal durch San Gemini, genießen die eigenartig-mittelalterliche Atmosphäre der *Rocca* und einen herrlichen Espresso auf der Piazza. Ob es an Guarinonis Bericht liegt, dass uns dieses Gefühl nicht loslässt, als ob Fremde auch tagsüber von den Einwohnern etwas argwöhnisch beäugt werden? Wie die Pilger, allerdings ohne Trinkgeld für den Torwächter, verlassen wir schließlich die Stadt durch die *Porta Romana* und reisen am westlichen Zweig der *Via Flaminia* weiter gegen Süden.

> *[...] auf die uralte Statt Narnien daselbsten viel hl. Bischöf von diesen gelebt, so bey einer theitschen Mail entlegen, sind also in großer Stille, und nit ohne Sorg, bey den Sternlicht, halb wachend und halb schlafend fortgeruckt, und ungefähr zu morgens um 5 Uhr früh das Stadttor geschlossen, sich daselbsten vor der Kirchen Tor niedergelassen, und wie die Ölberger wieder eine Schicht darob geschlafen, jedoch mit freyem Muth, dass sie den Banditen entgangen.*

Narni, weithin sichtbar auf einer Hügelkuppe über dem Neratal gelegen, kann auf eine lange Geschichte zurückblicken. Als die Römer um 220 v Chr. nordwärts vordrangen und die *Via Flaminia* durch das Neratal anlegten, eroberten sie die umbrische Höhensiedlung und richteten an ihrer Stelle eine Kolonie namens *Narnia* ein, die sich dank der günstigen Lage an der Militärstraße sehr rasch entwickelte. Zur Blütezeit ließ Augustus eine vierbogige Flussbrücke über die Nera errichten, um die alte *Via Flaminia* mit dem neuen, östlichen Strang zu verbinden. Auf der Zufahrt zur Stadt kann man den einzig erhaltenen Bogen der Brücke sehr gut sehen, erreichbar ist er nur zu Fuß oder mit einspurigen Fahrzeugen.

Auch im Mittelalter profitierte Narni von der verkehrsgünstigen Lage – bis ihr diese zum Verhängnis wurde: 1527 kehrten tausende Landsknechte Karls V. vom *Sacco di Roma*, der Plünderung Roms, nach Norden zurück und hinterließen dabei eine Spur der Verwüstung. Über die *Via Flaminia* erreichten sie auch Narni, plünderten die Stadt und zerstörten sie derart, dass sie nie mehr ihre einstige Bedeutung erlangte.

Personenaufzüge erleichtern den Zugang zur Altstadt von Narni.

Die *Via Flaminia* bringt uns zur mächtigen *Porta Ternana*. Wir sind Samstag früh hier, vor dem Stadttor findet ein Markt statt, zwischen den Ständen mit Kleidern, Wäsche, Spielwaren und Hausrat herrscht buntes Treiben. Direkt neben dem Tor steht verlassen und langsam in sich zusammenfallend das ehemalige Kapuzinerkloster, vor dem die Pilger frühmorgens das Öffnen der Stadttore erwarteten.

> *[...] als etwan ein Stund hernach das Stadttor geöffnet worden, nit ohne Verwunderung des Torwärters, dass die Pilgramben albereits vor dem Tor waren, und weillen die Bursch müd und schläfrig, sind sie dem Wirthshaus zugangen, daselbst ein Stund gerast und genöpfetzt, sich mit wenig Wein und Brot gelabt und als Tag worden, sich wiederum auf den Weg gemacht, welicher dermaßen so lustig und schön, dass alles ihr Leids leicht ward bis auf heut vergessen, und ihren Weg also fort bis auf Rom.*

Guarinoni hat sich in Narni nicht mit Stadtbesichtigung oder Kirchenbesuch aufgehalten; es scheint, als drängte es die Pilger nun schon sehr, endlich nach Rom zu gelangen. Selbst die Kathedrale mit den gefeierten Reliquien der beiden Stadtpatrone Giovenale und Cassio, unmittelbar am Weg aus der Stadt gelegen, findet in seinem Bericht keine Erwähnung. Wir haben es nicht so eilig, bewundern die Handwerkskunst der Steinmetze, die um 1490 die prächtigen Renaissancekanzeln in der Kathedrale geschaffen haben, und spazieren durch die dunkle *Via del*

Narni: Massive Rundtürme verstärken die Porta Ternana.

Campanile zu der reich mit Fresken des 14. und 15. Jh. ausgestatteten Kirche des hl. Franziskus. Sie soll anstelle einer kleinen, vom Heiligen eigenhändig erbauten Betkapelle errichtet worden sein.

Zentrum der Stadt ist die *Piazza dei Priori*, eigentlich mehr Straße als Platz, erbaut über dem Forum aus römischer Zeit. Im *Palazzo del Podestà,* der um 1270 aus mehreren Turmhäusern zum repräsentativen Palast verbunden wurde, residieren heute Stadtverwaltung und Tourismusbüro. Gegenüber befindet sich im Erdgeschoss der *Loggia dei Priori* die alte gedeckte Markthalle, die noch allmorgendlich Gerüche und geschäftiges Treiben eines bunten Lebensmittelmarkts erfüllen. Die Aufschrift, die am Eingang *Silentium!* gebietet, also „Ruhe!", hat nichts mit dem Markt zu tun. Sie stammt aus der Zeit nach 1618, als der Piaristenorden die Gewölbe für einige Jahre als Klosterrefektorium nutzten. Die Kanzel am Palazzo, die *Loggetta del banditore,* bezeichnet die deutsche Erläuterung in unserem Stadtplan als Banditenloge. Im Tourismusbüro erkundigen wir uns nach der Bedeutung. Wir sind nicht die Ersten, die hier dunkle Geheimnisse erwarten, erklärt die Dame. Vergeblich, denn die *banditori* waren nicht Banditen, sondern Ausrufer oder Herolde, die im mittelalterlichen Narni von dieser Kanzel aus durch Trompetenschall auf sich aufmerksam machten, bevor sie dem zusammengelaufenen Volk Beschlüsse und Ankündigungen der Stadtregierung verlasen.

Um die Mittagszeit füllen sich die Tische der Bars und Trattorias zwischen *Piazza dei Priori* und Kathedrale; nun stärken auch wir uns, bevor wir die Stadt durch die *Porta Romana* verlassen und unseren Weg an der *Via Flaminia* fortsetzen. Das Bollwerk hoch über der *Porta Romana* ist eine weitere *Rocca Albornoz*, wie die übrigen umbrischen Festungen dieses Namens um 1370 errichtet, um den Machtanspruch des Kirchenstaates zu manifestieren. Verantwortlich war der spanischstämmige Kardinal Albornoz, der sehr erfolgreich gegen Kommunen und Territorien vorging, die sich der päpstlichen Kontrolle entzogen hatten.

> *[...] den andren Tag ungefähr auf dem Weg zu einer ansechlichen Kirchfahrt Unsrer Lieben Frauen kommen, und also sie in die Kirch gangen, um Mittag, da niemand um die Weg, sachen sie ein altes Weib in der Kirch, gar schiechen Angesichts und verwirrter Gebärden, umgehen. Von welicher man anzeigt, dass sie hart besessen, und man viel mit ihr in Beschwerung zu tun hätte, darauf der Scribent zu den Pilgramb auf Theitsch gesagt, kommt ihr Herrn, wir wöllen zu Unsrer Lieben Frau Altar, welicher auf der linken Seiten der Kirchen [...] zutreten und Unserer Lieben Frau zu Ehren und dem scheelen Tuifl zu Schand und Trutz ihre Litaney singen. Darauf sie alle vor dem Altar [...] die Litaney zu singen angefangen, daselbst das besessene Weib angefangen entsetzlich zu brüllen und wunderseltsamb zu schreyen, dass wir uns kaum selbst hören mögen, und beynebens auf und ab mitten der Kirchen gelaufen, und als die Litaney geendet und Herr Pfarrer die Colect gesungen, springt das besessene Weib herzu mit zornigem Gesicht und wütenden Augen und graden Laufes dem Scribenten zu, erhebt Arme und geschlossne Faust ihm unter das Gesicht, als wollte sie ihme die Faust ins Gesicht stoßen, und schied diese welsche Wort überlaut und zornig aus: El Fra, performi despett, das lautet auf Theitsch: Er tuets mir zur Schmach und zum Trutz. Hat sich aber wieder gewendet, und in der Kirch herumgewütet, als die Pilgramb ihren Weg fortgenommen und gemerkt, wie der welsche Teufel in dem Weib den theitschen Scribenten wohl verstanden.*

Zwischen Narni und Rom existierte zur Zeit der Haller Pilger als namhafteste Marienwallfahrt *Santa Maria Assunta* in Otricoli, etwa 15 Kilometer südlich von Narni an der *Via Flaminia*. Eine erste Siedlung, von Umbrern auf einem Hügel über dem Tiber gegründet, wurde um 90 v. Chr. im Zuge des römischen Bürgerkrieges zerstört, am Ufer des Tiber als *Ocriculum* neu aufgebaut, dort nach den Wirren der Völkerwanderung aufgegeben und wieder auf die Hügelkuppe verlegt. Das römische *Ocriculum* war die erste Stadt an der *Via Flaminia* Richtung Norden; die mittelalterliche Hügelstadt blieb wichtige Station für Romreisende. Die Kathedrale geht auf eine Kirche des 7. Jh. zurück; im 18. Jh. hat man sie, finanziert durch die reichen Opfergelder von Pilgern, maßgeblich verändert. Dennoch lohnt ein Besuch dieser ruhigen Kleinstadt abseits der Touristenströme. Pastellfarbene Häuser mit Laubengängen säumen die schmale Straße zum Stadttor, die altersgrauen Gebäude innerhalb der Stadtmauern haben wohl bessere Zeiten erlebt, verströmen aber einen brüchig-authentischen Charme, vor allem, weil die Stadt nicht tote Museumsfassade ist, sondern deutlich sichtbar und hörbar belebt.

> *Auch allgemach sich uralte römische heidnische teils zerfallne, teils noch ganze seltsambe und sehr künstliche Gebäu auf der Landstraßen nach und nach sechen lassen, so denen Pilgramben Augen viel zu schaffen geben, und manicher desto öfter gestolpert.*

Die römische Flusshafenstadt *Ocriculum* wird seit dem 18. Jh. wissenschaftlich erforscht. Vom Zentrum der antiken Stadt ist wenig erhalten, die unübersehbaren Ruinen des Amphitheaters aber und die monumentalen Turmgräber sind auch den Haller Pilgern aufgefallen.

Noch siebzig Kilometer trennen uns von Rom, eine Strecke, die Guarinoni und seine Begleiter vermutlich in zwei Tagen bewältigt haben. Bei Ocriculum berührt die *Via Flaminia* die ältere *Via Tiberina*, die schon im 4. Jh. vor Chr. dem Tiber entlang angelegt war. Bis zur *Prima Porta* kurz vor Rom verläuft die *Via Tiberina* östlich der *Via Flaminia*, von der *Prima Porta* bis zur Stadtmauer Roms sind sie identisch.

Bei Borghetto quert die *Via Flaminia* den Tiber; von der Befestigung, die den Übergang einst bewachte, blieben nur Ruinen. Wenige Kilometer südlich führt eine Stichstraße hinauf in die Bergstadt Civita Castellana. Zur Römerzeit befand sich im Tal darunter die Straßenstation *Falerii*, etwa einen Tagesritt von Rom entfernt. Der Dom *Santa Maria Maggiore* stammt aus dem 13. Jh., wurde aber Mitte des 18. Jh. völlig umgebaut. Interessant sind nur die Krypta mit ihren gelb getünchten Wänden und

Landschaft zwischen Otricoli und Rom

die aus der Bauzeit stammenden Boden- und Wandmosaike im Stil der Cosmaten. Diese aus Rom stammenden Künstler schnitten bunten Marmor aus antiken Ruinenstätten in scheibenartig dünne Mosaiksteine und setzten sie zu geometrischen Mustern zusammen. Wir werden ihren Werken in zahlreichen Kirchen Roms begegnen.

> *Folgends näher und näher der Stadt Rom zugerückt, als sie auf 3 theitsche Meilen ungefähr in der Fern die großmächtige St. Peters-Kuppel ersechen, von welicher sie so viel gehört haben.*

Bevor die Kuppel des Petersdomes sichtbar wird, geht es durch die *Colli Sabini*, eine sanfte Hügellandschaft von Sandsteinrücken, bedeckt von niederen Laubwäldern. Hier befinden wir uns in der Heimat der Sabiner, jenes antiken Volksstammes, der vor allem durch die Überlieferung vom Raub der Sabinerinnen – dem Gründungsmythos der Stadt Rom – bekannt ist:

Im eben erst erbauten Rom, so der römische Geschichtsschreiber Titus Livius, herrschte Frauenmangel, die Nachbarstädte aber weigerten sich, ihre Mädchen mit Römern zu verheiraten. Daher lud Romulus die Menschen des Umlandes zum großen Fest. Neugierig auf die neue

Stadt kamen sie in Scharen, besonders die unmittelbar benachbarten Sabiner. Während der Spiele verschleppten die Römer die Mädchen der Gäste, um sie – so Livius – ordnungsgemäß zu heiraten. Der darüber entbrannte Kampf zwischen Sabinern und Römern endete erst, als sich die geraubten Sabinerinnen mit ihren Kindern zwischen die Parteien stellten, um zu verhindern, dass sich ihre Väter und Ehemänner noch länger gegenseitig töteten.

Aus der Hügellandschaft ragt einsam der *Monte Soratte* auf, 691 m hoch, ein trutziger Kalksteinriese als Wächter über die Landschaft. Kurz nach Castelnuovo, das auffällt mit seinen rötlich-braunen Häusern, die sich am kleinen Burghügel eng zum mittelalterlichen Stadtkern zusammendrängen, ist es so weit: In der Ferne ist, noch flimmernd und blass, aber dennoch deutlich, erstmals die Kuppel von St. Peter erkennbar. Zumindest an klaren Tagen.

Moderne Pilgerführer klagen einmütig über die letzte Wanderetappe, die an stark befahrenen Straßen durch wenig ansprechende Vororte dem Zentrum von Rom entgegenführt. Die *Via Flaminia* bildet hier keine Ausnahme und wir sind froh, mit dem Auto unterwegs zu sein. Einige römerzeitliche Monumentalgräber liegen an der Straße, kurz bevor wir die Ringautobahn erreichen; dann die berühmte *Prima Porta*, an der *Via Tiberina* und *Via Flaminia* zusammentreffen. Die *Porta* bezeichnet den Bogen eines Aquädukts, der von Norden kommenden Reisenden wohl als Eingangsportal nach Rom erschien. Der Aquädukt versorgte die Villa der Livia, Gattin des Kaisers Augustus. Am Tuffsteinhügel westlich der Straße sind die schlecht erhaltenen Ruinen der Villa zu sehen.

Die *Via Flaminia* quert den Tiber über die 207 v. Chr. errichtete *Ponte Milvio*. In der berühmten Schlacht an der Milvischen Brücke siegte im Oktober 312 Konstantin der Große über seinen Rivalen und früheren Mitregenten Maxentius; der Sieg Konstantins wurde der Hilfe Christi zugeschrieben, was die Anerkennung des Christentums und seine Etablierung zur Staatsreligion einleiten sollte. Parallel zum Tiber gelangen wir, wie unzählige Pilger und Reisende vor uns, schließlich über den schnurgeraden letzten Abschnitt der *Via Flaminia* an die *Porta Flaminia*, das Zugangstor zum Zentrum Roms am Ziel unserer Reise.

II

RÖMISCHE TAGE: DIE PILGER IN DER „EWIGEN STADT“

ROMA.
Porta Pia
Porta Salaria
Porta Pinciana
Sepulcrum Neronis
Platea Trinitatis
S. Maria de Popolo
Platea Populi.
TIBERIS
Belluedere
Giardino del Papa
Palazo del Papa
Porta Angelica
Castrum S. Angeli
Platea S. Petri
Porta de Caualli Leggieri

Mit offenen Mäulern und zerrittenen Augen

PIAZZA DEL POPOLO – ENGELSBURG – PETERSDOM

> *Und wie sie die ganze Raiß stets schön und lind und temperiertes Wetter gehabt, also indem sie zu dem Stadttor Popula genannt hinein gehen, fangt es an etwas weniges zu tropfen und weillen gleich hinter dem Stadttor auf der linken Seiten Unser Lieben Frauen Kirchen, Santa Maria del Popolo genannt, haben sie gleich zugekehrt, und Gott dem Herrn Dank gesagt, sich hinfiro zu glücklicher Verrichtung befohlen, als dann auf selbigen Platz, so vor der Kirchen, die hoche Säul oder Kögl mit Verwunderung angesechen deren in Rom fünf, und dieser unter die größten einer, ungefähr so hoch als vorne der Gipfel der Stifskirchen samt dem Kreuz ist, und alles aus einem Stuck, außer des Postaments, darauf die Säul steht.*

Für die antike *Porta Flaminia* am nördlichen Zugang zur Stadt bürgerte sich der Name *Porta del Popolo* ein, nachdem 1099 direkt hinter dem Tor auf Wunsch und mit Spendengeldern des Volkes eine erste Kirche, *Santa Maria del Popolo*, errichtet wurde.

Historiker vermuten im Bau eine Stiftung zur Feier der Einnahme Jerusalems durch die Kreuzfahrer. Dunkle Legenden wissen es angeblich besser. Manche leiten den Namen der Kirche vom Volk, *popolo,* ab, andere von den Pappeln, *populi,* die dem Kirchenbau weichen mussten. Alle aber erzählen, dass die Kirche die bösen Geister bannen sollte, die die Gegend um die *Porta Flaminia* heimgesucht hatten. Den Geist Kaiser Neros vielleicht, dessen Grabstätte man hier vermutet, oder die rastlosen Seelen derer, die auf der Richtstätte vor dem Tor ihr Leben ließen.

Santa Maria del Popolo, mehrmals erweitert und umgebaut, erhielt ihre Fassade im Stil der römischen Frührenaissance im späten 15. Jh., die barocke Innenausstattung schuf Bernini im 17. Jh. Unsere Pilger, eifrige Verehrer der Muttergottes, werden ihr Dankesgebet vermutlich vor dem Bild der *Madonna del Popolo* verrichtet haben, das sich heute im Chor befindet. Diese Ikone im byzantinischen Stil stammt aus dem 13. Jh., wird aber nach alter Tradition dem malfreudigen Evangelisten Lukas zugeschrieben, dem Rom mehrere Madonnenbilder verdanken soll.

Guarinoni lässt den Reliquienschatz der Kirche unerwähnt; andere Pilgerberichte rühmen ansehnliche Heiligtümer wie etwa die Nabelschnur Christi. Nach dieser erkundigen wir uns – vergeblich. Die junge Verkäuferin von religiösen und touristischen Andenken schüttelt grinsend den Kopf, der Kustode lächelt bedauernd. Mehreren Kirchen Roms werde der Besitz der Nabelschnur Christi nachgesagt, hier in *Santa Maria del Popolo* sei sie nie verwahrt gewesen. Dann erhebt der Kustode die Stimme und ersucht die Kirchenbesucher energisch, das Gotteshaus zu verlassen; es ist zwölf Uhr, die Tore der Kirche schließen über Mittag.

Auf der *Piazza del Popolo* ragt die spitze Nadel eines Obelisken gegen den Himmel. Er ist einer von fünf, die der Architekt und Baumeister Domenico Fontana zwischen 1585 und 1590 im Auftrag des Papstes Sixtus V. an zentralen Plätzen der Stadt aufrichtete. Die Obelisken waren in der Antike auf eigens dafür konstruierten Booten von Ägypten nach Rom transportiert und an prestigeträchtigen Standorten aufgestellt worden. Der etwa 30 m hohe Obelisk auf der *Piazza del Popolo* war um 1200 v. Chr. für Ramses II. angefertigt worden, kam im Jahr 10 v. Chr. nach Rom und schmückte den *Circus Maximus*.

Ansonsten erlebte die *Piazza del Popolo* seit 1613 einige Veränderungen: Die Innenseite des Stadttores gestaltete Gianlorenzo Bernini 1655 zum barocken Triumphbogen für die schwedische Königin Christine um, auch die Zwillingskirchen *Santa Maria in Monte Santo* und *Santa Maria dei Miracoli* stammen aus der zweiten Hälfte des 17. Jh.; die Paläste an den Ecken der Piazza und die prächtige Neugestaltung des *Parco del Pincio* im Hintergrund sind Werke des frühen 19. Jh. Die drei Straßen aber, die von der Piazza strahlenförmig auf das Stadtzentrum zulaufen, bestanden in dieser Form schon seit dem 15. und frühen 16. Jh.

Sind ferner durch die Lauf- oder Landgassen in Rom hinein gezogen, und hätten wohl ein jeder 6 Paar Augen bederfen, alle Männigfältigkeiten so beiderseits der offnen Läden firgestellt waren, zu ersechen; haben ihr Einkehr fast mitten in der Stadt genommen, damit sie von der Mitten desto leichter an alle Örter hin mechten, da sie nun ein eigen Cammer bestellt und der H. von Wilten (welicher den andern auf dem Weg oft beschwerlich und verhinderlich, und zu einer Buß gewesen) sich wohl etliche Tag bey den andern aufgehalten, hernach von der Gesellschaft sich abgesondert und daselbst in seines Klosters Orden gangen, sind die vier seiner nit leidig gewesen.

Rechts von den Zwillingskirchen an der Piazza del Popolo beginnt die Via Corso.

Von den drei Straßen ins Zentrum kamen für unsere Pilger nur zwei in Frage: die westliche *Via Ripetta* mit ihrer Fortsetzung, die über den alten Tiberhafen in die Nähe von *Piazza Navona* und *Piazza Pasquino* führt, wo die Pilger ihrer Herberge nahmen, oder die zentrale *Via Corso*, die den erwähnten *Lauf- oder Landgassen* besser entspricht. Die *Via Corso* ist die älteste der drei; ihr Verlauf entspricht der antiken *Via Lata*, der „Breiten Straße", die als Fortsetzung der *Via Flaminia* im Mittelpunkt der Stadt bei Kapitol und *Forum Romanum* endete. Papst Paul II. (1464–1471) ließ die *Via Lata* begradigen und ihre stattliche Länge von eineinhalb Kilometern für Pferderennen – *corse* – nutzen.

Nach Jahrzehnten als stark befahrene Einfallsstraße ins Stadtzentrum hat sich die *Via Corso* wieder zu einer angenehm verkehrsberuhigten Flanierzone gewandelt, wo sich in den Erdgeschossen der schönen Palazzi und Bürgerhäuser statt der offenen Läden zahlreiche Bars, Trattorien und kleine, feine Geschäfte und Boutiquen niedergelassen haben. Für Letztere bleibt uns bei dieser Spurensuche keine Zeit, wohl aber für einen gemütlichen Aperitivo, bei dem wir uns mit dem Gedanken trösten, dass auch Guarinoni und seine Pilgerfreunde Prioritäten setzen mussten:

Obwohl die Pilgerschaft eigentlich vom Scribenten nach Rom um das Grab der heiligen Francisca Romana und dortselbst andere heilige Orte anzusechen, so ist doch seine und des Obristen Capelan Absicht und Vorhaben gleichsam die Procurierung von Heiligtumben auf den Weg verweilet worden, und dieser alle anderen ihrer Begierden und Andachten nachgesetzt in dieser für ihn Hauptsach, und die Sach so angestellt, dass sie nur Kirchen und andächtige Orte besuchten, weliche etwan zugleich auf den Weg waren Weg zu den Cardinälen und in das große Collegium und anderwärts, wo sie zu tun hätten.
Weillen sie aber eins und anderm nach unerfahren, sind die 5 noch unverteilten Pilgramb des anderen Tags miteinander ausgezogen und dem namhaften Gotteshaus Sankt Peters Tempel – auf der Gasse nachfragend – zugangen, so nit weniger Wegs als vom königlichen Stift bis gegen Mils. Und im Gehen vor lauter Firwitz über die mannigfaltigen Sachen, nit so gescheit oder firsechend gewesen, dass sie die Gassen und Örter in die Einbildung gefasst hätten, dadurch sie gangen, durch die sie wiederum müssen heimzu gehen.
Da sie erstlich zu der Englsburg und schönen steinernen Bruggen, so über die Tiber ist, kommen, und ein so entsetzliches heidnisches starkes Gebäu, so vor Zeiten des Kaisers Augusti Grab war, vor ihnen gesechen, sie allda mit zerrittenen Augen und offenen Mäulern gestanden, dass wer mit einem theitschen Knödel darein geworfen, des Zieles gewiss nit gefehlt haben würde; weliches aber den firgehenden Römern sehr wohl gefallen, da weliche anders nit wünschten, als dass ihre Sachen mit Verwunderung gesechen und verehrt werden.

Selbst modernen Reisenden, mit der Engelsburg bereits vorab durch Bilder und Filme vertraut, ist staunende Bewunderung anzumerken, wenn sie erstmals vor dem massiven Bauwerk aus ziegelrotem Tuff- und Travertingestein stehen. Wehrhaft wirkt sie, uneinnehmbar und zugleich auf anziehende Weise unvollendet. Kaiser Hadrian ließ den Bau 135 n. Chr. als Mausoleum für sich und seine Nachfolger errichten. Das ebenfalls zylindrische Monumentalgrab des Augustus, das Guarinoni hier irrtümlich mit der Engelsburg verbindet, liegt ein Stück aufwärts des Tibers hinter dem Friedensaltar des Augustus, mit dem der Kaiser das Ende des Bürgerkriegs besiegelte.

Hadrians Mausoleum war bereits im 3. Jh. zur Festung ausgebaut worden; über die Jahrhunderte erfuhr diese zahlreiche weitere Umbauten, diente als Fliehburg der Päpste, als Kerker und Hinrichtungsstätte; heute ist sie Sitz des *Museo Nazionale di Castel Sant'Angelo*. Den schö-

Die Engelsburg diente den Päpsten wiederholt als Festung.

nen Namen verdankt die Burg Papst Gregor dem Großen; dem soll sich während eines Bittganges im Pestjahr 590 auf den Zinnen der Festung der Erzengel Michael gezeigt und das baldige Ende der Pestepidemie verkündet haben. Eine Bronzestatue des Erzengels am Dach erinnert an dieses Ereignis.

Die Brücke zur Engelsburg, unter Kaiser Hadrian als Zugang zu seinem Mausoleum erbaut, bildete bis ins 15. Jh. die einzige Verbindung zwischen der Stadt und der Basilika von St. Peter. Zu Ostern und während der Jubeljahre nahmen die Menschenströme über die Brücke derartige Ausmaße an, dass Seile und Absperrungen den Verkehr regeln mussten. Im Jahr 1613 schmückten nur die steinernen Standbilder der Apostel Petrus und Paulus den Zugang zur Brücke; in der zweiten Hälfte des 17. Jh. kamen die Engelsstatuen mit den Leidenswerkzeugen Christi hinzu.

Obzwar den Pilgramben seltsamb vorgekommen, dass zu Morgens frühe noch so wenig Leut um den Weg waren. Da sie nun der Englsburg zu über die Bruggen und gegen St. Peters Kirchen Platz kommen, und daselbst den turmhohen steinernen Kögl, so auf gemeltem Platz, und nächst vor dem Kirchenportal mit sieben nebeneinander Marbelsteinern offenen Toren vor den Augen ge-

habt, und sich eine soliche Majestät dieses gewaltigen Gebäus sechen lassen, sind sie zugleich verstummt und hat ein jeder stillschweigend genug mit sich selbst zu tun gehabt und vor lauter Entsetzung kaum genugsam schnaufen, geschweige mit den andern reden mögen.

Wie die Pilger früherer Jahrhunderte queren wir die Engelsbrücke, die heute wohl besetzt ist mit polyglotten Agenten diverser Unternehmen, die Bootsfahrten am Tiber, Stadtführungen und Restaurants anpreisen. Auch am jenseitigen Ufer wird eifrig um Touristen und Pilger geworben, die *Via della Conciliazione* entlang bis hin zum Petersplatz. Bis Mitte des 20. Jh. führte der Weg dorthin durch die alten Straßen und Gassen des Viertels; erst Mussolini setzte die seit dem 15. Jh. bestehenden Pläne um, eine breite, repräsentative Schneise zwischen Engelsburg und Petersplatz zu schlagen.

Auch den Petersplatz erleben wir heute anders als die Pilger von 1613. Den ägyptischen Obelisk aus rotem Granit, durch das Kreuz an der Spitze christianisiert, dürfen Romreisende seit 1586 in der Mitte des Platzes bewundern, die markanten Bernini-Kolonnaden mit ihren 248 Säulen aber entstanden erst in der zweiten Hälfte des 17. Jh., und von den beiden Brunnen war gerade der erste vollendet worden. Absperrungen und lange Menschenreihen, die auf Einlass warten, könnten Pilger früherer Jahrhunderte ebenfalls am Petersplatz vorgefunden haben, kaum aber die zahlreichen Vermittler, die mit der Aufforderung *Skip the line* darum werben, Interessierten gegen entsprechenden Obolus den Zutritt zu Petersdom und Vatikanischem Museum ohne Wartezeit zu ermöglichen.

Und hat ein jeder also, bis etliche andere Pilgramben dort auf dem Platz erschienen, so der Kirch zugingen. Sprach der Herr Pfarrer, welicher von Natur lustig possierlich „Seht, dort gehen unseres Handwerkes gleiche, lasst uns auch in die Kirche gehen und sechen, wie es drin aussieht, weils hervor seltsamb genug ist." Sind also die steinernen weiten Stiegen vom Platz allgemach zu der Kirch gestiegen und unterdessen auf der rechten Hand die Schweizer vor des Papstes Palast so in ihren blau und gelben zerfetzten Kleidern und Hellebarden auf den Achseln bei der Wacht auf und ab gangen, mit ihren niedergetätschten Piretten auf den Köpfen, und breit aus- und voneinander fliegenden Borten, was denen Pilgramb seltsamb vorkommen.

Der Apostolische Palast mit den Privat- und Diensträumen des Papstes schließt rechts an die Peterskirche an.

Zum eigenen Schutz oder um Machtkämpfe auszutragen bedienten sich die Päpste des Mittelalters unterschiedlicher Söldnertruppen. Erst Papst Julius II. stellte 1506 eine eigene, ständige päpstliche Streitmacht auf: die Schweizergarde, zusammengesetzt aus Schweizer Söldnern, die wegen ihrer Tapferkeit und Kampfeskunst in höchstem Ansehen standen. Heute ist die Schweizergarde eine kleine, aus etwa 110 ausschließlich unverheirateten Schweizern bestehende Eliteeinheit; in Zivil begleiten sie als Leibgarde den Papst auf seinen Reisen; in ihre traditionellen blau-gelb-roten Uniformen gekleidet, die auf einen Entwurf Michelangelos zurückgehen sollen, bewachen sie die Zugänge zur Vatikanstadt und sind in Zusammenarbeit mit dem zivilen Wachdienst des Vatikans für dessen Sicherheit zuständig. Den Zugang zum Petersdom sichert der Wachdienst, ausgestattet mit Metalldetektoren und Röntgengeräten, die an die Sicherheitskontrollen auf Flughäfen erinnern. Nachdem wir diese passiert haben, steigen auch wir die steinernen Stiegen hinauf zur großartigen Basilika über dem Grab des Apostelfürsten Petrus.

Kaiser Konstantin veranlasste den Bau einer ersten Peterskirche, die im Jahr 324 von Papst Silvester I. geweiht und von Pilgern des Mittelalters als herrliche Basilika mit reichem Fresken- und Mosaikenschmuck

Trotz der beachtlichen Ausmaße wirkt das Innere von St. Peter luftig-leicht.

geschildert wurde. Pläne zu einem großzügigen Ausbau der Kirche bestanden seit der Rückkehr der Päpste aus dem Exil in Avignon und der Verlegung ihrer Residenz vom Palast am Lateran in den Vatikan; mit der Umsetzung begann man zu Beginn des 16. Jh. nach Entwürfen von Bramante, dessen Baukunst wir bereits in Loreto bewundern konnten. Zahlreiche namhafte Baumeister, Architekten und Künstler waren in der Folge mit den langen, wiederholt unterbrochenen und sehr teuren Arbeiten betraut, darunter der schon betagte Michelangelo, dem der Petersdom die fantastische Kuppel verdankt, und Bernini, der die Arbeiten an Kirche und Vorplatz 1667 zum Abschluss brachte. Finanziert wurde der Bau durch Einnahmen aus den Jubeljahren, durch Stiftungen und den Verkauf von Ablässen gegen den so genannten Peterspfennig.

Innenansicht der Heiligen Pforte der Peterskirche

Die lange Bauzeit brachte wiederholte Änderungen der Entwürfe mit sich. Unter dem Pontifikat von Paul V. erweiterte man den ursprünglichen Zentralbau auf dem Petersplatz um das Langhaus. Als unsere Pilger nach Rom kamen, waren die Arbeiten am Langhaus noch im Gange, Fassade und Vorhalle standen kurz vor ihrer Vollendung.

> *Als sie dann durch den Portal hineingangen [...] und als sie zur Kirchentür kommen und das gewaltige erwürdige Gebäu vor Augen gehabt, einer so entsetzlichen und ohne Pfeiler stehende Weiten, haben alsdann im Mark gespürt, dass man nit so viel von diesem Gebäu sagen kann, als der Augenschein mit sich bringt.*

Wir betreten die Kirche heute durch ein Portal des 17. Jh. Das Bronzeportal links davon stammt vom Tor der alten Kirche; jenes rechts verschließt die von innen her vermauerte Heilige Pforte, die nur zu den Jubeljahren geöffnet wird. Die Marmortafeln oberhalb nennen jene Päpste, die die Pforte zuletzt aufgeschlagen hatten. Wird Platz für eine neue Tafel benötigt, bringt man die ältere im Treppenaufgang zur Kuppel an.

> *Nahe hinter der Tür ersah der Scribent auf der linken Hand das Bild der hl. Franzisca Romana auf einer hilznen Tafel gemalt, so groß und hoch als vom Boden der königl. Stiftskirche bis über das Kirchengesims zu den oberen runden Fenstern, weliches die Römer zu Ehren ihrer Canonisation malen lassen, so ihme sehr hoch erfreut und zugleich Gelegenheit gab, sie in St. Peters Kirch zu ehren. Alsdann auch derselben gegenüber des heiligen Peters glockenspeisene Bildnis auf einem marbelsteinern Postament sitzend, deme wenn sie hineingehen alle Leut die Füß küssen, maßen die Pilgramben aus der anderen Exempel auch das taten, und sooft sie dahin zu kommen pflegten.*

Das Bildnis der von Guarinoni hoch verehrten Francesca Romana war anlässlich ihrer Heiligsprechung 1608 gemalt worden und in St. Peter zur Verehrung ausgestellt. Die Bronzestatue des hl. Petrus stammt aus der konstantinischen Basilika und ist ein Werk des 13. Jh. Traditionell küssen oder berühren Gläubige seinen rechten Fuß, der davon glänzend blank geworden ist. Wir erweisen Petrus unsere Reverenz zur Mittagszeit, und es ist ruhig um den Apostelfürsten. Bei einem späteren Besuch warten Menschen in einer langen Schlange; unter den Gläubigen, die das persönliche spirituelle Erleben suchen, auch viele andere, die das „Event Petruskuss" für ein gutes Foto mehrmals wiederholen.

> *Sind also bis mitten der Kirchen, und unter die unermessliche Kuppel kommen, darunter beide heiligen Apostel Petrus und Paulus liegen; weliche Kuppel in Runde 185 des Scribenten Schritte Inhalt; sodann die Pilgramb nach ihrem zerstreuten Gebet unter so vielen Sachen sich nit getraut sich auf die Seiten der Kirch hinein zu lassen, damit sie sich nit verlieren, sintemahlen der Kirchen Form in Gestalt eines sehr langen Kreuzes erbaut, und ist ein jeder Teil oder Ast des Kreuzes wieder nach zweymal zu einem Kreuz geteilt. Und dass an einem Kreuz sechs andere große Kreuz hängen, also wie wenn man der königl. Stiftskirche etliche dreißig sollte zusammenstoßen, es doch nit dieser einzigen samt ihrem Portal und Kuppel und innere Weite erschaffen würde; wie man dann in dem ein Kirchenteil ein stattliches Amt singen kann, dass mans in den andern nit vernimmt.*

Die Basilika weist in der Tat gewaltige Ausmaße auf. Bei einer Innenlänge von fast 190 m kann sie bis zu 60.000 Personen fassen. Dabei ist die Akustik perfekt gelöst: Wir lauschen einer Pilgergruppe aus Polen, die mit kräftiger Stimme ganz vorne im Chor der Kirche eine Litanei anstimmt. Schon bei der Petrusstatue an der gegenüberliegenden Seite des Papstaltars sind sie nicht mehr zu vernehmen.

Des heiligen Peters „glockenspeisene Bildnis"

Dieser Altar steht direkt unter der Kuppel, etwas erhöht und seit 1623 beschirmt vom prächtigen Bronzebaldachin Berninis. Die Bienen auf den gewundenen Säulen symbolisieren den eifrigen Einsatz der Päpste für das Haus Gottes, die Zweige das Paradies. Im vertieften Raum vor dem Altar, *Confessio* oder Beichtaltar genannt, liegt der Zugang zur Krypta, dem sakralen Fundament der Basilika mit dem Grab des hl. Petrus.

Der Apostel soll Aufzeichnungen zufolge im Jahr 64 oder 67, jedenfalls aber zur Zeit der grausamen Christenverfolgungen Neros nach dem Brand Roms in der Arena oder den Gärten Neros am Vatikanischen Hügel den Martertod erlitten haben. Über seinem Grab in den benachbarten Katakomben hätte Papst Anaklet gegen Ende des 1. Jh. eine Gedenkstätte errichten lassen. Das Petrusgrab, geheimnisvoller Mittelpunkt des Christentums, wurde über Jahrhunderte als Faktum akzeptiert. Dann kamen Zweifel auf, ob sich Petrus jemals in Rom aufgehalten und hier das Martyrium erlitten habe. Papst Pius XII. (1939–1958) leitete umfassende systematische Untersuchungen in den Katakomben unter den Fundamenten der jetzigen Peterskirche ein. Dabei stieß man auf die kleine, Anaklet zugeschriebene Gedenkstätte unter der Basilika Konstantins. An ihren Mauern verkündet eine Inschrift in griechischen Lettern: Petrus ist hier. Im Mauerwerk verborgen lag eine Kassette mit den sterblichen Überresten eines kräftig gebauten Mannes, der im Alter von 60 bis 70 Jahren verstorben war: die Reliquien des hl. Petrus.

Michelangelos formvollendete Kuppel über dem Apostelgrab im Zentrum der Peterskirche

Die Gebeine des Apostelfürsten ruhen seither in der *Confessio* unter dem Papstaltar, vor einer Ikone des segnenden Christus, in einem goldenen Reliquiar. Das Heiligtum darf nur aus sicherer Entfernung betrachtet werden; die anderen kostbaren Reliquien des Domes, wie das Schweißtuch der Veronika mit dem Bildnis des dornengekrönten Christus, die Lanzenspitze, welche Longinus dem Gekreuzigten in die Seite stach, und Partikel von den Kreuzen des Erlösers und des Apostels Andreas werden überhaupt nur zu besonderen Anlässen aus ihren Behältnissen hervorgeholt und den Gläubigen zur Verehrung präsentiert. Ansonsten sind sie über den vier Nischenstatuen der Kuppelpfeiler aufbewahrt. Sicher hinter Glas ist heute auch die berühmte *Pietà*, die der junge Michelangelo um 1500 schuf.

Haben also lange zu suchen und zu fragen gehabt, bis sie zur Sacristey kommen, daselbst beyde Herrn bei dem nächsten Altar, allda Christus den im Wasser versinkenden heiligen Petrus bei der Hand erwischt, zur Danksagung Meß gelesen, die anderen zwey ihnen beim Altar dienten; in der Sacristey war des heiligen Peter Sessel zu sechen; darinnen auch etlicher Päpste Begräbnis, so aber nur auf ein Zeit Sacristey gewesen, bis die jetzt erbaute Sacristey fertig wurde.

Schon einige Dekaden nach Guarinonis Besuch war es nicht mehr nötig, die Sakristei zu suchen, um den Thron des Apostels, die *Cathedra Petri*, oder die Darstellung seiner Errettung durch Christus zu betrachten: Für die *Cathedra*, den hölzernen Bischofsstuhl des Apostels, im 4. Jh. von den Katakomben der Priscilla in die neu errichtete Basilika von St. Peter überführt, schuf Bernini im Auftrag Papst Alexanders VII. (1655–1667) ein monumentales Barockreliquiar. Dieses präsentiert die *Cathedra* in der Apsis der Basilika unter einem gelb-orange leuchtenden, gläsernen Bild des Heiligen Geistes, das auf die göttliche Inspiration der Päpste verweist. Am 22. Februar feiert man mit dem Fest Petri Stuhl die Übertragung des Hirtenamtes auf Petrus und damit die Legitimation der Päpste als Stellvertreter Christi.

Die Cathedra Petri in der Apsis von St. Peter

Bei der Darstellung der Errettung Petri auf stürmischer See handelt es sich um das berühmte, von Giotto um 1300 für die Säulenhalle der konstantinischen Basilika geschaffene Mosaik *La Navicella*, das Schiffchen. Es zeigt die Apostel, die bei stürmischer See verängstigt in ihrem kleinen Boot sitzen, während Christus, die Wogen glättend, über das Wasser auf sie zugeht. Petrus möchte es Christus gleichtun und über das Wasser schreiten; Christus streckt dem zu versinken drohenden Apostel die Hand entgegen.

Als die Säulenhalle 1610 dem Umbau der Basilika weichen musste, nahm man das Mosaik ab, um es später an einen würdigen Platz in der neuen Kirche zu übertragen. Damit begann die endlose Wanderung der *Navicella*, denn dreimal erwies sich der ausgewählte Ort nach der Anbringung des Mosaiks als ungeeignet. Durch das häufige Abnehmen erlitt es schließlich schwere Schäden, und als es um 1675 seinen jetzigen Platz in der Vorhalle der Basilika erhielt, waren nur noch Fragmente erhalten.

Und als es nach erstmals gesechener St. Peters Kirch und gehabten Gottesdienst ungefähr um 9 Uhr vormittags war, und die Pilgramben wieder nach Haus ihren Weg genommen, da fanden sie die Gassen dick mit Leut und sonderlich mit einem Zug nach dem andren von Kutschen besetzt, als die Herren Bischöfe und Cardinäl nach dem päpstlichen Hof gefahren. Und um selbige späte Zeit, als die Pilgramben vermeinten, allhier zum Mittag müssen zu gehen, die erst aus den Häusern hervor kriechen, so ihnen gar seltsamb firkommen.

Ersetzen wir den unablässigen Strom von Kutschen durch die Autokolonnen, die sich allmorgendlich durch die Straßen der Innenstadt wälzen, so hat die Schilderung von 1613 nichts an Aktualität verloren. Auch das vergleichsweise späte Erwachen der Stadt, charakteristisch für die südliche Lebensart, ist geblieben. Da die Pilger aber, wie Guarinoni an anderer Stelle andeutet, aus Angst vor Überfällen stets darauf bedacht waren, bei Einbruch der Dunkelheit zurück in der sicheren Herberge zu sein, musste ihnen verborgen bleiben, dass die römischen Tage bis weit in die Nachtstunden reichen. Und so befürchten sie Probleme bezüglich ihrer angestrebten Audienzen, *weillen die Römer fast den dritten Teil des Tags verschlafen.*

Nachdem die Pilger bei der Schweizergarde noch um gute Plätze für die päpstlichen Messen vorgesprochen hatten, machten sie sich auf den Weg zurück zur Herberge.

Sind Wegs ab und weit vergangen, und weil sie wie vorgemelt nit aufgemerkt, auf die Seiten der Stadt Rom und zu dem ein Stadttor kommen, so auf Neapel führt; war aber das Ärgste, dass sie so unbedacht, und sogar das Ort nit zu nennen gewusst, wo ihr Herberg, dass sie dem nachfragen mögen; weillen sie aber also die ein Gassen auf, die andere ab gehen und fast anderthalb Stund vergebens das Pflaster getreten, und teils unter ihnen hungrig und mehr unwillig worden, fingen sie an, einer den andern die Schuld zu geben und da meint der eine, die Gasse war die rechte, der andere wollt die andere, der dritte die dritte Gassen eingehen und konnte aber keiner das Ort nennen, dass sie fragen mechten. […] Letztlich war der Schluss, sie wollten nach St. Peters Kirch fragen, und wieder dahin gehen, denn nach dieser wussten sie zu fragen, und alsdann zu sechen, ob sie auf die rechte Straßen kommen mechten; und als sie nach einer langen Weil bis zu der Englburg gewiesen worden, ha-

ben sie bei etlichen steinernen Tisch, darauf man die Fisch verkauft, ungefähr ein Zeichen gehabt, dass sie zu morgens daselbst firgangen, und dieselbe eine sehr lange Gasse [...] und fort gezogen, bis ein steinernes Bild mit abgehaune Händ und Füß, so man Pasquin nennt, ersechen, welichen sie wussten, dass er nit weit von der Herberg; Meister Thomas aber, so ihr Hausherr und Schweinwirth oder Wurstmacher hat ihnen bald zu Essen geben, mit welichem sie ihr Leid ersetzet, und als sie ihm es geklagt, hat er nur hinaus gelacht, warum sie nit besser Pasquin in Acht genommen.

Pasquino, erzählt man in Rom, war ein Schneider, der in den Gassen hinter der *Piazza Navona* seine Werkstatt hatte. Eines Tages brachte er, verärgert über die politischen Verhältnisse der Stadt, einen Zettel mit spöttischer Kritik am Torso der antiken Statue an, die seit 1500 die Ecke des *Palazzo Orsini* zierte. Pasquino begründete damit die Tradition der „Sprechenden Statuen", an die Bürger – sehr zum Missfallen der Behörden – bis heute anonyme Spottverse über bekannte Persönlichkeiten oder politische Ereignisse heften. Der Name des Schneiders übertrug sich auf die Statue am *Palazzo Orsini* und auf die Zettelchen, *pasquinate* genannt. Das malerische Viertel um die *Piazza Pasquino*, direkt hinter der *Piazza Navona*, hat sich sein mittelalterliches Flair mit engen, krummen Gassen sehr schön bewahrt; Trattorien laden ein zum Verweilen, den Schweinwirt Thomas konnten wir nicht ausfindig machen.

Pasquino, antiker Torso am Palazzo Orsini

Von majestätischen Kirchen und künstlichen Pforten

IL GESÙ – KAPITOL – FORUM ROMANUM – KIRCHE DER HL. FRANCESCA ROMANA

Gestärkt machen sich die Pilger wieder auf den Weg, um die erzherzoglichen Bittschreiben um Reliquien ins Kollegium der Jesuiten zu bringen und der von Guarinoni hochverehrten hl. Francesca Romana eine erste Aufwartung zu machen.

> *[...] und als sie nach Mittag, von Gassen zu Gassen fragend, den Weg emsig in acht nehmend, dahin und zu derselben majestätischen Kirchen, in welicher auch unter dem Hochaltar der hl. Ignatio liegt, kommen, haben sie in aus- und inwendiger Ansechung derselben sich eben hoch zu entsetzen und zu verwundern gehabt; sind hienach in das Collegium, so der Kirchen an der rechten Seiten anhängig, eingangen, und die Erzherzogischen Schreiben einem Pater übergeben.*

Ignatius von Loyola gründete in Rom die *Societas Jesu* oder Gesellschaft Jesu, die sich besonders der Gegenreformation und der Mission verschrieben hatte; 1540 erkannte Papst Paul III. die Gesellschaft als Priesterorden an und schenkte ihr eine kleine Kapelle, *Santa Maria della Strada*. Um dem rasch anwachsenden Orden gerecht zu werden, ersetzte man sie 1568 durch einen Neubau; für das von Ignatius sehr verehrte und von der Fassade der Kapelle abgenommene Marienbild fand sich Platz in einer eigenen, der *Madonna della Strada* geweihten Seitenkapelle. Die Kirche selbst, dem Namen Jesu geweiht, *Il Gesù*, ist die Hauptkirche des Jesuitenordens. Ihre Fassade kombiniert Stilelemente von Barock und Renaissance und sollte zahlreichen späteren Jesuitenkirchen als Vorbild dienen. Zugleich mit der Kirche entstand auch das angrenzende und heute noch bestehende Jesuitenkolleg.

Im Inneren von *Il Gesù* dominiert vergoldeter Barock, wobei die dunklen Seitenkapellen dem Kirchenraum eine etwas düstere Atmosphäre verleihen und den Blick auf Apsis und Decke lenken. Zur Freude von Kulturreisenden kann der Deckenprunk durch einen im Mittelgang platzierten Spiegel bequem und ausführlich betrachtet werden.

Vorne links im Querschiff befinden sich in der Ignatius-Kapelle Altar und Grabstätte des 1556 verstorbenen Ordensgründers. Die Gebeine des Heiligen ruhen im vergoldeten Bronzesarkophag, vor dem fast immer Betende anzutreffen sind. Bei einem späteren Besuch der Jesuitenkirche wird Guarinoni eine besondere Ehre zuteil:

Hernach den Scribenten in des heiligen Ignati Zimmer geführt und bei dem Altar, auf welichem er Meß gelesen, das Ort gezeigt, allda ihme die hl. Dreyfaltigkeit erschienen, daselbst der Scribent, wo der Heilige gestanden, um ein Ziegel gebeten, so auch ihme verlichen worden, neben einem guten Stuck von einer Bank darauf der Heilige gesessen, auch ein Öl aus seiner Grabampel, so nachher zu Hall große Miracul etlich getan, ist also der Scribent mit vollem Nutzen wie ein Soldat vom Grab heimkommen.

Die Mauern des Jesuitenkollegiums entlang ziehen wir auf den Spuren des Tiroler Pilgergrüppchens immer geradeaus weiter, bis an die großartige, von Michelangelo entworfene Treppe zum Kapitol.

Haben die Pilgramb ihren Weg genommen, über das römische Capitolium oder römische Ratshaus, auf den großen Platz Vaceinum oder Kühplatz, daselbsten zum Eingang eine alte römische Triumphpforten steht, von Quatersteinen erbaut und künstlich mit Bildnissen geziert und ausgehauen, dreyfach eingeteilt, zwey etwas kleine Tör beiderseits des großen und hochen.

Mark Aurel grüßt vom Kapitol.

Auch der Kapitolsplatz geht auf Michelangelos Entwurf von 1536 zurück und sah 1613 nicht anders als heute aus. Selbst die Funktionen der drei Palazzi waren dieselben: Im *Palazzo Senatorio* tagt heute wie damals der Stadtrat; die beiden Palazzi rechts und links, Sitz der Kapitolinischen Museen, wurden eigens für die schon im 15. Jh. begonnene päpstliche

Kunstsammlung errichtet. Unter den Schaustücken der Museen befindet sich seit 1979 auch das originale Reiterstandbild des Kaisers Mark Aurel. Das antike Bronzedenkmal wurde im Mittelalter irrtümlich als ein Abbild Kaiser Konstantins verehrt und entging so der Zerstörung heidnischer Kultbilder. Eine alte Legende sagt, die Welt würde bestehen, solange die Vergoldung des Standbildes nicht gänzlich abgegangen sei.

Vom Kapitol bietet sich ein herrlicher Blick über das *Forum Romanum*; im Abendlicht genossen, bleibt die Aussicht unvergesslich. Der Treppenweg zum Forum führt unmittelbar an der mächtigen Triumphpforte für Septimius Severus vorbei; 203 n. Chr. errichtet, feiert sie in ihren Reliefs die Siege des Kaisers und seiner Söhne über Parther und Araber. Am Forum, einst politisches und religiöses Zentrum des Römischen Reiches, tummeln sich die Kunstbeflissenen und bestaunen die Relikte einstiger Macht. Das Ende des römischen Imperiums leitete den Niedergang des Forums ein, Steine und Marmor fanden als Baumaterial für Kirchen und Paläste Verwendung, der Rest verfiel. Das Interesse für das Altertum kam erst mit der Renaissance auf, langsam und nur unter Gelehrten und Künstlern. Antike Bauwerke zu schützen war unüblich, das *Forum Romanum* war 1613 *campo vaccino*, Kuhweide.

Blick vom Kapitol über das Forum Romanum. Vom Vespasian-Tempel sind drei, vom Saturn-Tempel acht Säulen erhalten.

> *Und fast in der mitten der alte Tempel St. Cosmas und Damian, beide Gebrüder von Adel und Doctor der Arzney, welichen Tempel von alters hero der Urheber der Stadt Rom, Romulus, erbaut.*

Cosmas und Damian sind die syrischen Märtyrerzwillinge, denen wir bereits in San Gemini begegnet sind. Ihre Kirche am Rand des *Forum Romanum* wurde im 6. Jh. unter Einbeziehung des so genannten Romulustempels erbaut, der auf Kaiser Konstantin und seinen Mitregenten Maxentius zurückgeht, als Versammlungsort für juridische und geschäftliche Verhandlungen diente und dem sagenhaften Stadtgründer gewidmet war.

> *Zu Ende des Platzes auf der rechten Seiten die andre von Stein erbaute Triumphpforten, so man beiden römischen Kaisern Tito und Vespasiano, als dieselben von eingenommenem Judentum und nach zerstörter Stadt Jerusalem 42 Jahr nach Christi Himmelfahrt mit köstlichem Raub triumphierlich eingezogen und in Sonderheit den güldenen siebenfachen Leuchter aus dem Tempel zu Jerusalem im Triumph eingeführt. Wie solicher Leuchter im Durchgehen an der Triumphpforten Seiten zum ewigen Dankzeichen in Stein eingehauen wie er gewesen; und ober der Pforten der Kaiser Namen, mit großen Buchstaben eingehauen und schwarz angestrichen; noch ganz gut frisch zu sechen und zu lesen, also dass soliche Triumphpforten albereits 1595 Jahr allda steht, zu einer klaren Kundschaft der Prophezeiung Christi, so über die Juden gangen und sonderlich der jüdischen Bosheit und der ergangenen Straf.*

In der Beschreibung des Titusbogens macht Guarinoni keinen Hehl aus seiner Verachtung für das Judentum; bedauerlicherweise finden sich vergleichbare Bemerkungen auch bei anderen Autoren. Der Titusbogen ist dem jüdischen Volk trauriges Symbol für die Diaspora, leitete doch die Eroberung Jerusalems im Jahr 70 n. Chr. durch Vespasian und Titus seine Vertreibung aus Palästina und seine Zerstreuung in alle Welt ein. Zudem bergen die Reliefs am Titusbogen schmerzliche Erinnerung an die Plünderung des Tempels Salomons.

Dass Guarinoni weder hier noch an anderer Stelle das Kolosseum oder den Triumphbogen Kaiser Konstantins erwähnt, verwundert, liegen die beiden doch unübersehbar am südlichen Abschluss des römischen Forums. Vielleicht aber bezieht er sich auf diese Monumente, wenn er an anderer Stelle anmerkt, *seltsambe künstliche Antiquitäten* besucht zu haben. Möglich auch, dass die Triumphpforte Kaiser Konstantins in der Erinnerung mit jener Kaiser Severins zusammenfließt, sind doch beide mit drei Durchlässen und reichem Reliefschmuck ausgestattet. Das Ehrenmal für Konstantin ist das größte und besterhaltene dieser Art in Rom; es feiert den Sieg des Kaisers gegen Maxentius in der Schlacht an der Milvischen Brücke im Jahr 312.

Das Kolosseum geht wie der Titusbogen auf die Kaiser Vespasian und Titus zurück und wurde im Jahr 80 mit einem 100 Tage währenden Fest eröffnet. Der mächtige Bau fasste bis zu 50.000 Besucher, denen im Kolosseum Gladiatoren- und Tierkämpfe, sportliche Wettkämpfe und unterhaltsame Spiele geboten wurden.

Dem Titusbogen gegenüber erhob sich am Rand des Forums zwischen Kolosseum und Romulustempel in der Antike ein Tempel zu Ehren der Göttinnen Venus und Roma. Im 9. Jh. entstand anstelle des Tempels die Kirche *Santa Maria Nuova*, die nach einem Brand im 13. Jh. erneuert und schließlich im 15. Jh. der römischen Heiligen Francesca Romana geweiht wurde.

> *Zu der linken Kloster und Kirch der h. Francisca Romana, weliches Kloster und Orden der h. Benedicti des Berges Oliveti oder des Ölpergs genannt und ebner Tracht wie die andern Benedictiner, als allein ganz weiß gekleidet gehen; auch ganz reformieret ein sehr strenges Leben führen unter einem Abten.*

Das Kloster führt den Namen *Compagnia delle Oblate del Monastero Olivetano di S. Maria Nuova* und wird vom Benediktiner-Orden der Olivetaner geführt. Gitter sperren den Zugang zur Kirche. Wir finden sie verschlossen, die Kirche öffnet erst um 10.30 Uhr. Pünktlich. Ein weiß gewandeter Bruder eilt über die Treppe herab, schließt die Tore auf und entschwindet raschen Schrittes zurück in die Kirche. Etwas später, in der Krypta, huscht er als flinker weißer Schatten erneut an uns vorbei.

> *Die Kirch ist ganz und durchaus nit allein an der Läng und Breite, sondern auch an der Form der hiesigen Paterum Jesuiten Kirch gleich; beiderseits mit solichen Colonnen […] und mit Beichtstühlen beiderseits besetzt bis zum Tor, als allein, dass herunten kein Altar sondern oben im Chor hat, und das Chor hoch erhebt, also dass man sechs hoche Staffel in einer so breiten Stiegen, dass*

ihrer zwey nebeneinander hinaufsteigen mechten [...] und wann man oben ist, so siecht man den Chorplatz ganz mit unterschiedlichen, schönen manigfältigen färbigen Marbelplättlen gepflastert [...] Auf der Evangeliseiten kein Stuhl noch Mauer, sondern die Patrium Sacristey. Item, auch auf der andern Seiten kein Stuhl noch Mauer, sondern ein Gutes sich hinein vertieft und eine Kapell mit einem Altar darin stundte, wie bey den Patribus, allhir zwar ist innen rund mit Unser Frauen Bildnis, von alters her geschmolzen, so man die Mousaische Arbeit nennt, und zu denen Zeiten die Kunst zugangen, weliches in allem Wetter beständig, und gleichsam ein ewiges Werk ist [...] und nit anders als das Schmelzwerk der Goldschmied auf den Ringen und Kleinodien schiene.

Guarinoni meint mit dem geschmolzenen Bild das Apsismosaik aus dem 13. Jh. und verwendet den aus dem Griechischen stammenden Begriff *mousaisch*, also den Musen geweihte.

Wie dann der Hochaltar daselbsten in der Runde innen steht, also ist eben derselbe mit seinem Gitter hervor und eben Breite beschlossen, und alsdann in der Mitten und ein Schritt vom Altargitter hiedan ist der hl. Francisca Romana Grab, nieder an dem Boden, oben bedeckt mit ein roten Marbelstein Grabstein [...] der Grabstein aber oberhalb bedeckt mit einem gar dicken Eisengitter, so gleichsam auf dem Grabstein liegt; auf dem Gitter steht ein gar künstlich gemachter Sarg oder Bau, zu Gestalt eines erhebten Grabs von hilzern gemalenen Latten, und obenüber mit seidenen Tappetich bedeckt, und darunter fast in der Mitten 3 brennenden Ampeln, eine zum Haupt dieweliche herunten ist, die andere in der Mitten, die dritte zu den Füßen so nächst bey dem Altar hangt; durch dene Ampel Öl viele Krankheiten geheilt werden; die Wänd und die Mauer rings um den Choren sind mit wachsen Bilder, auch gemalten, und silbern Tafeln dick umhängt, als Zeichen ihrer Wunderwerke.

Der Leib der hl. Francesca Romana wurde 1638 umgebettet und ruht seither, gekleidet in die weiße Tracht der Oblaten-Schwestern, in einem gläsernen Sarkophag in der Krypta. Allein durch das Berühren des Sarges sollen schon viele Kranke von seelischen und körperlichen Gebrechen geheilt worden sein. Die alten wächsernen und silbernen Votivgaben sind in Verwahrung, heute hinterlassen Gläubige Porträtfotos jener Menschen, für die sie zur Heiligen beten. Am Aufgang von der Krypta fällt eine alte, in die Wand eingemauerte Marmorplatte auf. Vor allem wegen der beiden durch Gitter geschützten Vertiefungen. Es sollen die Abdrücke der Knie des Apostels Petrus sein, die er beim Gebet während des Machtkampfes gegen Simon den Magier im Stein hinterlassen hatte. In der Apostelgeschichte des Lukas steht dazu, dass Petrus den Magier bereits von Jerusalem her kannte und ihm nach Rom gefolgt war, um ihn am Verbreiten seiner Lehre zu hindern. Gemeinsam mit Paulus forderte er Simon im Jahr 65 zum Wettkampf vor Kaiser Nero heraus. Als Glanzstück seiner Kunst begann der Magier am Kapitol zu fliegen, bis ihn die Gebete Petri zum Absturz brachten. Der Magier brach sich das Genick, Nero aber, erbost über den Verlust des geschätzten Simon, ließ Petrus und Paulus einkerkern und schließlich hinrichten.

In dieser Kirch und bey diesem Orden ist bräuchig, dass den ganzen Tag ein Religios aus den St. Benedicti oben gleichsam ober der Patrium Sacristey, etwas Geistliches aus einem Buch mit lauter Stimm lesen, dass es alle in der Kirch hören mögen, wie es die Pilgramb daselbst mit Verwunderung gehört, also wer unter Tag in die Kirch kommt, allzeit etwas gutes geistliches, gleichsam eine stete und ewige Predigt außer dem Gottesdienst anhört.
Als der Scribent sein Gedanken zerbrochen und fragt, ob man nit der heiligen Francisca Controfet habe, darauf er geantwortet, es sey freylich wohl vorhanden, sollen mit ihme gehen; der uns in ein schöns Gewölb, so die ander Sacristey der firnemben Sachen, eingeführt, daselbst hoch an der Mauer das Controfet der h. Francisca zu sechen war, das zwar des ganzen Leibes Länge, aber nit Lebensgröße. Allda die Pilgramb auf ihre Knie niedergefallen und verehrt und mit großer Lust und Freud gesechen; der Pater auch vermelt, als man ihn gefragt, ob man nit Gnad erlangen mechte, eine Kopie davon zu nehmen, antwortet er, das deren überaus viele durch die Herrn Cardinäl und andre Herrn abcopiert sein worden, durch die besten Maler, auch hin und wieder durch ganz Welschland verschickt worden [...] und zweifelt nit, ihr hochwürdiger Herr Abt werde es ihnen, weillen sie in Diensten der Heiligen gewesen und dieselbe in Theitschland bekannt gemacht, gar gern und willig erfolgen lassen.

Am erhöhten Chor der Kirche sitzt auch bei unserem Besuch ein Pater und liest in geistlichen Schriften. Ob wir einen Blick in die Sakristei werfen dürfen? Der Pater schickt uns an die Klosterpforte, wo uns ein Bruder empfängt und in der Sakristei den wertvollsten Kunstschatz des Klosters zeigt, ein Madonnenbild aus dem 6. Jh., das dem Evangelisten

Im gläsernen Schrein ruht der Leib der hl. Francesca Romana.

Lukas zugeschrieben wird. Vom Porträt der hl. Francesca Romana jedoch, das die Pilger so sehr beeindruckte, wissen die Brüder nichts, verweisen uns aber an das Altarbild in der Kapelle der Heiligen.

Die hl. Francesca Romana, geboren 1384, wurde bereits im Alter von 12 Jahren mit dem wohlhabenden Lorenzo de Ponziani verheiratet, mit dem sie sechs Kinder hatte. 1421 gründete sie die Kongregation der Oblaten-Schwestern als weiblichen Zweig des Olivetanerordens und richtete ihnen im Spiegelturm, *Torre dei Specchi*, ein Kloster ein, das noch heute besteht. Nach dem Tod ihres Mannes und zwei ihrer Söhne trat sie 1433 selbst der Kongregation bei. Die Heilige pflegte, wie in ihrer Vita zu lesen ist, einen sehr vertrauten Umgang mit ihrem Schutzengel, kümmerte sich aufopfernd um Hilfsbedürftige und Pestkranke und soll zahlreiche Visionen erlebt sowie Wunderheilungen vollbracht haben. Francesca verstarb 1440 und wurde 1608 heiliggesprochen.

Als aber die Pilgramb aus den Kloster und Kirchen gangen, konnte der Herr Pfarrer in sein Kopf nit fassen, dass dieser Orden ein Benedictiner Orden wäre, als von welichen er niemals etwas gehört, sintemahlen alle andern Benedictiner schwarz. Sprach er, wanns Benedictiner sind, so müssen sie lange auf der Bleich gelegen sein, und gebleicht sein, weils zu Rom gute warme Sonnen gibt. Hatte dieselben auch niemals anders als die bleichten Benedictiner geheißen, auch als er wieder gen Hall zu den Herrn Benedictinern von St. Jörgenperg kommen, mit welichen er gar vertraut war, sie mit diesen Worten vexiert: Ihr Herrn Brüder, eure Sach ist gefehlt, man wird euch alle reformieren und nach Rom auf die Bleich schicken.

Aus sonderbarer Schickung Gottes

KATAKOMBENHEILIGE FÜR DAS HALLER DAMENSTIFT

Bei ihrem Antrittsbesuch im Kollegium der Jesuiten hatten Guarinoni und Steinperger wohl die Bittschreiben ihrer Auftraggeberinnen um Reliquien für die Haller Stiftskirche abgeben können, mussten aber ohne Antwort abziehen, da:

> *der Pater, so die Schreiben hinaufgetragen, wiederum mit Bescheid kommen, Herr General, so eben damahlen an Potigramb übel auf, schlafe, man werde aber die Schreiben fleißig überantworten, mechten uns über ein Tag oder zwey wieder anmelden.*

Nach zwei Tagen finden sich die Pilger erneut im Kollegium ein, in der Hoffnung, der General hätte sich von seinem Gichtanfall erholt. Im Collegium war inzwischen aus Hall schlechte Nachricht für Guarinoni eingegangen. Der Pater, den Pilgern bereits vom ersten Besuch her bekannt, teilt ihm mit, dass wenige Tage nach der Abreise aus Hall sein junger Sohn Alphons unerwartet verstorben wäre.

> *Ob welicher Zeitung der Scribent sich zwar entsetzt, jedoch Gedanken daselbst gefasst, weil Gott ihme auf dieser Raiß seines Kinds gemindert, so werde er ihm vielleicht RP, mit einem Heiligtumb vermehren, und mit solichem das Leid abwischen.*

Zum Ansuchen um Heiligtümer lässt der General der Jesuiten, Claudio Aquaviva (1543–1615), bestellen, er könne den Wunsch sehr gut verstehen, bedaure aber, dass Reliquien rar seien und kaum innerhalb kurzer Zeit zu besorgen wären. Man wolle jedoch im Kollegium beraten, ob und wie man den Erzherzoginnen entgegenkommen könnte. Enttäuscht bieten Guarinoni und Steinperger an, selbst in die Katakomben hinabzusteigen und in den Grüften nach heiligen Gebeinen zu graben.

> *Darauf der Pater gelacht, und vermeint, es wären denen wohl mehr, weliche gerne suchten, es würde aber soliche nit leicht zu erhalten, sonsten aber ein sehr schweres Werk sein, als weliche, die der Gruften Schlüffe und Weg nit in*

der Erfahrenheit haben. [...] mit welichen Befund die Pilgramb mit ziemlich nieder gedauchten Häuptern ab und in ihr Herberg gangen, daselbsten was etwan firzunehmen sich zu beratschlagen.

General Claudio Aquaviva (Stich von 1893 aus A. Lamys Galerie illustrée de la Compagnie de Jésus)

Um ihre Angelegenheit voranzutreiben, beschließen die Pilger, sich mit weiteren Bittgesuchen an Kardinal Bellarmino und, falls nötig, an die Kardinäle Del Monte (1549–1627) und Mellini (1562–1629) zu wenden. Besonders von Robert Bellarmino (1542–1621) erhoffen sie Unterstützung. Der Kardinal war einer der führenden Köpfe der Gegenreformation, galt als einflussreiche Persönlichkeit mit starker Ausstrahlung, aber auch als unerbittlicher Großinquisitor in Prozessen gegen Häretiker.

Guarinoni und Stiftskaplan Steinperger suchen um Audienz bei Kardinal Bellarmino an. Um sich ständig in Erinnerung zu halten, begeben sie sich täglich zum päpstlichen Palast, und erweisen Bellarmino beim Verlassen seiner Kutsche Reverenz. Stadtpfarrer Wenig und Herr Thaler verspüren dazu keine Lust, ihnen ist mehr an Besichtigungen gelegen.

Also haben sich gemelte zwey Offizier alle Morgen frühe von den andern zwey gewöhnlich abgesondert und diesen Hauptgeschäften zugewartet [...] weillen die andern zwey Pilgramb hin und wieder durch Rom alle Kirchen und andern Sachen zu besichtigen sich verneigten. Weliches die zwey Offizier unterwegs und zu jeder Gelegenheit auch nit dahinten gelassen, und eine Partei der andren abends, wann sie wieder in ihrer Herberg zusammenkommen, geträtzt.

Endlich werden Guarinoni und Steinperger zum Kardinal vorgelassen und können das erzherzogliche Schreiben mit der Bitte um Reliquien übergeben. Jedoch, ebenso wie der Pater im Kollegium, bedauert auch Bellarmino, diesen Wunsch wohl kaum erfüllen zu können

Dieses Zertifikat, mit dem General Aquaviva die Echtheit der Reliquien für Hall bestätigte, befindet sich heute im Pfarrarchiv Telfs.

> *weillen die Gruften alle versperrt, und lange Weil und Zeit darüber gehe, eh man Päpstliche Erlaubnis, und aldann erst erfahrene Leut überkommen, die es zu suchen wissen; auch ein ungewisses Werk, ob man etwas in einer Zeit und langen Suchen findet, weillen die Gäng unter der Erden schon alle durchsucht, und die Weg zerbrochen.*

Bellarmino verspricht, sich dennoch mit General Claudius Aquaviva wegen ihres Anliegens zu beraten, und entlässt die Pilger, die *gar nit lustig, aber doch mit aller Hoffnung begeben* abziehen.

> *Nun hat sich ganz vermutlich aus sonderbarer Schickung Gottes begeben, dass eben unter selbigen Tagen, als die Pilgramb auf der Raiß waren, durch die Herrn Patres der Sociatet in der Gruft ihres Gartens, so die gar namhafte Gruft und Begräbnis der edlen Frau Priscilla, römische Bürgerin, war […] um dergleichen h. Leiber, so die Sociatet in die Neye Welt Kina verschicken mechten, lange nachgesucht. Und zwar erst dieselben Tagen, als etwan die Pilgramben, nit weit oder vielleicht bereits zu Rom ankommen, unter wenig andrem zweyer heiligen Jungfrauen und benannten Martirinnen Gebein und Leiberaschen in verschlossnen Begräbnissen, gefunden, samt ihrem um Christo wil-*

len vergossnen Blut, in besondern glasnen Geschirrlein in neben ihnen beygelegten Ampeln, weliche ein alter Bruder, so deren Sachen wohl erfahren, erhebt und in die Breitschaft gestellt gehabt, nach der Neyen Welt zu verschicken.

Den Haller Pilgern ist von alledem nichts bekannt, weswegen sich Guarinoni und Steinperger auch weiterhin fast täglich vor dem päpstlichen Palast einfinden, um Kardinal Bellarmino aufzuwarten und ihm so sein Versprechen in Erinnerung zu halten.

Bellarmino hatte unterdessen General Aquaviva in langen Gesprächen überzeugen können, die für China bestimmten Reliquien der beiden Katakombenheiligen dem Haller Damenstift zu überlassen, zählten doch die Erzherzoginnen und das Haus Österreich zu den größten Unterstützern des Jesuitenordens. Die Entscheidung fiel in der dritten Woche vor Ostern. An diesem Tag sitzen die Pilger nach dem Mittagsmahl in ihrer Herberge etwas länger zusammen. Draußen herrscht *unlustig Regenwetter,* drinnen gedrückte Stimmung, da die Pilger am Erfolg ihrer Mission zu zweifeln beginnen. Und während sie sich über die Aussicht auf Reliquien für das Haller Damenstift unterhalten,

begab es sich, dass man das Tischtuch auf den bloßen Tisch ausgeleert, und der Tisch mit vielen Weizenbrotbröslen belegt, weliche vor des Scribenten Ort meistenteils lagen; dahero der Scribent unter der Ansprach, ob und was fir Heiligtumben sie etwan bekommen mechten, tändlet er mit dem Messer in der rechten Hand und den Bröslen, zieht soliche mit dem Messer zusammen und macht mit denselben also unbedachtsam ein großes V eines kleinen Fingers hoch und groß, und nach dem V formiert er abermahl als unvermerkter Sache ein gleich großes lateinisches L, weil soliche Buchstaben unter allen gar leicht aus den Brosen zu formieren. [...] Kommt ihm unversechens in Gemüt, vielleicht mechten dies die ersten Buchstaben sein, zweyer benennter Heiligtumben, die man ihnen geben werde [...] sahen die andern 3 Pilgramb also redend und conversierend zu und gaben doch kein Acht auf das Werk, sondern wie geschieht in Gedanken auf ein bloßes unbedachtes Tändelwerk.

Unerwartet kommt Botschaft, sie möchten sich um die Vesperzeit im Kollegium der Jesuiten einfinden. Hoffnungsvoll machen sich alle vier auf den Weg; dort heißt man sie warten, fast eineinhalb Stunden lang, bis sich endlich eine Tür öffnet und ein Pater Guarinoni beiseitenimmt:

> *Es mecht etwan jetzt Gelegenheit geben, bey Herrn General Audienz zu haben, fir eine Person, solle derhalben auf gut Glück hinaufgehen; dem Scribenten ware Angst, weillen er so unversächlich zur Audienz gehen und seine Gespann alle daher vor im Kreuzgang lassen müssen, weliche ihme nachgesechen und auch nit gewusst, was diese des Scribenten Verzückung bedeuten mechte; als vorernannter Pater herfirkommen und ihme hinein geführt, daselbsten der Scribent des Herrn General Aquaviva holdselig und ehrbietiges Angesicht von fern ansichtig worden, welicher damahlen in ein gar niedern Bettstatt in Podigramb, etwas erhebter Pose und den hinzu tretenden Scribenten mit Handzeitung freundlich empfangen, deme der Scribent mit gebogenen Knien die Hand geküsst.*

Guarinoni erweist dem General im Namen beider Erzherzoginnen und des Königlichen Damenstifts ehrerbietig Reverenz, übermittelt beste Wünsche für seine Genesung, und bringt unter Berufung auf das Schreiben seiner Auftraggeberinnen noch einmal deren dringende Bitte um Heiligtümer für das Stift vor. Der General hört *mit lieblichen und holdselig Augen und Angesicht, und gespitzten Ohren fleißig zu,* erzählt von der schwierigen Suche nach Reliquien in den Katakomben und verkündet endlich, dass ebendort die zu Staub zerfallenen Leiber einiger Märtyrer gefunden wurden; jene zweier heiliger Jungfrauen möchte er gerne dem Damenstift zu Hall verehren.

> *Auf diese so unverhoffte gute Botschaft ist der Scribent dermaßen außer sich selbst geflohen und gleichsam in Freuden verzückt worden, dero noch auf heutigen Tag, nach 24 Jahren sich dennoch nit erinnern kann, mit was Gestalt, mit was Worten der dem H. General entgegen gangen, und was Gestalt er gedankt. [...] zwar ist er noch dieses in Gedenk, dem Herrn General mit gebognen Knien die Händen abgeküsst und den Segen von ihro Hochwürden begehrt und empfangen zu haben.*

Der General gebietet Guarinoni, wegen der Überführung der heiligen Leiber in den nächsten Tagen nochmals im Kollegium vorzusprechen. Damit ist die Audienz beendet und ein Pater geleitet Guarinoni wieder hinab in den Kreuzgang, wo ihn die drei anderen Pilger gespannt erwarten.

hat die Bursch den Scribenten, ein jeder der nächste bey seinem Maul die Zeitung zu vernehmen sein wöllen, also dass er mit beiden Armen genugsam von sich zu stoßen und zu schieben gehabt; sie auch mit Fleiß lang auf geschoben und raten lassen, über ein Kleines aber ihnen die zwey heiligen Jungfrauen und Marterinen angezeigt; als die Pilgramb dieses gehört, haben sich dieselben also gestellt, gleichsam sie auf der Gassen zu hupfen anfangen wollen und der sonst lange Weg also kurz worden, dass alle Vier vor lauter Freud blind worden, und unvermerkt in andere Gassen ein und weit irr gangen, und danach als sie zu der Herberg kommen, sich gleichsam nit verrichten konnten, obs ihr Herberg wäre oder nit, damahlen sie den übrigen Abend in allerley guter und lustiger Ansprach durchgebracht und sonders groß der Firwitz gebissen, was Namens doch diese zwey heiligen Jungfrauen und Marterinnen hoben mechten.

Die Überführung der heiligen Leiber bereitete den Pilgern keine Sorgen. Wenige Tage zuvor hatten sie den Haller Bürger Kasper Siegelsperger getroffen, der mit Pferd und Wagen seit einigen Jahren am Bau des Petersdomes mitgearbeitet hatte.

Der sich, nun sonders hoch erfreuet in Antreffung einer Gesellschaft fast lauter Haller, und ist ihm, weliches wohl wunderlich, gleich bald ein Lust ankommen, Rom zu verlassen, und mit denen Pilgramben wiederum in das Vaterland zu verraißen und sein Ross zu verkaufen. Als aber die erwünschte Botschaft der Erhaltung zweyer heiliger Jungfrauen kundbar, haben die Pilgramb […] mit ihme gehandelt, wann er des Willens sich fertig zu machen, aber das Pferd zu behalten, so er mit sonder Freuden getan, und um zwey römische Säumerkörb gesechen, in welichen die heiligen Jungfrauen samt etwan von den Pilgramb mitgebrachten Sachen mechten über Land geführt werden.

Auf dass ihr Name bekannt werde

CONTRAFET UND HISTORIE DER HL. FRANCESCA ROMANA

Am nächsten Morgen feiern die Pilger zwei Dankesmessen, eine bei St. Peter, die andere am Grab der hl. Francesca Romana. Zur Messe in der Kirche *Santa Francesca Romana* schließt sich ihnen der niederländische Maler Hieronymus van Kessel an, der sich bereits seit geraumer Zeit in Rom aufhält. Er war sowohl mit Steinperger als auch mit Guarinoni gut bekannt, seit er die beiden erzherzoglichen Stiftsdamen in Hall porträtiert hatte.

> *Hat der Scribent mit dieser Gelegenheit gedacht, der hl. Francisca Romana Contrafet abmalen zu lassen, und weillen es gleich sah, als hätte Gott eben diese Gelegenheit des vortrefflichen und bekannten Malers geschickt, auch der van Kessel sich gar willig erboten; hat der Scribent ihro Hochwürden, den H. Abten um die Gnade bitten lassen, der es gar willig zugelassen, und der von Kessel gleich bald in die Hand genommen, damit es vor der Pilgramb Abraiß fertig würde.*
>
> *Und ist nit zu verschweigen, dass als der Contrafeter ungefähr über 2 oder 3 Tag dahin kommen, sich des Werkes zu unterfangen und der heiligen Francisca Bild unter die Augen gebracht, ihme eine soliche innerliche Andacht, Lieb und Ehrbietung angefallen dass er [...] mit Kreiden, Paletten, Pinsel in Händen auf Knien niedergefallen und gemalen wie auch verfertigte; deme Herr Abt und ihre Herrn weiße Benedictiner mit Verwunderung zugesechen und also darumben geraten; als er gar fertig und mit dem Bild abziehen wollte, zuvor aber der Herr Abt das gefertigte Bild gesechen, ist er dem Maler mit beiden ausgespannten Armen um den Hals gefallen, ihme geküsst, und gebeten, ihme auch ein Copey solicher Lebensgröße, in welicher die Heilige eincontrafet ist worden, zukommen zu lassen, weliches er versprochen.*

Wenige Tage später erhielt Guarinoni mit der Post seine in Ingolstadt unter dem Titel *„Spiegel christlicher Eheleut"* gedruckte Historie der hl. Francesca Romana, die er aus dem Italienischen in die deutsche Sprache übertragen hatte. Gemeinsam besuchen die Pilger Francescas Grab, wo Kaplan Steinperger eine Messe liest und Guarinoni der Heiligen sein Buch präsentiert.

Chiesa di Santa Francesca Romana, Darstellung der Heiligen am Seitenaltar

Während die Pilger nachmittags ihren eigenen Wegen nachgehen, begibt sich Guarinoni zum Kloster der Oblaten-Schwestern im Spiegelturm, um auch dort seine deutsche Übersetzung der Francesca-Biografie vorzustellen. Der Konvent der *Nobili Oblati di Torre degli Specchi* bewohnte anfangs nur das als „Spiegelturm" bekannte Eckhaus zwischen Kapitoltreppe und Marcellustheater. Später erwarb das Kloster auch die angrenzenden Gebäude. Die Schwestern leben sehr zurückgezogen, wenig weist auf die Existenz eines Konvents innerhalb des Häuserblocks hin, die Klosterkirche *Santa Maria Annunziata* ist ausschließlich am 9. März, dem Festtag der Gründerin, zugänglich. Guarinoni findet das Tor zum Kloster und läutet an der Pforte, um seinen Wunsch nach einer Audienz bei der Oberin, von den Oblaten „Präsidentin" genannt, kundzutun.

Allda eine erschienen im Redhaus, bei dem Gitter, so einer Pförtnerin gleich gesechen, weliche den Scribenten gar schiech, tückisch und unfreundlich angesechen und angefallen; die war von Person kurz und leibig, und weilland der Jungfrau Ursula, geweste königl. Stiftsapothekerin selig ganz gleich, als allein nit so freundlich wie Jungfrau Ursula; an der der Scribent erschrocken und gedacht, das werde nit viel Gutes abgeben, die hat nun wissen wöllen, wer er seye, und was er wolle, der Scribent geantwortet, er seye bey 500 welische Meilen der heiligen Francisca zu Ehren zu ihrem Grab aus Theitschland her geraißt, und begehre ihrer nachgesetzten Statthalterin, der Frau Präsidentin, an ihr Statt Reverenz zu tun, auf weliches sie etwas milder worden und mit rauhen Worten geantwortet, er solle gleich wohl warten.

Die Präsidentin lässt ihn nicht lange warten, doch ist Guarinoni vor Freude über die Begegnung derart außer sich, dass es ihm Atem und Sprache verschlägt. Fast schon ist die Präsidentin befremdet über den nach Luft schnappenden Besucher, dann aber fasst er sich, erzählt von seiner Übersetzung der Lebensgeschichte der Francesca Romana und von seiner Verehrung für die Heilige, die Anlass für seine Pilgerfahrt nach Rom war. Auch bittet er, etwas aus der Hinterlassenschaft der Heiligen betrachten zu dürfen.

[...] auf weliches die Frau Präsidentin gar freundlich geantwortet, dass ihr das eine liebe Zeitung, dass ihr heil. Patronin Nam und Ehr in Theitschland bekannt worden; zweifelt ihr nit, die heilige Francisca werde soliches bey unserem Herrn nit unvergolten lassen, und zwar seye ihr eiserner Reif vorhanden, auch ihr Pantoffel und Geschirr, darinnen sie ihre Salben gemacht, mit welicher sie die Krankheiten geheilt, soll sich gedulden, sie wolle es bringen lassen; maßen geschechen, und war der Reifen hab zwey Zwerchfinger breit, und eines stark Messerucken dick, ihr Pantoffel schwarz, die Sohl anderthalb Finger dick, ziemlich lange, daraus war abzunehmen, dass sie wohl einer proportionierten Länge gewesen; das Geschirr, darinnen sie ihre Salben gemacht und ihre Jungfrauen noch machen und sehr viele Krankheiten darmit heilen, ist außen und innen grün glasiert, gleich breit eines Talers Weite, und etwa über ein Spann hoch; sie haben auch ein irdenes Trinkgeschirr, so die h. Francisca gebraucht, dunkelbraun glasiert, mit ein Fuß wie ein Glas gestellt, gezeigt, daraus sie getrunken; alsdann dem Scribenten ein Particul von der h. Francisca wollen Hemd verehrt, so sie auf bloßem Leib getragen.

Mit einer angehängten Widerwärtigkeit

EIN BRIEF NACH TIROL

Am Morgen des 13. April finden sich Guarinoni und Stiftskaplan Steinperger im Kollegium der Jesuiten ein, um, wie mit General Aquaviva vereinbart, Details zur Überführung der heiligen Leiber von Rom nach Hall zu besprechen.

> *Daselbsten in der schön großen Kirchen derweil Meß gehört und auch H. Obrist Capelan gelesen, bis es ungefähr um 9 Uhr war; daselbsten man uns den Schatz in der Sacristey gezeigt, auch unter dem Altar den Leib des heiligen Ignaty, so die Pilgramb mit ihren Rosenkränz berührn lassen.*

Schließlich werden sie in die Kapelle des Kollegiums geführt, bekommen erstmals die versprochenen Heiligtümer zu Gesicht und erhalten ein Zertifikat, in dem General Aquaviva die Echtheit der Reliquien bestätigt. Vom alten Bruder, der die sterblichen Überreste der beiden Jungfrauen aus den Grüften geborgen hatte, erfahren sie auch deren Namen.

> *Damahlen er die stückweis umgelegnen Platten, so unter Öffnung der Gräber zerbrochen worden und firgeluckt waren, herfir getan und beider h. Jungfrauen darauf gehauenen Namen vorgewiesen, als auf der einen Platten dieser Nam und Buchstaben eingehauen: Vincentia V. M., so der Pater und Bruder ausgelegt. Vincentia Virgo Martyr, Jungfrau und Martyrin. Dabey auch ein gläserns Geschirrlein mit ihrem gestockten Blut inner dem Grab gefunden und beygelegt worden; gleichfalls auf der andern Platten dieser Nam, und Buchstaben: Lea Virgo Martyr, nemblich Lea Jungfrau und Martyrin, neben auch ihrem aufbehaltnen Blut zur wahren Verkund ihrer ausgestandenen Marter.*

Mit glücklichem Erstaunen erinnert sich Guarinoni der Buchstaben, die er nur wenige Tage zuvor bei Tisch aus Brotbröseln geformt hat, und sieht in seinem „spielerischen Getändel" nun ein bedeutungsvolles Vorzeichen. Aus den Symbolen, die er neben den Namen der Jungfrauen in die steinernen Tafeln eingemeißelt findet, sucht er Hinweise auf ihr Martyrium. Als Marterkronen will er die beiden Kränze mit spitz abstehenden Zacken nicht sehen, weil doch der Buchstabe „M" bereits das Martyrium bezeichnet.

Dahero man vielmehr der Meinung gewesen, dass durch soliches Zeichen das Instrument und Manier ihrer Marter firgewiesen worden, dass sie nemblich mit solichen spitzigen Rollen zu Tode geschlagen worden, dergleichen man noch an uralten Gemälen findet, so man mit einer eisern Ketten an eine starke Stang geheftet, und wie ein Trischl, oder auch vorn am Spitz einer starken und hochen Stang, wie mans auch bey den Alten im Krieg und noch heutigen Tags in Boheim braucht und ringsum mit starken eisern Spitzen beschlagen sind.

Beflügelt vom Erfolg ihrer Bemühungen um Heiligtümer schreibt Guarinoni noch am 13. April einen langen Brief an die Leiterin des Haller Damenstifts, Erzherzogin Maria Christierna. Darin erzählt er ausführlich vom Verlauf der Mission und erteilt Anregungen für den feierlichen Empfang der heiligen Leiber in Hall. Dann verschließt er diesen Brief in einem zweiten Schreiben, denn es ist seine Absicht

der Erzherzogin und königlichem Stift zu berichten und solicher Freud teilhaftig zu machen, doch mit einer angehängten Widerwärtigkeit, damit die Freud desto größer und der Apparat und Empfangen der heiligen Jungfrauen desto ehrbietiger würde.

Im zweiten Schreiben, das, wie vom Verfasser beabsichtigt, noch vor dem ersten Brief Beachtung finden wird, kündigt er sehr kryptisch an, dass zwei fromme römische Jungfrauen Lust bekommen hätten, in das Haller Damenstift einzutreten. Die obersten Herren der *Societas Jesu*, vertraut mit der Tugendhaftigkeit und Frömmigkeit der Jungfrauen, ließen die Erzherzogin bitten, die beiden freundlich aufzunehmen. Guarinoni schreibt:

Und obgleich wohl wir Officier repliciert, dass noch bishero keine welschen Jungfrauen angenommen, und ja das Land und theitsche Sprach sehr fremd firkommen, so haben aber beide Herrn Prälaten zugegen gemeldt, dass vor

> *diese, das königl. Stift in Welschland nit also bekannt gewesen [...] auf weliches wir Officier zwar hart angestanden, aber auf solicher zwey hocher Prälaten Wort und stark Begehrn nit herumkommen [...] wie dann hirauf gemelte Jungfrauen mit großen Freuden sich auf die Raiß richten, verhoffentlich nach Ostern die Raiß anzutreten, zwar unwissend ob man reiten oder fahren werden, und im Fall ihre fürstl. Dl. und das königl. Stift. ein Missfallen tragen werden, so erbietet sich der Scribent, solich zwey römische Jungfrauen zu sich in sein Haus in die Kost und Herberg, ja, wegen beider Herrn Prälaten, sie umsonst zu kösten und zu beherbergen.*

Erzherzogin Maria Christierna war, wie sie Guarinoni und dem Kaplan später noch oft erzählten sollte, entsetzt über den Brief und teilte ihrer Schwester Erzherzogin Leonora und den anderen Stiftsfräulein wütend mit:

> *was fir schöne Zeitung von Rom kommen. Unser Doctor bringt uns zwey welsche Jungfrauen von Rom in das Stift herein, ohne alles unsers Vorwissen, weillen H. Cardinal Bellarmine und H. General an sie weliches begehrt; sollen sie sich nit entschuldiget haben, und auf uns sich gelehnt haben? O, wer den Doctor nit prüglet, das soll zu wenigsten der Priester, unser Kaplan nit abgewährt haben; was wollen wir mit den Welschen tun, wir wollens durchaus nit, und sechen, das mans noch auf der Raiß erwischt und zurück fahrt.*

Die Erzherzoginnen suchen Rat bei ihrem Beichtvater, der aber meint pragmatisch, die Aufnahme der beiden Jungfrauen sei wohl kaum zu verhindern, da sie sich offenbar bereits auf der Reise befinden. Und überdies sei es vielleicht der Wille Gottes, den Ruf des Stifts dadurch in der Ferne zu verbreiten. Unwillig reicht die Erzherzogin dem Beichtvater das zweite, noch verschlossene Schreiben, das sie in ihrem Ärger achtlos beiseitegeworfen hatte. Und als dem Pater schon beim Lesen der ersten Zeilen klar war, dass es sich bei den angekündigten römischen Jungfrauen um die heiligen Leiber der Märtyrerinnen Vinzentina und Lea handelt, war der Jubel groß:

> *Was dies fir ein wunderlicher Wechsel des Trauersinns in eine ganz unverhoffte Freud und Frolocken gewesen, dass sogar die heißen Freudenzähren von Augen geflossen [...] als aber ihr Dl. das eine Schreiben gelesen, ist ein*

allgemeiner Freud und Jubel durch das ganze Stift und bald hernach durch die ganze Stadt Hall gangen, und weliche von welschen Jungfrauen nit wissen oder hören wollten, haben mit schmerzhaften Verlangen ihrer kaum erwarten können.

Abschließend geht Guarinoni in seinem Brief auf die Organisation der Heimreise ein und endet mit der Bitte, ihm seinen Scherz nicht übel zu nehmen.

Wir werden ein Pferd nehmen. Haben hier ein Bürger von Hall, den Siegelsperger, von dessen Bruder ihr Dl. das Lehen gekauft, angetroffen, der will mit uns hinaus, samt sein Pferd, begehrt kostfrey gehalten zu werden, er und das Ross, und alsdann von ihrer Dl. ein Verehrung. Weliches wir einmal auf Ihr Dl. gnädigstes Gutheißen eingangen [...] Wir vermeinen, dass der Siegelsperger samt seinem Ross zu verzehren auch samt der Verehrung überhaupt bey 45 f., das allermeistens 50 f. kosten mechte bis gegen Hall, hier eben aber viel Unkosten erspart werden, weliche aufgangen wären, wann Ihr Heiligkeit uns erlaubt hätte, in den Gruften zu suchen und graben, weliches gar viel kost. [...] Was über alles, so ist der Siegelsperger aller Weg und Steg herrlich wohl erfahren, welicher über die 17 Mal zu Rom gewesen, kann beide Sprachen, ist ein frommer Mann, kenn ihn von Jugend auf.
Und im Fall ihr firstl. D. über mein Schreiben unlustig worden, ist niemand als Herr Steinperger daran schuldig, er hat mir's angeben und ich hab's geschrieben, ist aus lauter Freude geschechen.

Der Pilgramben andächtige Kirchfahrt

DIE GROSSEN PILGERKIRCHEN ROMS

Die Pilger hatten ihre wichtigste Aufgabe erfüllt, die Reisevorbereitungen waren im Gange, und der für die Reliquien verantwortliche Bruder vom Kollegium der Jesuiten hatte versprochen, die heiligen Leiber transportfertig zu machen. Nun galt es noch, Kardinal Bellarmino im Namen der Erzherzoginnen und des Damenstiftes für seine Hilfe zu danken und auf die Audienz beim Papst zu warten, die ihnen für die Zeit nach den Ostertagen in Aussicht gestellt wurde. Die Pilger beschlossen

> *die firnembsten Heiligtumb und andere Sachen unter solicher Weil zu Rom zu besuchen weil sie nunmehr nach verrichter Commission etwas freyer waren [...] haben also die Pilgramb die H. Marterwochen in Durchsuchung der firnemben Gotteshäuser, und viel schöner Heiligtumben davon wegen Länge nit gered werden kann, zugebracht.*

Spätestens seit dem Jubeljahr 1575 ist es Pflicht aller Rompilger, zumindest die sieben wichtigsten Kirchen der Stadt zu besuchen und ihren Reliquien andächtige Aufwartung zu machen. Bei den sieben Hauptkirchen handelt es um die vier dem Papst direkt unterstellten Patriarchalbasiliken *San Pietro in Vaticano, San Paolo fuori le Mura, Santa Maria Maggiore* und *San Giovanni in Laterano* sowie *San Lorenzo fuori le Mura, Santa Croce in Gerusalemme* und *San Sebastiano fuori le Mura.*

Während der Jubeljahre verspricht ein Besuch dieser Kirchen den völligen Nachlass aller Sünden, ansonsten beachtliche Teilablässe der Fegefeuerstrafe. Pilger erhielten in Rom Empfehlungen, in welcher Reihenfolge die sieben Kirchen zu besuchen wären; ob sich unsere Pilger an eine solche Empfehlung gehalten haben, ist heute nicht mehr nachvollziehbar.

Guarinoni widmet ein Kapitel seines Reisebuches den großen Pilgerkirchen Roms; allerdings ohne *San Pietro in Vaticano* und *San Paolo fuori le Mura*, die er an anderer Stelle beschreibt. Auf *San Sebastiano fuori le Mura* hat er vergessen, was daran liegen mag, dass er seinen Bericht erst 24 Jahre nach der Reise fertiggestellt hatte.

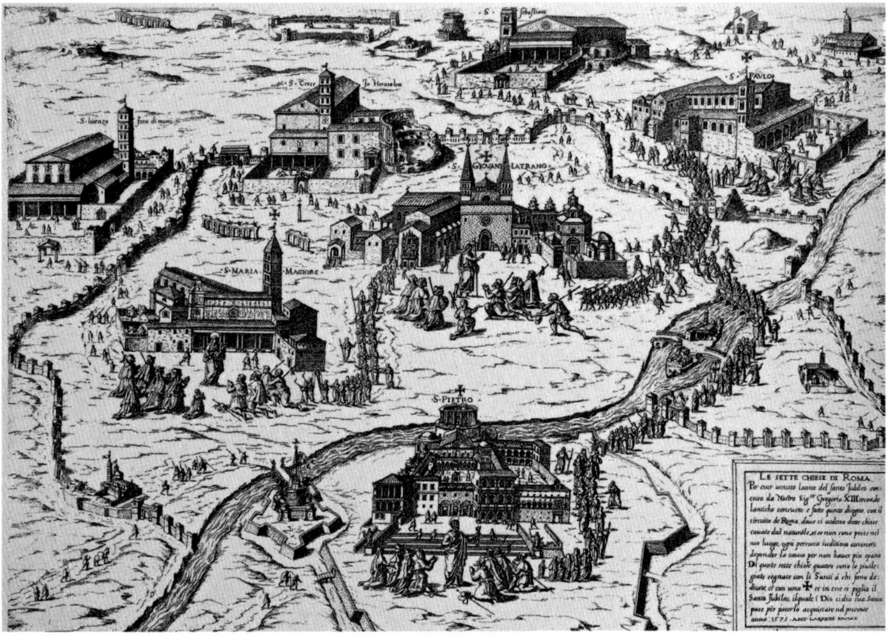

Die sieben Pilgerkirchen Roms im Jahr 1575 (Stich von Antoine Lafréry für Speculum romanae magnificentiae)

Die Pilger hatten ihre Kirchfahrt bei *San Lorenzo fuori le Mura* begonnen. Das Gotteshaus geht auf Kaiser Konstantin zurück, der um 330 über dem Grab des Märtyrers Laurentius den Bau einer Gedenkstätte stiftete. Laurentius war im Jahr 258 auf Geheiß des Kaisers Valerian verhaftet und zu Tode gefoltert worden.

> *Bey St. Lorenz die marbelsteinerne Platten gesechen, so vorn in der Mauer eingemacht auf der Epistelseiten, gleichsam im Chor der Stiftkirchen, daselbsten wo der Priester sitzt, etwan so hoch vom Boden wir die Stühl der Priester, und ist so groß wie ein Grabstein, etwas länger und als breiter als der durchlauchtigsten Königin in der Stiftkirche neyer Grabstein, welicher mehr als halb von der abgerunnenen Feisten des Leibs braun, wie doch die Priènn von ein Braten ist, mit 6 Löchern, in welichen der erhebte Rost eingestoßt gewesen.*

Laurentius musste ein grausiges Martyrium erleiden: Auf einen Rost gebunden hatte man ihn langsam verbrannt. Die Legende mildert die entsetzliche Vorstellung, indem sie Laurentius seine Peiniger bitten lässt, ihn doch umzudrehen, da er auf einer Seite bereits gar wäre. Der Heilige wird immer mit seinem Marterrost dargestellt, der sich, ebenfalls in Rom, in der Kirche *San Lorenzo in Lucina* befindet. Der Marterstein, der den Rost trug, wird in der Krypta von *San Lorenzo fuori le Mura* aufbewahrt, in flackerndes Kerzenlicht getaucht. Dennoch wird er wenig beachtet: Die prächtigen Mosaike an der gegenüberliegenden Wand, in mittelalterlichen Pilgerbüchern liebevoll als Paradiesgärtchen bezeichnet, ziehen alle Blicke auf sich.

Im späten 6. Jh. ersetzte eine erste Kirche die Laurentiuskapelle Konstantins; um 1220 wurde sie unter Einbeziehung einer benachbarten Marienkirche erweitert; dabei erhielt sie die Vorhalle mit ihrem prächtigen Freskenschmuck. *San Lorenzo* wird, da direkt am Friedhof *Verano* gelegen, häufig für Sterbegottesdienste gesperrt. Dennoch lohnt ein Besuch allein wegen dieser Fresken. Sie zeigen vor allem Szenen aus dem Leben des hl. Laurentius und erzählen auch von seiner legendären Beziehung zum deutschen Kaiser Heinrich II. (972–1024). Der Kaiser wurde 1146 für seine Kirchen- und Klosterstiftungen heiliggesprochen, soll aber nach einer wenig tugendhaften Jugend erst anlässlich seiner ersten Reise nach Rom 998 frühere Sünden bereut, das Bistum Merseburg neu eingerichtet und mit einem goldenen Kelch beschenkt haben. Als nach Heinrichs Tod seine Seele gewogen wurde, hielten sich Gut

Freskenzyklen schmücken die Vorhalle von San Lorenzo fuori le Mura.

Laurentiusmosaik in der Krypta von San Lorenzo fuori le Mura

und Böse die Waage – bis der hl. Laurentius den gestifteten Kelch als „Seelgerät" in die Waagschale der guten Taten legte und so den Kaiser vor dem Zugriff des Teufels rettete.

Meisterhafte Mosaikkunst bestaunen wir nicht nur in der Krypta: In der Kirche findet sich vielenorts die Handschrift der Cosmaten, einer Gruppe römischer Marmorkünstler, deren unverwechselbarer Stil die namhaftesten Kirchenbauten des 12. bis 14. Jh. bereichert. Die genialen Steinmetze entstammten mehreren Familien, der Name Cosmaten wird auf den Begründer der Stilrichtung zurückgeführt. Der Mosaikboden des Mittelschiffs ist eine typische Cosmatenarbeit mit bunten, geometrischen Steinintarsien, ebenso der Bischofsthron und die spiralig gewundene Osterkerze mit den kleinen, in Marmor eingelegten Steinchen aus buntem Glas, Keramik, Gold und Marmor. Die schönsten Zeugnisse ihrer Kunst aber gaben sie hier mit dem fantastischen Ziborium und den beiden Kanzeln, die für viele als die prächtigsten der Stadt gelten.

Bevor wir zur nächstgelegenen Pilgerkirche, *Santa Croce in Gerusalemme*, weiterziehen, statten wir dem schlichten, romanischen Kreuzgang einen Besuch ab. Er ist eine Oase der Stille, idyllisch, der Innenhof dicht mit Blumen, Kräutern und Sträuchern bewachsen. Die Wände des Kreuzgangs sind rot getüncht und vermitteln behagliche Wärme und Geborgenheit.

Ferners ist auch außer der Stadt in der Kirchen genannt Zu Jerusalem der Nageln einer, mit welichen Christus der Herr angenagelt worden, ohne Spitz, nemblich abgebrochen, gleichsam man ihn hin und hergebogen bis er abgebrochen, hat oben eine messinge Spang eines Dreyers groß, seine Dicke ist ganz unsern doppelten Bodennägeln, wie auch die Länge, wie gemeld, eines abgebro-

chenen Spitzes. Mit diesen Nagel hat man die Pilgramb auf der Stirn gestemmt, und ihre Augen damit gerührt; Item allda der Titel, so auf der Lanz Christi geheftet gewesen, sehr alt und etwas wurmstichig, aus Holz, in welichen die drey Titel in drey Sprachen eingegraben, also eingeschnitten, die Schriften fast zweyer Zwerchfinger groß [...], die hölzerne Tafel bey zwey Spann lang, und breit eines Zwerchen Hand, auch daselbsten einer aus denen dreißig Silberling, mit welichen unser Herr verkauft worden, einem unsern Zehner gleich in Weite, aber zwey Mal so dick, und etwan wie ein halber Taler schwer, das Präg sichtig und sehr überhebt, wie doch die alten Römermünz gegossen, deren man noch viel zu unsern Zeiten aufbehaltet, und der Scribent auch selbige hat.

Santa Croce in Gerusalemme birgt Reliquien aus der Passion Christi.

Die Kirche Zum Heiligen Kreuz von Jerusalem, *Santa Croce in Gerusalemme*, steht auf den Fundamenten einer Kapelle aus dem 4. Jh., die Kaiser Konstantin für seine Mutter Helena in einem Raum ihres Palastes eingerichtet hatte. Die Kapelle diente der würdigen Aufbewahrung der Reliquien vom Kreuz Christi, das Helena der Legende nach im Jahr 326 in Jerusalem entdeckt und nach Rom überführt hatte. Das um 1490 geschaffene Fresko in der Apsis stellt die Auffindung des Heiligen Kreuzes bildlich dar.

Im 12. Jh. erweiterte man die Kapelle zur Kirche, die bis ins 18. Jh. mehrere Umbauten erfuhr. Im Inneren täuscht die raffinierte Bemalung der Wände und Säulen Marmor vor; echt ist der Marmor des Fußbodenmosaiks, eine Cosmatenarbeit des 12. Jh.

Die Anziehungskraft von *Santa Croce* besteht in ihrem wertvollen Reliquienschatz aus der Passion Christi. Bis ins 20. Jh. war dieser in der Kapelle der hl. Helena aufbewahrt, rechts von der Apsis über eine Treppe zu erreichen. Der Boden dieser Kapelle soll mit Erde aus dem Heiligen Land bedeckt gewesen sein; aus diesem Grund galt er im Mittelalter als derart heilig, dass ihn Frauen nicht betreten durften. Nur am Abend des 20. März, dem Vorabend zum Fest des hl. Benedikt, war ihnen der Zutritt gestattet.

Im Jahr 1930 errichtete man eine separate Reliquienkapelle, erreichbar über einen langen Gang, in dem die Heiligtümer in Bild und Text erläutert werden: zwei Dornen aus der Dornenkrone Christi, ein Nagel von seinem Kreuz, ein Stück des hölzernen Kreuztitels, dessen Inschrift schon im 16. Jh. unleserlich war; ein Fingerglied des ungläubigen Apostels Thomas, Steinpartikel von der Grotte in Bethlehem, von der Geißelsäule und vom Heiligen Grab, Holz von einem der Schächerkreuze, vor allem aber ein kleiner Splitter vom Kreuz Christi. Der von Guarinoni erwähnte Silberling des Judas hingegen scheint unter den Reliquien nicht (mehr) auf.

In der kleinen Reliquienkapelle, die ausschließlich Gebetsstätte sein soll und daher mit Fotografierverbot belegt ist, knien Gläubige in stiller Andacht, andere treten an das Glas, hinter dem die Reliquien in kostbaren Behältnissen stehen, berühren die Scheibe. Der Kapelle angeschlossen ist ein weiterer Raum, in dem eine Kopie des Grabtuches von Turin ausgestellt ist, und – in der Nische gegenüber – eine beeindruckend-verstörende Holzskulptur des Blut schwitzenden Heilands.

Gläubige erklimmen die Scala Santa auf ihren Knien.

Die Stadtmauer entlang spazieren wir in einer knappen Viertelstunde zu einer der bedeutendsten Pilgerstätten Roms, der Heiligen Stiege oder *Scala Santa* am Lateran.

Sie ist, was den mit ihr verbundenen Ablass angeht, die Rekordhalterin unter den heiligen Stätten Roms und daher seit Jahrhunderten Ziel aller frommen Reisen nach Rom, auch außerhalb der Jubeljahre.

Auch bey St. Johann Ladron die weiße Marbelstiegen, so vom Palast des Gerichtshaus Pillöti von Jerusalem gebracht worden, deren Staffel 28ig, schneeweiß und um ein gute Spann breiter als die gemeine königl. Stiftstiegen von der Tafelstuben und Kuchel hinauf; die Staffel in der Mitten alle ausgehöhlert, wegen dem steten andächtigen Aufgehen auf den

Patriarchalbasilika San Giovanni in Laterano und neuer Lateranpalast

Knien, und sieht man die Mal des heiligen Bluts Christi an dem Ort fast auf der Mitten, unten, und oben, so mit einen kleinen Gitter vergittert ist; so man aber auf den Knien hinauf ist, so geht man auf ihr anderer Seiten, und nit wieder allda, herab.

Die Marmortreppe, über die der Legende nach der dornengekrönte Christus geschritten ist, soll von Kaiserin Helena mit anderen Reliquien nach Rom gebracht worden sein.

Im Gedenken an die Passion Christi dürfen die 28 Stufen dieser Treppe nur auf Knien erklommen werden. Ein nicht zu unterschätzender, schmerzhafter Anstieg. Dafür gewährt die Kirche allen, die dabei auf jeder Stufe ein Vaterunser beten, einen Teilablass der Sündenstrafe im Ausmaß von 28.000 Jahren, an bestimmten Feiertagen sogar einen Generalablass sämtlicher Sünden. Kein Wunder also, dass die *Scala Santa* ähnlich der Jakobsleiter als Treppe zum Himmel verstanden wurde.

Zum Schutz vor Abnutzungen hat man die Stufen 1723 mit Nussbaumholz verkleidet und messinggefasste Aussparungen offen gelassen, durch die man die Blutspuren Christi erblicken kann.

Die Lateranbasilika gilt als Mutter aller Kirchen der Stadt Rom und des Erdkreises.

Gegen Ende des 16. Jh. ließ Papst Sixtus V. durch seinen Baumeister Domenico Fontana für die Heilige Treppe eine Kirche bauen, mit bequemen Seitentreppen beiderseits der *Scala Santa*, über die Gläubige noch heute die Andachtsstätte verlassen. In den Bau einbeziehen ließ der Papst die *Cappella del Sancta Sanctorum Salvatore della Scala Santa*. Sie war die Privatkapelle der Päpste in deren erstem Palast am Lateran, in dem sie vom 4. Jh. bis zu ihrer Übersiedlung nach Avignon 1309 residierten. Nach ihrer Rückkehr 1377 wählten sie den Vatikan als Residenz.

Die *Cappella del Sancta Sanctorum*, laut Sixtus V. die heiligste Stätte der gesamten Erde, erwartet die Gläubigen am oberen Ende der *Scala Santa*. Die Kapelle besaß einen reichen Schatz wertvollster Reliquien, der heute großteils auf andere Kirchen verteilt ist. Durch vergitterte Fenster betrachten wir das Heiligtum; Frauen ist der Zutritt seit jeher verwehrt. Die Kapelle wird im 8. Jh. erstmals urkundlich erwähnt und war ursprünglich dem hl. Laurentius geweiht. Eindrucksvolle Fresken erzählen von der Marter des Laurentius und des ersten Märtyrers, Stephanus.

Im Zentrum der Verehrung steht das Bildnis des Erlösers am Altar der Kapelle. Es stammt vermutlich aus dem 5. Jh. und galt nach mittelalterlicher Überlieferung als *Acheropita* oder *Acheiropoietos*, als ein nicht von Menschenhand gemaltes Bildnis. Die erste Erwähnung findet das Bildnis bereits 753, als es Papst Stephan II. in feierlicher Prozession barfuß bis nach *Santa Maria Maggiore* trug, um Hilfe gegen die Langobarden zu erbitten. Eine Kopie des Bildes aus Seide liegt schützend über dem Original; die Silberfassung lässt nur das Gesicht des Erlösers frei.

Der Taufstein Kaiser Konstantins am Lateran

Nach der Heiligen Stiege besuchen Gläubige traditionell Italiens älteste Taufkapelle, das Baptisterium *San Giovanni in Fonte*, mit dem Taufstein Kaiser Konstantins. Der Kaiser selbst ließ sie im frühen 4. Jh. über einem römisch-heidnischen Quellheiligtum errichten. Der ursprünglich runde Bau wurde später oktagonal umgebaut und bis zum 7. Jh. um vier Seitenkapellen erweitert. Im Hauptraum erzählen Wandmalereien aus dem Leben des Kaisers, in den Kapellen Mosaike von frühchristlichen Märtyrern. Wir betrachten die hübschen Gitter im Boden und das Taufbecken aus Basalt und möchten gerne die melodisch-sphärischen Klänge hören, welche die antike Türe zu einer der Seitenkapellen beim Öffnen und Schließen verursachen soll, doch leider finden wir sie versperrt und kein Kustode lässt sich blicken.

Vor dem Zugang zum Baptisterium steht auf der *Piazza di San Giovanni in Laterano* Roms höchster Obelisk. 32 Meter misst er von der Basis zur Spitze, dazu kommt der 15 Meter hohe Sockel. Er stammt aus dem ägyptischen Theben; ausgesprochen schöne Hieroglyphen zieren seine Seiten.

Am neuen Lateranpalast entlang, der im 16. Jh. als Sommerresidenz der Päpste errichtet wurde, gelangen wir zum Haupteingang der Lateranbasilika *San Giovanni in Laterano*. Die Basilika geht auf eine Gründung von Papst Melchiades im Jahr 313 zurück und steht auf den Fundamenten eines Palastes der Familie Laterani, daher auch der Name. Geweiht war die Basilika dem Erlöser, was sie zur ranghöchsten Basilika der Stadt macht; als man im Spätmittelalter Johannes den Täufer und Johannes den Evangelisten zu den Patronen der Basilika ernannte, erhielt sie auch ihren heute gebräuchlichen Namen. Doch blieb sie, wie an der Fassade verkündet wird, *Omnium urbis et orbis ecclesiarum mater et caput*, „Mutter und Haupt aller Kirchen der Stadt Rom und des Erdkreises".

Bis ins 14. Jh. war die Basilika die Kirche der Päpste, die im gegenüberliegenden, alten Lateranpalast ihren Amts- und Wohnsitz hatten. Mehrfach wurde die Kirche erweitert, durch Feuer, Erdbeben und feindliche Einfälle beschädigt, jedoch anschließend immer renoviert oder erneuert. Ihre heutige, barocke Form erhielt sie im Wesentlichen anlässlich des Jubeljahres 1650, ihre Fassade mit den sieben Meter hohen Kolossalfiguren von Christus, den Kirchenpatronen und wichtigen Kirchenlehrern erst 1736.

Der fünfschiffige Innenraum der Basilika mit den barocken Apostelstatuen aus der Bernini-Schule ist ebenfalls das Ergebnis der Umgestaltung zum Heiligen Jahr 1650.

Am ersten Pfeiler des rechten Seitenschiffes befindet sich ein Giotto zugeschriebenes Fresko, das die Ausrufung des ersten Jubeljahres 1300 durch Papst Bonifaz VIII. darstellt. Die blau-goldene Holzkassettendecke stammt aus dem 16. Jh.

Über dem Hochaltar ruhen im Ziborium von 1367 in kunstvollen Reliquiaren die Häupter von Petrus und Paulus. Wegen dieser kostbaren Reliquien ist die Basilika mit einem Sündenablass von 14.000 Jahren verbunden. Die Häupter stehen auf einem hölzernen Altar; er soll aus den Katakomben stammen, die ersten Päpste hätten auf diesem Altar zur Zeit der Christenverfolgungen die Messopfer zelebriert. Die Kopfreliquien ruhten in der *Cappella del Sancta Sanctorum*, bis sie Mitte des 14. Jh. in die Basilika überführt wurden, wo sie nun zu festlichen Anlässen öffentlich gezeigt werden.

Der Kreuzgang der Lateranbasilika wird oft als einer der prächtigsten Roms oder gar Italiens gerühmt. Grund genug, ein Ticket für den Zugang zu lösen. Den Mittelpunkt des Kreuzgangs bildet ein hübscher Brunnen aus dem 9. Jh. Die Säulen des Umganges stehen in Doppelreihen, manche glatt, andere gedreht oder kanneliert, viele auf Cosmatenart verziert. Wenn auch manche Säulen ihren Mosaikschmuck verloren haben, repräsentiert der Kreuzgang noch immer auf das Schönste die Meisterschaft der Cosmatenschule. Nicola Vassalletto und sein Sohn Pietro haben ihn zu Beginn des 13. Jh. in fast 20-jähriger Arbeit geschaffen.

Die lange, gerade *Via Merulana* verbindet die Lateranbasilika mit der kleinsten der vier Patriarchalkirchen Roms, *Santa Maria Maggiore*. Über ihre Gründung erzählt die Legende, dass die Jungfrau Maria Mitte des 4. Jh. Papst Liberius im Traum erschienen sei und ihm mitgeteilt habe, sie wünsche eine Kirche in Rom, und zwar exakt an jener Stelle, an der noch in dieser Nacht Schnee fallen würde. Es war Anfang August, und Rom staunte nicht schlecht, als am nächsten Morgen Schnee am Esquilin lag. Tatsächlich geht der Kirchenbau aber auf Papst Sixtus III. (432–440) zurück: Er wollte damit den Entscheid des Konzils von Ephesus aus dem Jahr 431 bekräftigen, in dem das Dogma von Maria als Gottesmutter beschlossen wurde.

Santa Maria Maggiore strebt dem Himmel zu. Sie steht am Esquilin, dem höchsten der sieben Hügel der Stadt; ihr Glockenturm von 1377 ist der höchste Roms; an der Rückseite ragt ein Obelisk empor, als Wegweiser für Pilger aus dem Norden; eine mariengekrönte spätantike Säule empfängt Gläubige vor dem Portal.

Der 15 m hohe Obelisk an der Rückseite von Santa Maria Maggiore stammt vom Augustusgrab am Tiber.

> *Bey Unser lieben Frauen Major die heilige Krippen Christi, so man aber derzeit nit sechen mögen, als allein die gewaltige Kapell des Papstes Sixti quenti, und die über des damahlen regierenden Papstes Pauli des fünften, in welicher drey Altär; der Hochaltar mit dem Bild Unserer Lieben Frauen, so der H. Lucas gemalen, bey 4 Spann hoch, und 3 breit, das Altarblatt oben, in weliches dieses Bild in der Mitten eingelegt ist, aus lauter Lapislatuli himmelblauen Stein, mit güldin Adern durch und durch gezogen, mit zwey großen Pfeilern aus Calcedonstein [...] die ander zwey in selbiger Kapell gestellten Altär ist der ein des H. Caroli Borromei, der andere der H. Francisca Romana, weliche beide Papst Paulus der fünfte als seine zwey hochgeehrte Patronen canoniciert, wie dann ihr Päpstliche Heiligkeit daselbsten in der Kapell auf der Evangeliseiten etwas erhöhet in Stein contrafetisch in sein Päpstl. Zierde ausgehauen, gegen den Altar kniend.*

Die Basilika blieb trotz zahlreicher Anbauten dreischiffig. Säulen aus Marmor und Granit trennen die Schiffe, dazwischen stehen Beichtstühle, in denen mehrsprachige Beichtväter auf den internationalen Pilgeranstrom eingestellt sind. Die meisten streben zuerst der bedeutendsten Reliquie von *Santa Maria Maggiore* zu, den angeblichen Brettern von der Krippe Jesu in Bethlehem. Sie sind heute in der *Confessio* unter dem Altar in einem goldenen Reliquienschrein zur Verehrung ausgesetzt.

Reliquiar mit Brettern der Krippe Jesu in Santa Maria Maggiore

Auch die von Guarinoni beschriebene *Cappella Paolina*, von Paul V. gestiftet und 1611 geweiht, ist ein gut besuchter Ort des Gebets und der Andacht. Eindeutige Hinweise verbieten touristische Besuche und Fotografieren, werden aber wie üblich wenig beachtet. Im Mittelpunkt der Verehrung steht eine Marienikone namens *Salus Popoli Romani*, das Heil des römischen Volkes. Auch sie zählt zu den Bildern, die dem Evangelisten Lukas zugeschrieben werden, stammt aber tatsächlich aus dem 9. Jh.

Papst Paul V. ist nebst anderen Päpsten in dieser Kapelle beigesetzt; sein marmornes Monument links oben an der Wand bestaunten schon die Haller Pilger, ebenso die beiden Seitenkapellen, die der Kanonisierung des Carlo Borromeo im Jahr 1610 und der Francesca Romana im Jahr 1608 gedenken.

In *Santa Maria Maggiore* lohnt ein Blick nach oben: Die Mosaike an der Hochwand des Langhauses, unterhalb der Fenster, stammen aus dem 5. Jh. und zählen damit zu den ältesten Roms. Sie erzählen von Persönlichkeiten des Alten Testaments, lesen wir in unserem Reiseführer. Zum Betrachten sollte man allerdings ein Fernglas dabeihaben. Beim Blick auf die Apsismosaiken, die die Krönung Marias durch Jesus inmitten einer Schar von Heiligen und Engeln zeigen, kommt uns eine denkwürdige Geschichte in den Sinn, die der Rompilger Jakobus Rabus erzählt: Im 6. Jh. soll Papst Gregor I. oft hier gepredigt haben, und als er eines Tages am Ende der Messe den Frieden gab, *Pax domine sit semper vobiscum,* hätten ihm Engelsstimmen von oben geantwortet: *Et cum spiritu tuo*. Seither ist es Brauch, bei Messen des Papstes in *Santa Maria Maggiore* auf seinen Friedensgruß hin zu schweigen, um den Engeln die Möglichkeit zur Antwort zu geben.

Beim Blick nach oben verdient auch die Kassettendecke von 1489 Beachtung. Sie ist in zartem Pastell gehalten, das je nach Lichteinfall grau oder grünlich erscheint; für die vergoldeten Schmuckelemente verwendete man das erste Gold, das von Columbus aus Amerika gebracht und vom spanischen Königspaar Ferdinand II. und Isabella dem Papst als Geschenk überreicht worden war.

Ein wenig versteckt liegt unweit von *Santa Maria Maggiore* die Kirche *Santa Prassede.* Sie wird im 5. Jh. erstmals erwähnt und später mehrfach umgebaut, zählt nicht zu den offiziellen sieben Pilgerkirchen, wird aber in Pilgerberichten meistens ausdrücklich erwähnt und übte von alters her eine besondere Anziehungskraft aus.

> *Ferners ist auch bei der H. Praxidis Kirch, so des Heiligen Caroli Borromei Titulkirchen gewesen ist; die heilige Säul, daran Christus ist gegeißelt, auf dem Boden, also, dass man sie sechen will, sich unter also gleichsam auf den Bauch legen muß, die ist aus schwarzem Marbel gar kurz und nieder, wie mans doch neylicher Zeit malet.*

Praxidis oder Prassede und ihre Schwester Pudenziana waren laut ihrer Vitae die Töchter des römischen Senators Pudens, in dessen Haus der Apostel Petrus gewohnt und den Senator mit seinen Töchtern dem Christentum zugeführt hätte. Prassede, so die Überlieferung, hätte mit einem Schwamm das Blut christlicher Märtyrer aufgenommen und in einem Brunnen gesammelt. Wie alle Besucher betreten auch wir ihre Kirche nicht durch das Hauptportal, sondern durch den Nebeneingang in der *Via S. Prassede.* Die schönen Mosaiken im Chor hätten mehr Beachtung verdient. Wir sind aber zu begierig darauf, die Kapelle des San Zeno zu sehen, die vom römischen Volksmund immer schon liebevoll als *Horto del Paradiso* bezeichnet wurde, als „Paradiesgarten".

Papst Paschalis I. stiftete die Kapelle im 9. Jh. als Grablege für seine Mutter, weihte sie dem Märtyrer Zeno, der um 300 den Christenverfolgungen Kaiser Diokletians zum Opfer fiel, und ließ sie mit großartigen Mosaiken schmücken. Die Kapelle ist düster, Kirchenhüter wachen darüber, dass das Blitzlichtverbot nicht übertreten wird. Gegen Münzeinwurf geht das Licht in der Kapelle an. Die Mosaiken dürfen ihre Pracht entfalten, golden glänzt und schimmert der Hintergrund, über den Engel, Heilige und biblische Symbole zu schweben scheinen.

Im „Paradiesgarten" von San Zeno in der Chiesa di Santa Prassede.

In einer Nische befindet sich die Heilige Säule, an die der Legende nach Christus während der Geißelung gefesselt war. Ein Gedenkstein erinnert daran, dass sie 1223 im Zuge des 5. Kreuzzuges nach Rom kam. Vom Fuß der Säule fehlen einige Stücke; Papst Sixtus V. schenkte sie 1585 den Gläubigen von Padua. Der Eisenring, an dem die Kette Christi befestigt war, gelangte im 13. Jh. als Geschenk für König Ludwig den Heiligen nach Frankreich. Der revanchierte sich mit einigen Dornen aus der Krone Christi, die heute in *Santa Croce in Gerusalemme* gezeigt werden.

Haben auch nit unterlassen die Gruften zu sechen außer der Stadt bey St. Agnes, deren Leib in einer mit roten Atlas überzochnen Truhen daselbsten liegt; und unter der Erden in Gruften, weillen die Heiligen Leiber daselbsten schon längstens heraus, aber andrer Christen Leiber daselbst liegend gefunden und gesechen; darunter ein Leib, so der Scribent angetroffen, welicher bloß die Gebein gehabt und nach dem Ruggen hinab gleichsam blutig ware, dessen er sich und die andern nit genugsam verwundern mechten; hoben auch gläserne Geschirrlein beygelegt gefunden, in welichen die fir die Abgestorbenen vergossnen Zähren aufbehalten und beygelegt gewesen, wie es die alten Römer in Brauch gehabt.

Die Katakomben Roms waren schon für mittelalterliche Pilger der Inbegriff für die Anfänge des Christentums, verbunden mit der Geschichte zahlreicher Märtyrer und Katakombenheiliger, deren Reliquien ihren Weg in die Kirchen und Klöster Europas gefunden hatten. Da das römische Gesetz keine Begräbnisse innerhalb der Stadtmauern zugelassen hatte, beerdigte man sowohl heidnische als auch christliche Tote an den Ausfallsstraßen der Stadt in unterirdischen, in das weiche Tuffgestein getriebenen Gängen, den Katakomben. Dort pflegten die Christen an den Gräbern ihrer Toten Gedenkgottesdienste zu feiern und sollen sich, alter Überlieferung zufolge, auch aus Angst vor Verfolgung immer wieder dorthin zurückgezogen haben. Über den Gräbern besonders verehrter Märtyrer entstanden später Kirchen und Basiliken.

Guarinoni besuchte die Katakomben an der *Via Nomentana* mit dem Grab der Märtyrerin Agnes. Agnes, eine junge römische Christin, starb den Martertod, da sie sich geweigert hatte, den Sohn eines höheren Staatsbeamten zu heiraten, der noch der alten römischen Religion anhing. Die Kirche *Sant'Agnese fuori le Mura* geht auf einen Bau des 4. Jh. zurück, den die Tochter Kaiser Konstantins, Costanza, in Auftrag gab.

Leider berichtet Guarinoni nicht, ob er auch die bereits zu seiner Zeit berühmten Katakomben an der *Via Appia Antica* besucht hat. Anzunehmen ist, dass er dort zumindest die Sebastianskirche, *San Sebastiano*

Barockes Grabmal für San Sebastiano in seiner Kirche an der Via Appia

fuori le Mura gesehen hat, zählt sie doch seit jeher zu den sieben Kirchen Roms, die im Rahmen einer Pilgerfahrt besucht werden sollen. Ihre Bedeutung verdankt sie sowohl der Popularität des Martyriums des Heiligen als auch der Verbindung dieser Kirche zu den Aposteln Petrus und Paulus.

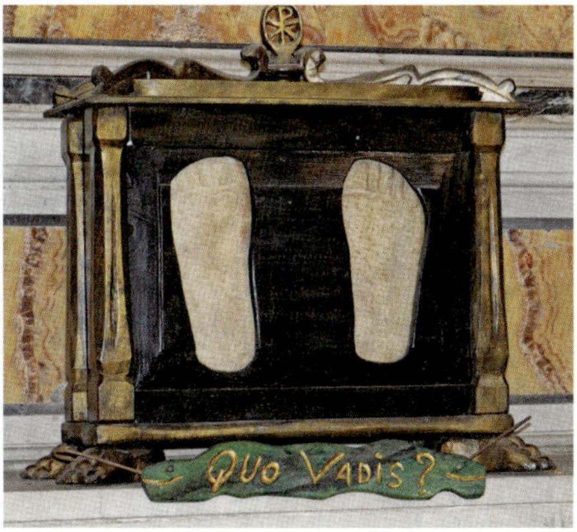

San Sebastiano fuori le Mura: Die Fußabdrücke Christi

Sebastian war, so die Legende, zur Zeit Kaiser Diokletians Offizier und heimlicher Christ. Er bekehrte viele zum Christentum, wurde überführt und sollte auf Befehl des Kaisers vor der Stadt an der *Via Appia* von Bogenschützen getötet werden. Er überlebte, wurde von der christlichen Römerin Irene gesund gepflegt, und trat vor Diokletian, um ihn der Grausamkeit anzuklagen. Worauf ihn der Kaiser erschlagen und seinen Leichnam in die Kloake der Stadt werfen ließ. Im Traum erschien Sebastian einer weiteren Glaubensgenossin und bat sie, seinen Leichnam zu bergen und in den Katakomben neben den Reliquien der Apostel Petrus und Paulus zu bestatten.

Und diese sollen während der Christenverfolgungen unter den Kaisern Decius und Valerian in die Katakomben an der *Via Appia* in Sicherheit gebracht worden sein. Eine erste Kirche über dem einstigen Verwahrungsort der Apostelleiber war noch Petrus und Paulus geweiht, um das 7./8. Jh. nahm die Basilika Sebastians Namen an. Das Gotteshaus in seiner heutigen Form stammt aus dem 17. Jh., ebenso das barocke Grabmal, das den von Pfeilen durchbohrten Heiligen im Todesschlaf zeigt. Über dem Reliquienaltar, dem Grabmal des Heiligen gegenüber, sind unter anderem ein Pfeil seines Martyriums und ein Teil der Säule, an die er gebunden war, aufbewahrt. Die bedeutendste und auffälligste Reliquie besteht aus den steinernen Fußabdrücken Christi, die er bei der berühmten Begegnung mit dem aus Rom fliehenden Petrus im Pflaster der *Via Appia* hinterlassen haben soll. Die originalen Abdrücke, wie hier ausdrücklich betont wird. Wir vermuteten diese immer im *Quo-Vadis*-Kirchlein, weiter stadteinwärts und statten ihm einen Besuch ab, um der Sache auf den Grund zu gehen.

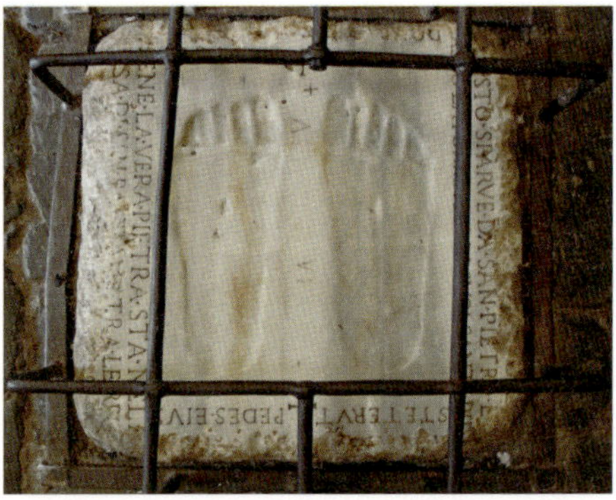

Beeindruckender Votivstein in der Quo-Vadis-Kirche

Das bescheidene kleine Gotteshaus ist leicht zu übersehen. Nicht aber der Marmorblock hinter dem Eingang mit deutlich erkennbaren Fußabdrücken und einer lateinischen Inschrift, die aufruft, den Ort würdig zu verehren, an dem Jesus Christus den Abdruck seiner heiligen Füße im Stein hinterließ. Der Marmorblock ist vermutlich die Votivgabe eines Rompilgers, die Fußspuren sollen dem Original nachgebildet sein. An den Kirchenwänden und im Chor ist die Begegnung zwischen Christus und Petrus bildlich dargestellt: „*Quo vadis, Domine?* – Herr, wohin gehst du?", fragt Petrus, der aus Angst vor dem Martyrium eilends die Stadt verlässt. „*Venio Romam iterum crucifigi* – Ich gehe nach Rom, um noch einmal gekreuzigt zu werden", antwortet Christus. Bestürzt kehrt Petrus um, der christlichen Gemeinde in Rom beizustehen und selbst am Kreuz zu sterben, kopfüber aufgehängt zum Hohn, nachdem er seinen Häschern mitteilte, er sei nicht würdig, wie Christus zu sterben.

Von der österlichen Solemnität

OSTERN IN ROM ANNO 1613

Was wir fir schöne glückliche Ostern gehabt kann ich nit erzählen, genug ist es, dass ich am heiligen Ostertag und dem Hochamt öffentlich in St. Peters Kirchen aus Ihr Päpstlicher Heiligkeit Hand communiciert habe, darzu neben mir noch etwa bey 40 zu kommen und mehr nit unter soviel hundert, die sich darauf gespitzt haben.

So kurz und prägnant fasst Guarinoni im Brief an die Erzherzoginnen sein Erleben der Osterzeit in Rom zusammen. In seinem Pilgerbericht hingegen widmet er sich den österlichen Feierlichkeiten mit einer Ausführlichkeit, die keinen Zweifel darüber aufkommen lässt, dass diese für Guarinoni einen Höhepunkt seiner Pilgerfahrt darstellten.

Seit ihrer Ankunft in Rom hatten die Pilger alle Sonntage gemeinsam dem Hochamt in der päpstlichen Kapelle beigewohnt; während der Kar- oder Marterwoche verrichteten sie – neben dem Besuch der Hauptkirchen Roms – immer wieder ihre Andacht im Petersdom.

Die Bauarbeiten zur Kirchenerweiterung waren auch während der Karwoche in vollem Gange; einmal treffen die Pilger beim Verlassen des Doms auf eine Menschengruppe, die einen soeben vom Baugerüst in den Tod gestürzten Maurer umringt.

Und als die Pilgramb ungefähr aus St. Peters Kirchen gingen, und diesen daselbst liegenden und mit dem ganzen Angesicht lachenden Maurer gesechen, sich hinnoch verwundert und vermeint, dieser habe ein fröhlichen Traum, weil er also schlafend ein lächerliches Angesicht macht; war aber das Geschrei, er habe sich tot gefallen, war dieses Gelächter noch entsetzlicher; die Beistehenden lehrten die Pilgramb und gaben zu verstehen, dass der Maurer wohl Ursach zu lachen habe, da er von der Welt hinauf gegen Himmel gefahren. Maßen die Maurer und Arbeiter bey St. Peter vollkommenen Ablass haben, wann derselben einer sich tot fällt, wann sie nur morgens zu Antritt der Arbeit sich Gott befohlen, und Reu und Leid über ihre Sünd haben mit guten Firsatz, maßen auch diesem geschechen, so haben sie vollkommenen Ablaß wie im Jubeljahr.
Gleichfalls am H. grünen Pfingstag, wann die Procession ist weliche bey uns am Freytag breuchig, daselbst gegen der Nacht aus der ganzen Stadt Rom ge-

gen St. Peters kommen, und die Flögelländer auf dem Weg sich gräulich zerhacken und zerfleischen, wird durch etliche in Pontifical angelegte Bischöfe das heilige Angesicht Christi in Original von der hochen Altar neben 6 großen Kerzen herabgezeigt, gleichfalls der Speer, mit welichem sein heilige Seiten geöffnet, so man aber wegen der großen Höchn und in der Nacht nit recht sechen kann.

Flagellanten (kolorierter Holzschnitt)

Die Laien-Bewegung der Flagellanten, um 1260 in Perugia gebildet, zog sich bald das Missfallen der Amtskirche zu und wurde im 15. Jh. verboten. Dennoch kam das Flagellantentum bis in die Neuzeit immer wieder auf; vor allem am Karfreitag zogen die Mitglieder mit nackten Oberkörpern durch die Städte, während sie sich selbst geißelten und die Menschen zu Reue und Buße aufforderten.

Das Schweißtuch der Veronika mit dem hl. Antlitz Christi ist wohl das geheimnisvollste unter all den Heiligtümern Roms. Und so wertvoll und prestigeträchtig, dass es bis heute nur während der Karwoche und zu Beginn und Ende eines Jubeljahres gezeigt wird.

Nach christlicher Tradition handelt es sich um jenes Stück Tuch, das Veronika dem kreuztragenden Christus gereicht hatte, um sich Schweiß und Blut vom Gesicht zu tupfen. Auf wundersame Weise blieb das Abbild seines bärtigen Antlitzes auf dem Stoff zurück.

Der Name Veronika soll nach populärer Deutung die Echtheit des Abbildes betonen und sich aus dem lateinischen *vera* für wahr und dem altgriechischen *eikon* für Bild zusammensetzen.

Wie das Schweißtuch der Veronika nach Rom gelangte, ist unbekannt. Zu Beginn des 12. Jh. soll es in einer Kapelle des Petersdoms, um 700 als Marienkapelle geweiht, aber immer als Oratorium der Veronika bekannt, entdeckt oder wiederentdeckt worden sein. Seit dem frühen 13. Jh. ist das Schweißtuch mit Sündenablässen verbunden. Begründet hat diese Tradition Papst Innozenz III., als er 1216 bemerkte, dass sich das Tuch ohne menschliches Zutun umgedreht hatte. Der Papst deutete dies als Vorzeichen eines drohenden Unheils, das er durch Gebete vor dem Abbild Christi abzuwenden versuchte. Um möglichst viele Menschen dafür zu gewinnen, versprach er für die Andacht vor dem Schweißtuch Christi einen zehntägigen Nachlass ihrer Fegefeuerstrafe. Spätere Päpste dehnten diesen Sündenablass aus, bis er 1452 eine Höhe erreichte, die noch heute gilt: 14.000 Jahre Nachlass der Strafzeit im Fegefeuer für ein Gebet vor dem Schweißtuch der Veronika.

Über die Jahrhunderte wurden zahlreiche Kopien des Heiligtums angefertigt, von täuschend ähnlichen feinen Tüchern als Geschenke für Staatsoberhäupter und Fürsten bis hin zu einfachen Drucken als Andenken für Pilger. Gerüchte, das Original sei bei der Plünderung Roms im Jahr 1527 verlorengegangen, kursieren noch heute, konnten aber nie bestätigt werden.

Veronika mit dem Schweißtuch unter der Kuppel von St. Peter

Als nun Karfreytag des abends die Gräber alle abgelegt, und der Ostersamstag allenthalben schon fröhlich in weiß bekleidet und geziert, nichts Trauriges mehr zu sechen, haben sich die Pilgramb abends wieder resolviert, und mit Hoffnung fertig gemacht, dem Päpstlichen Hochamt beyzuwohnen; als am heiligen Ostertag zu morgens früh um 6 Uhr auf der Engelburg das Grabgeschrei zum Friedenszeichen zum dritt Mal losgebrannt und durch Rom erschollen, haben sich die Pilgramb nit gesäumt, sonderlich samentlich früh gegen St. Peter kommen. Was dann die österliche römische Solemnität und das Päpstliche Hochamt antrifft, ist wert und wohl würdig, erzählt zu werden, darauf sich die Pilgramb, sonderlich die Stiftsofficier, stark gespitzet.

Die beiden Priester, Stiftskaplan Steinperger und Stadtpfarrer Wenig, haben sich abgesondert, um in St. Peter eine Messe zu lesen; die Herren Guarinoni und Thaler suchen den Hauptmann der Schweizergarde auf, der ihnen beste Plätze für das päpstliche Hochamt organisiert hat.

Der hat beide in den großen langen Chor, wo Ihre Päpstl. Heiligkeit das Amt singen und die Herrn Cardinal alle sitzen würden, zu Anfang der Cardinalsessel und hilznern Wand, gleich hinten zu der Epistelseite gestellt, nahe bey dem Stuhl, wo Ihre Päpstl. Heiligkeit kniet, wann sich dieselben zu dem Hochamt anlegen lassen, sitzen sollen; und zu ihnen auf Schweizerisch gesprochen, da hanget Euch an, lasst euch nit vertreiben: War das Ort also beschaffen, dass zwischen Ihrer Heiligkeit und beiden Herrn Cardinalen Leviten und dem Scribenten und Herrn Thaler nit mehr als drey Schritte waren […] die zwey Herrn Priester weillen sie mit Meß lesen nit bald zu kommen vermögen, haben nit mehr Gelegenheit gehabt, in den päpstlichen Chor vorne hinein zu kommen.

Als nun ungefähr zwischen 9 und 10 Uhr vormittags, sind Ihre Päpstliche Heiligkeit durch 16 Cammerdiener, alle in violblauen Röcken, mit langen Ärmlen bis auf die Erden, in Ihre Päpstl. Sessel hoch erhebt auf ihren Achslen in St. Peter Kirchen mit Ihrem Päpstl. Pluvial und dreyfocher Kron auf dem Haupt hinein und dem Chor zu tragen, unter dem dem niederknienden Volk noch und noch der Segen geben worden. Allda der geharnischte Schweyzer Hauptmann samt seiner geharnischten Quareti mit dem Stab Platz machen, und das Volk aus dem Weg treiben müssen, bis Ihr Heiligkeit in den Chor kommt, hier niedergelassen und an Ihren an des Altars Epistelseiten gestellten niederen Stuhl geführet worden […] *hervor des Kirchenchors, welicher Chor nur etwa der 20iste Teil St. Peters Kirchen ist, stund die Schweizerische Guardi in ihre Harnisch und Hellebarden, damit das Volk nit hinauf drängte und etwan das hilzene Gitter überstiege.*

Die Kardinäle treten im Halbkreis hinter den Papst, erweisen ihm ihre Reverenz. Dann wird dem Papst die Krone abgenommen und auf den Altar gestellt. Miteinander beten und singen sie die Horen, wobei Guarinoni der Papst mit *schöner tiefer lauter gravitetischer Tenorstimme* besonders auffällt. Auch bemerkt er, dass *Ihr Heiligkeit unter dessen ihr rot samentes Päpstliches Heibl auf, die andern Häupter bloß gehabt.* Schließlich treten die Erzbischöfe und Bischöfe an den Altar, um den beiden *Herrn Cardinalen Leviten*, so die alte Bezeichnung für Kardinaldiakone, bei der Einkleidung des Papstes mit dem österlichen Festgewand zu assistieren, einen Vorgang, den Guarinoni auf seinem Posten genau mitverfolgen kann.

Man hat auch Ihr Heiligkeit wie bedunckt, zwey Levitenröck zwar gar ring angelegt, und alsdann ein Kößl [Kasel, Messgewand] aus weißen doppelt Taft mit subtil guldin Faden gar zierlich gestickt, wie es der Scribent so nit weiter als bey 4 Schritt von Ihre Heiligkeit gestanden und wie gemelt nur 3 Schritt von Herrn Cardinaen Leviten, gar wohl abgesechen. Über die Kößl alsdann eine lange Stola mit viel guldenen Kreuzen belegt, wie es die Erzbischöf tragen, um die Brust, Schultern und Rücken wie ein goldener Fluss gelegt; ein köstliches Kreuz von lauter Diamanten um den Hals und auf die Brust hangend. Und hatte ihre Heiligkeit eine köstliche mit original Edelgestein besetzte bischöfliche Inful aufgesetzt.

Papst Paul V., porträtiert von Caravaggio

Erzbischöfe, Bischöfe und Kardinäle treten im Halbkreis hinter den Papst, das Hochamt beginnt, und Guarinoni wundert sich, dass *ungeacht unter den Päbst. Amt fast alle Altär deren ein große Anzahl, mit Messen unterhalb in der Kirchen besetzt gewesen mit firnemben Prälaten, und andern.*

Paul V., nun mit der Papstkrone am Haupt, nimmt die Huldigung der geistlichen Herren entgegen, die an ihm vorbeidefilieren und ihm die Hand küssen. Dann tauscht der Papst die Krone wieder gegen die Mitra, die bischöfliche Inful, und nimmt seinen Platz am päpstlichen Thron ein. Erst nach dem Glaubensbekenntnis tritt er an den Altar, um unter Weihrauchschwingen und Gesang – *mit gebreichlicher heroischer Stimm angefangen, und durch und durch über die maßen schön und laut* – die Wandlung vorzubereiten.

[...] *und hierauf mit schönen, geraden, deutlichen großen Kreuzen die Hostie und Kelch benediciert, und das Volk, deren etliche tausend in der großen Kirch waren, alle auf ihre Knien niedergefallen, als Ihr H. die Hostie mit langsamen und scrupulesischen Bedacht, [...] consecriert, alsdann gar majestätisch niedergekniet, aufgestanden, und dermaßen so hoch und schön in die Höche über sich gehebt, dass Ihr Heiligkeit beide Arm wie ein Kerzen grad ober das Haupt erhebet, und die heilige Hostie nit wieder behänd, wie viele pflegen, herab gezuckt, sondern so lang als ein gutes Ave Maria in der Höhe gehalten, alsdann oben mit der H. Hostie ein wohl vermerkliches Kreuz gemacht, und den Segen geben, und wiederum langsam, und andächtig herabgehebt, maßen auch mit dem Kelch geschechen.*

Nun hatten Guarinoni und Herr Thaler in Erfahrung gebracht, dass bei päpstlichen Hochämtern gewöhnlich 40 bis 50 Hostien für die anwesenden Prälaten und Kardinäle geweiht wurden; blieb ein Überschuss, erhielten ihn weltliche Gäste von Rang und Adel. Die Pilger hoffen daher auf Gelegenheit, aus der Hand des Hl. Vaters zu kommunizieren, und *haben sie die Augen scharf gespitzt,* um ihre Chance nicht zu vertun. Nachdem einige Würdenträger zur Kommunion gegangen waren, mit schlechter Andacht, wie Guarinoni bemerkt, rät Herr Thaler, nicht länger zuzuwarten:

Spricht der Scribent: Wir wollen auf unsere theitsche Form hinzu gehen, ist also der Scribent hinter den Herrn Cardinal herfir getretten, wie auch Herr Thaler hinter ihm, mit ihren aufgereckten Händen und darin haltenden Rosenkränz, und niedergeschlagenen Augen, und über das mit grünem Tuch bedeckte Kirchenpflaster, die mit schön Teppichen bedeckte Thronstaffel hinaufgangen, unter welichem der ein Herr Cardinal so nächst bey den Stafflen gesessen, einer zu dem andern gesprochen auf welisch: Sechen Euer Lieb, mit was Andacht die Fremden communiciern [...] sodann der Scribent auf den obersten Staffl gelangt, und niederkniet, haben Ihr Heiligkeit ihme communiciert, und der Scribent unter solichen Ihr Heiligkeit den Daum glimpflich geküsst, an welichen ein schöner großer strahlender in Ring gefasster Saphür glänzt. Und als er hinab, Hr. Thaler hinauf gefolgt.

Schließlich ist das Hochamt beendet, Paul V., die Papstkrone am Haupt, nimmt im Tragsessel Platz und wird von 16 Kammerdienern hinaus auf den Vorplatz der Kirche getragen. Auch das Volk strömt aus der Kirche:

Und sich in unzählbarer Menge gestellt, wie auch die geharnischte Päpstliche Reiterey, und als das Volk alles beyeinander, sind Ihr Heiligkeit in Ihrem Sessel aufgestanden, und das Volk niedergekniet, und alsdann mit hocherhebten rechten Arm und Hand ein großes, wohlgemeßnes langes und breites gar freyes und majestätisches Kreuz über alles Volk gemacht, unter welichen alles Volk nach möglichst lauter Stimm aufgeschrien und sehr oft wiederholt: Viva Papa Paulo, das ist Lebe Papst Paulus; damahlen es ungefähr um 12 Uhr zu Mittag war, und sind Ihr H. alsdann in ihren an die Kirchen stoßenden Palast, wie auch die Pilgramb, die unter dem Drang einander verloren, alle absonderlich zu ihrer Herberg kommen.

Wo erste Misstöne unter den Pilgern entstehen: Guarinoni und Thaler nämlich, äußerst angetan vom österlichen Hochamt, möchten den Aufenthalt in Rom gerne bis zum päpstlichen Pfingstamt ausdehnen. *Sintemahlen der Herr Pfarrer von Hall ohne Unterlass heim geeilet, hat er den andern den Handl verderbt, deswegen auch der Scribent geschworen, wann er hundertmal hinfir nach Rom raißen sollte, sich niemals mehr mit so vielen zu confungiern.*

Heißhungriges Land ist der römische Boden

VON SUDLKUCHLN UND ÖLSCHLUCKERN

Fremde Küchen, fremde Essgewohnheiten – des einen Freud, des andren Leid – und seit jeher eines der obligatorischen Themen von Reisebüchern und Pilgerberichten. Auch unsere Pilger sind keine Ausnahme und erzählen staunend von römischen Essgepflogenheiten. Angetan haben es ihnen vor allem die römischen Sudlkuchln, Vorläufer moderner Imbisslokale und Fast-Food-Buden, und 1613 in Tirol in dieser Form und Anzahl noch unbekannt.

> *Sintemahlen, wer zu Rom zu morgens früh von Haus ausgeht und etwas zu verrichten hat, ihme nit einbilden muß, dass er zu Mittag zum Essen, wie wir theitschen Bärenhäuter heimkommen wollen, daher in allen Gassen durch die ganze Stadt Rom nach Länge der Gassen zwey, drey, vier und noch mehr Esshäuser, und bey uns nennt mans Sudlkuchln, vorhanden, allda im ganzen Tag die Tisch gedeckt sind, und zu allen Zeiten, wer da kommt und zu Essen begehrt, das Essen in Bereitschaft ist, was einer und wie's jeder begehrt; man trifft auch zuvor Kauf mit dem Sudler um die firgetragenen Gerichten, und wann sie des Kaufs eins geworden sind, so essen sie desto bessern Muts, weillen sie wissen um wieviel sie essen, weliches bey den theitschen Wirthen weit fehlt, also man nie ohne Sorg essen kann, weillen man allzeit der unwisslich schweren Reitung besorgt ist, allda manicher oft kaum um 2 Kr. gessen und 42 Kr. oder noch mehr bezahlen muß; mit solicher Gelegenheit haben die Pilgramb ihr Geschäften unterwegs abwartet, und an allen Orten ihr Mittagmahl in der Fasten haben können.*

Die Auswahl an Speisen hat sich seither wohl verändert, das Erfolgsgeheimnis nicht: schnell zubereitete Gerichte, jederzeit verfügbar, zu einem vorab ersichtlichen, günstigen Preis, der unangenehme Überraschungen bei der Rechnung erspart. Übrigens lohnt sich auch heute selbst bei Besuchen in römischen Bars, Cafeterias oder Trattorien, die nicht übermäßig exklusiv wirken, ein Blick in die Karte, um zu entscheiden, ob man wirklich bereit ist, die oft maßlos überhöhten Preise zu berappen.

Das Abendessen nahmen die Pilger in der Herberge ein, wo sie mit der Kochkunst und den Preisen des Wirtes sehr zufrieden waren. Nur Pfarrer Wenig konnte sich mit der ölreichen Kost nicht anfreunden:

sonsten [...] wann sie alle 4 in der Herberg gessen, ist ihr Ordnung gewesen; ein jeder ein guten irdnen glasierten Majolikanapf, darin zwey große Mannsfäust mechten gestoßen werden, voller brauner Arbiesen [Erbsen], so man Fisolen nennt, firtrefflich lind gesotten, und mit Zwieblen und süßem Baumöl, so über alle Butter süß, dermaßen übergossen, dass man gleich zu Schöff darauf fahren, und beynebens mit guten Gewürz gericht, so den drey Pilgramb ein so gewünschtes und herrliches Gefräß gewesen, dass ihnen die Mäuler viel zu eng und zu wenig.
Dem H. Pfarrer aber ein so abenteurisches Geschlepper gewesen, dass [...] wann er ein Docht hätte, so wollte er ein Lucernen daraus machen, darzue das zu tief schwimmende Öl gar wohl taugt; vermeinte auch, er mechte kein welschen Messner haben bey seiner Kirchen zu Hall, der freß ihm das Öl aus den Ampeln. Und als der Scribent hierauf des Herrn Pfarrers Öl herab zu seinem geschöpft, und alsdann die Mollen Weizenbrot drin gedaucht und gessen, ist H. Pfarrer ein Grausen zugangen, mit vermelden, es seye unmöglich, wann soliche Ölschlucker in die Kirch kommen, dass nit alle Ampeln vor Schröcken zittern als wie die Schäflein vor die Wölfen; und der Scribent solle ihm nit viel und oft durch seine Kirchen gehen.

Neben diesen gemelten war die andre Speis ein stark Stück Fisch eines Manns Faust groß, die dritte Richt eine gleiche Schüssel voll grünes trefflich wohl gerichtes Kraut, meist ein Spinat, und jeder sein ganzes weiznes Brot, weillen man daselbsten von Roggen nichts weiß, einer Spann lang und zwey Hand dick und breit, so keiner auf einmal eressen mögen. Neben zwey Austern oder Augstern voll römischen weißen Wein, goldgelb, dene Augstern oder Gläser dergestalt wie in der Königl. Stiftsapotheken die Gläser zum brennten Wasser sind, bey anderthalb Haller Maß halten, für weliche satte Mahlzeit jeder 8 Kr. zollet.

Beim goldgelben Wein wird es sich um einen Frascati gehandelt haben; dieser aus Malvasia- und Trebbianotrauben gekelterte Wein ist charakteristisch für die Region um Rom und war schon im Mittelalter bekannt und geschätzt.

In Pompeij ist eine ausnehmend schöne, altrömische Garküche (Thermopolium) erhalten.

Die große Anzahl einfacher Esshäuser hat in Rom eine lange Tradition: Da altrömische Wohnungen gewöhnlich über keine eigene Küche verfügten, mussten Familien entweder in Gemeinschaftsküchen ihre Speisen zubereiten oder sich günstig in den Garküchen versorgen. Das Wort Garküche leitet sich übrigens vom lateinischen *garum* ab, was nicht etwa „durchgebraten" bedeutet, sondern das Standardgewürz der römischen Küche bezeichnet: *Garum*, eine Art eingedickte Fischsauce, verfeinerte sowohl deftige als auch süße Gerichte. Das Angebot der Gar- oder Sudlküchen umfasste besonders Eintöpfe, Suppen und Brei, also Speisen, die leicht in großen Mengen vorzubereiten waren und in riesigen Töpfen vor sich hinköchelten.

Wie auch im Alpenraum hatte sich in Rom eine gewisse Routine im täglichen Speiseplan festgesetzt, die bis in die Neuzeit erhalten blieb. Donnerstag etwa war Gnocchi-Tag, freitags gab es gewöhnlich Fisch, vor allem Stockfisch. Am Samstag standen für das einfache Volk Innereien am Plan, auch *quinto quarto*, das „fünfte Viertel" genannt. Schon im Mittelalter wussten römische Metzger, wie das Fleisch zu verteilen war: Die allerbesten Stücke waren dem Adel vorbehalten, die zweitbesten dem Klerus; etwas geringerer Qualität war das Fleisch für das Bürgertum, noch minderwertiger jenes für die Soldaten. Was übrig blieb, die Teile, die niemand wollte, das war *quinto quarto*, das fünfte Viertel: Innereien eben, Köpfe, Klauen, Ochsenschwänze und Ähnliches.

Sonsten hat der Hausherr die Pilgramb am heiligen Ostertag sehr wohl mit Fleisch traktiert, so aber den zwey Stiftsofficiern nach deme gewohnten guten welschen Ölmanesterlen nit wohl schmecken wöllen, haben sie gleichwohl der köstlichen Corvallody [Cervelatwurst] meistens erhalten, wie auch an gutem römischen Käß sich gelabt; durch die Fasten auch allwegen die Bursch zu Tisch also hungrig gangen, dass als der Löffel noch in der Schüssl, die Mäuler wie die Stadttor schon offen gestanden, und wann schon jeder sein großen Topf Gefräß vor ihm gehabt, so hat er dennoch geeilet und geforchten, der eine mechte nach seinem verzehrten Geschlepper dem andern in sein Schüssel und Land fahren.
Dermaßen ein heißhungriges Land ist der römische Boden, welicher Hunger vielleicht auch guten teils von ihren Mitessern und beitragenden Ingeheissen [Untermieter] herkommen, die sie auf der Raiß aufgeklaubt, und bey ihnen dermaßen eingenistet, dass es kein Möglichkeit war, sich derer zu entledigen; dahero wann es zuweilen geregnet, und es alsdann durch Rom zu gehen ein soliches rottiges Elend dergleichen man nit firbilden kann, und die Pilgramb daheim bleiben müssen, haben sie ein Gejaid angefangen. Herr Pfarrer hat ein rotwollenes Winterhemd an, das stellet er vor ein kleines angezündetes Feuerl, da krochen die Ingeheissen nacheinander herfir, dem Feuer zu; als er im Zusechen aufgeschrien: Schaut, schaut, schaut, wie sich die Cammerdiener lustig in die Ordnung stellen kommen! Hat also gemeint, weillen sie weiß und obenauf schwarze Scapulier tragen; sonst hat er's seine welschen Ingeheissen geheißen, denen er den Zins gern geschenkt, wann sie nur ausgezogen wären.

Klopfende Herzen und gedauchte Häupter

AUDIENZ BEI PAPST PAUL V.

Es waren noch übrig und denen Pilgramb angelegen, bey Ihro päpstl. Heiligkeit Audienz zu haben, und den apostolischen Segen zu empfangen, auch Ihr Heiligkeit den Fuß zu küssen, deswegen die Stiftsofficier Herrn Cardinal Bellarmini, wie ob vermelt, die Gnad bey Ihr Heiligkeit zu erlangen, gebeten.

Die Hartnäckigkeit der Pilger lohnte sich letztendlich: Während der Osterwoche hatten sie auf Anraten des Kardinals beinahe täglich beim päpstlichen Kammerdiener vorgesprochen, nun kam die ersehnte Nachricht, dass sie sich am Samstagmorgen nach Ostern zur Audienz bei Seiner Heiligkeit Papst Paul V. im päpstlichen Palast einfinden möchten.

Papst Paul V., Stich von Crispyn de Passe (17. Jh.)

Über ein Weil das Glöggl erschollen, mit welichem Ihr Heiligkeit den Cammerdiener hinein gerufen, ist der Cammerdiener heraus gangen, und die Pilgramben zur Audienz beschieden, zu welichen sich ein Böhm geschlagen, der sonst nit zukommen wär; nun die Pilgramb sich in die Ordnung gestellt, der Scribent voran, H. Pfarrer und H. Obrist Capelan nebeneinand, Herr Thaler und H. Hieronimus v. Kößl Contrafeter, auch miteinander. Und der Böhm allein hinten nache; und in die Antecamera hinein getreten, durchaus mit roten Seidentapecerey umhängt, und die Sonn gar schön darein glänzet, hat ihm angefangen das Herz zu klopfen; dannen der Scribent unter die Tür kommen, und Ihr Heiligkeit ansichtig worden, welicher fern auf einen rotsameten Sessel sitzend, auf einem großen, weiten und breiten unterlegten türkischen Teppich, angelegt mit einem weiß atlasnen Rauchmantel als Pluvial, und Stolen, wie sie dann alle Tag in ihrer Farb wie die Kirchen an selbigen Tag führt, verkleidet.

Papst Paul V. (1605–1621), geboren 1552 in Rom als Camillo Borghese, wird als bescheiden, fromm und sehr gebildet charakterisiert. Als großzügiger Mäzen förderte er neben der Kunst auch die Wissenschaft – solange sie nicht katholischen Dogmen widersprach. Gegen Galileo Galilei etwa ließ der Papst Untersuchungen einleiten und untersagte ihm 1616, die Lehre von der sich um die Sonne bewegenden Erde weiter zu verbreiten. Der Papst förderte die Mission der Jesuiten in Fernost und war Kardinal Bellarmino eng verbunden.

Galileo Galilei zog durch seine Thesen den Zorn des Papstes auf sich.

Ist der Scribent auf die Knie niedergefallen, und mit gedauchtem Haupt tiefe Reverenz getan, desgleichen die andern alle, als Ihr Heiligkeit von fern mit der Hand über sie das Kreuz gemacht, und den Segen geben, nach welichen die Pilgramb aufgestanden, und bis auf die Mitten des Zimmers gangen, daselbst jeder samt den andern auf beide Knie niedergefallen, und mit dem Haupt sich tief geneigt, und Ihr Heiligkeit wieder den Segen geben, letztlich ist der Scribent samt den andern näher hinzu, er aber hin auf den Teppich bis so nahe, dass er Ihr Heiligkeit den rechten Fuß mit dem Haupt zu erreichen mechte, getreten, und wiederum auf beide Knie niedergefallen, sich geneigt, als Ihr Heiligkeit den rechten Fuß so mit einen weißen atlasnen Stiefl bekleidet, und auf den Gerist ein guldines Kreuz hatte, herfir getan, als der Scribent niedergedaucht, und denselben mitten an das Kreuz geküsst, Ihr Heiligkeit inmittlest über sein Kopf den Segen geben, alsdann aufgestanden, und auf die linke Seite des Teppichs niedergekniet, weillen die andern auch herzu getreten, und den Fuß geküsst, und zurück außer des Teppichs sich verfügt und daselbsten alle niederknieten.

Guarinoni bittet um die apostolische Benediktion, die der Papst gerne erteilt. Schließlich überreicht er Paul V. das Kredenzschreiben der Erzherzoginnen, berichtet in lateinischer Sprache vom glücklichen Erwerb der Reliquien für das Damenstift und bittet im Namen seiner Auftraggeberinnen um Ablässe für das Stift, wie sie der Papst auch dem bayrischen Herzogshof verliehen hat. Der Papst gewährt die Ablässe,

auf weliches der Scribent allerdemütigst Dank gesagt, aufgestanden und auf Knie nieder wie zuvor im Hineingehen niedergefallen, samt den andern, den Ihr Heiligkeit wieder den Segen geben, und abermals vorige Reverenz getan, und abermals den Segen empfangen. Letztlich auf der Türgeschwell rücklings kommen, sich zuletzt auf die Knie geneigt, und den siebenten Segen empfangen, und in die Antecammer wieder hinaus kommen, als Ihr Heiligkeit mit dem Glöggl den Cammerdiener gerufen.

Derweil aber spricht der Pfarrer, welichen Ihr Heiligkeit wegen seines schwarzen Barts von daselbst gar ungewöhnlicher Bartesstärke angesechen: Behüt Gott, fir was fir seltsambe Leut sind wir dem Papsten firkommen, dass er sich dermaßen oft wegen uns gekreuzigt und verwundert.

Damit war die Audienz beendet, und die Pilger hatten alle ihre Aufgaben und Vorhaben glücklich abgeschlossen.

Sind also gar voller Trostes selbigen Samstag auf Mittag nit nach Haus, sondern in die Gassenkuchl gangen, und daselbst zu Mittag gessen, den Nachmittag zu etlichen Kirchen, und andern Orten, auch zu seltsamben künstlichen Antiquitäten gangen, weillen sie willens waren, nächstfolgende Wochen von Rom abzuraißen.

Spurensuche vor den Toren der Stadt

SAN PAOLO FUORI LE MURA – BRUNNEN UND GÄRTEN IN TRE FONTANE

Während die Vorbereitungen zur Abreise getroffen werden, bleiben den Pilgern noch einige Tage für Besichtigungen. Der Scribent und Herr Thaler begeben sich auf den Spuren des Apostels Paulus und der hl. Francesca Romana stadtauswärts, diesmal in Richtung Ostia. Ihr erstes Ziel ist die Basilika *San Paolo fuori le Mura.*

> *Weillen der Scribent keine Ruhe gehabt, bis er auch den Garten der hl. Francisca Romana, in welichem sie so viel Wunderwerk getan und mit ihre Jungfrauen ihre Andacht und Gartenarbeit geübet, gesechen, also hatte er die andre Wochen nach Ostern mit Herrn Thaler sein Weg dahin genommen [...] Als nun beide Pilgramb zuvor gegen St. Paul gangen, und selbige große mit stattlichen Pfeilern erbaute Kirchen, so der Kaiser Constantius erbaut, gesechen, daselbsten die hl. Brigitta begraben, und das großmächtige Blatt des Hochaltars von einer Frauenperson gemalen ist.*

San Paolo fuori le Mura, eine der vier Patriarchalkirchen, entwickelte sich aus der kleinen Gedenkstätte über dem Grab des Apostels Paulus. Dieser war, wie Petrus, in Rom den Martertod gestorben. Kaiser Konstantin ließ den Bau 324 durch eine Basilika ersetzen, die während des Mittelalters mehrfach erweitert wurde. Thaler und Guarinoni sahen noch die konstantinische Basilika in ihrer spätmittelalterlichen Pracht; 1823 fiel sie einem verheerenden Brand zum Opfer: Arbeiter waren beim Ausbessern des Daches unachtsam mit Feuer umgegangen. Der Wiederaufbau nach alten Plänen dauerte bis in die ersten Dekaden des 20. Jh.; das schwer beschädigte Bronzeportal der Heiligen Pforte, 1070 in Konstantinopel gegossen, konnte erst 1967 restauriert werden.

Das Innere ist großteils rekonstruiert, von der farbenfrohen Holzdecke in Blau, Rot, Grün und Gold, bis zu den 80 Granitsäulen, die die riesige Kirche in fünf Schiffe unterteilen. Vom Feuer verschont blieben wie durch ein Wunder der fünfeinhalb Meter hohe Osterleuchter, ein Prachtexemplar mittelalterlicher Steinmetzkunst, der Kreuzgang, wie jener von *San Giovanni in Laterano* ein Meisterwerk der Cosmatenschule des 13. Jh., und der Triumphbogen mit Mosaiken aus dem 5. Jh. Die

Apostel Paulus im Vorhof zur Patriarchalbasilika San Paolo fuori le Mura

übrigen Mosaiken sind Rekonstruktionen oder modern; das gilt auch für die berühmte Mosaikgalerie mit den Porträts aller Päpste von Petrus bis Papst Franziskus. Alter Tradition zufolge soll die Apokalypse nahen, wenn am Fries kein Platz für weitere Papstmedaillons übrig ist.

Auch das Grab des Apostelfürsten, Ziel aller Pilger nach *San Paolo*, überstand den Brand unbeschadet. In der vertieften *Confessio* unter dem Papstaltar ruhen seine Gebeine in einem steinernen Sarkophag. Das Haupt des Heiligen fehlt, es wird in der Lateranbasilika verehrt. Über dem Apostelgrab verwahrt ein Kästchen Glieder der Kette, die Paulus in Rom gefangen hielt.

In einer ruhigen Ecke der Basilika begegnen wir Don Marco, einem Mönch aus der Benediktinerabtei von *San Paolo*, die seit dem ausgehenden 6. Jh. besteht. Don Marco erzählt von Stimmen, die er während seiner Gebete vernommen hat. Stimmen, die ihm eine Botschaft des Hl. Geistes verkündeten und ihn baten, sie weiterzutragen zum Segen der Menschheit. Der Inhalt der Botschaft ist universell, und wir kommen Don Marcos Anliegen gerne nach: Der Geist ist Wahrheit, Liebe, Heiligkeit, Kreativität, Gerechtigkeit, Barmherzigkeit, Sanftmut, Weisheit und Friede.

Nach ihrer Andacht in der *Basilica di San Paolo* ziehen Guarinoni und sein Schwager an der *Via Laurentina* einige Kilometer weiter stadtauswärts an jenen Ort, an dem der Apostel Paulus alten Aufzeichnungen zufolge im Jahr 67 eingekerkert, gemartert und enthauptet wurde.

So außer der Stadt gegen St. Paul, wo er enthauptet und die 3 Brunn sind; von der Pilgramben Herberg bis dahin außer der Stadt als von Hall bis gegen Baumkirchen, auf welichem Weg der hl. Francisca Garten auf der rechten Hand ist [...] die 3 Brünnen, so aus der Erden über sich quellen, da jeder Brunnn sein eisernen anhangenden Schöpflöffl hat, damit man trinken möge, und die beiden Pilgramb getrunken; weliche Brunnen ziemlich weit voneinan-

San Paulo fuori le Mura: Mosaikporträts verewigen sämtliche Päpste der Kirchengeschichte.

> *der, gleichsam in einem Dreyängel sind [...] war das Wasser schön licht und kühl. Und ist an den Ort, wo er enthaupt ist worden, ein Kapell [...] darinnen die Brünnen alle drey; der einzige Altar gar künstlich gemalen, wie der Züchtiger aus ersechnen springenden Haupt das Schwert fallen lassen, und die Arm in der Höche auseinander voller Furcht und Entsetzen heben tut.*

Um die drei Brunnen war das Kloster *Tre Fontane*, auch *Abbatia Sanctorum Vincentii e Anastasii ad Aquas Salvias*, entstanden. Das ehemalige Benediktinerkloster ging 1140 auf die Zisterzienser über, seit dem 19. Jh. wird es von Trappisten, besonders asketischen reformierten Zisterziensern, geführt. Eine schmale Zufahrt bringt uns von der stark befahrenen *Via Laurentina* an die Klostermauern. Dahinter liegt eine Oase der Stille, eine Welt für sich, abgeschieden von Lärm und Hektik der nahen Straße. Ruhig ist es im Klosterladen, wo die Trappisten neben frommen Andenken auch Honig, Marmeladen, Schokolade und Bier aus eigener Herstellung verkaufen. Ruhe und peinlichste Sauberkeit auch im Klosterhof mit seinen alten Zypressen und mächtigen Palmen.

Im Schutz der Klostermauern stehen drei Kirchen. *Santa Maria Scala Coeli* aus dem 12. Jh., etwas erhöht gelegen, ist die jüngste. Ihr Name bezieht sich auf die Himmelsleiter, über die der hl. Bernhard in einer Vision die Seelen der Toten aus dem Fegefeuer zu Gott aufsteigen sah.

Einer der drei Brunnenaltäre in der Chiesa di San Paolo alle Tre Fontane

Unter der Kirche liegt der Kerker des hl. Paulus; in der Krypta werfen wir durch vergitterte Fenster einen Blick in den winzigen Raum, in dem der Apostel seine Hinrichtung erwartete. Eine Gedenktafel hält die Tradition aufrecht, dass in der Krypta auch die Gebeine von tausenden christlichen Soldaten ruhen sollen, die um 299 unter Kaiser Diokletian für ihren Glauben starben. Den Märtyrern Vinzenzo aus Spanien und Anastasio aus Persien ist die Klosterkirche geweiht, die auf das 7. Jh. zurückgeht. Der hohe Backsteinbau besticht besonders durch seine Schlichtheit im Inneren.

Von der Klosterkirche führt der baumbestandene „Weg des Martyriums" zur *Chiesa di San Paolo alle Tre Fontane*, die auch Guarinoni beschreibt. Die Kirche entstand im 5. Jh. am Ort der Enthauptung des hl. Paulus, 1599 erhielt sie ihre heutige Gestalt. Im Inneren erheben sich drei beinahe identische Altäre über drei Quellen. Die Pauluslegende erzählt, dass das abgeschlagene Haupt des Apostels zum Schrecken der Anwesenden dreimal am Boden aufschlug und dabei laut den Namen Jesu schrie. Wo sein Haupt am Boden aufprallte, entsprangen die drei Quellen. Das Wasser, dem noch im 20. Jh. Heilkräfte zugesprochen wurden, sammelte man in drei Becken und ließ Pilger davon trinken.

Wir finden die Brunnen verschlossen, suchen nach einem versteckten Zugang zum Wasser und treffen dabei auf einen freundlichen Trappistenmönch. Es sei, erklärt er, seit Langem schon nicht mehr ratsam gewesen, von diesem Wasser zu trinken. Als man vor etwa 10 Jahren die Kirche renoviert und ihre Fundamente trockengelegt hätte, seien die Quellen abgeleitet und die Brunnen verschlossen worden. Er verweist auf die deutlich sichtbaren Wasserschäden im oberen Teil des Mauerwerks, auf den in der Kirche verwahrten Säulenstumpf, an den Paulus vor seiner Enthauptung gekettet war, und auf die Möglichkeit, unsere Gebetsanliegen auf Vordrucken zu deponieren. Dann huscht er freundlich lächelnd davon.

Nach ihrer verrichteten Andacht sind sie beim Zurückgehen an der hl. Francisca Gartentür getreten [...] welichen der Scribent aus der Historie gleich aus dem großen Bach weiß, so von außen zu über die Straße, unter einer steinernen Brücke hindurch und in ihren Garten hinein fließt und vertiefter mitten durch denselben rinnt; das Gartenhaus aber und die Gemäuer stossen an die Landstraße [...]

Zurück an der *Via Laurentina* finden wir uns in den Gärten des *Santuario della Vergine della Rivelazione* wieder. Das Heiligtum mit Mariengrotte, Brunnen und Gebetsräumen geht auf eine Marienerscheinung im Jahr 1947 zurück und wird von Franziskanern betreut. Es ist ein ruhiger Ort mit starker, wohltuender Ausstrahlung, ein Ort, der Andacht und spirituelle Erfahrung erlaubt. Gut vorstellbar, dass sich hier einst der Garten der Francesca Romana befunden hat. Wir wollen Guarinoni erzählen lassen, wie es ihm dort ergangen ist:

Und angeklopft, ihnen aber kein Bescheid geworden. Auf wiederholtes Klopfen der Gartner geschrien: „Wer da?", und doch nit zum Fenster heraus gesechen. Und auf das dritte Klopfen an das Fenster gekommen, und als er die Pilgramb gesechen, übel zufrieden gewesen, was sie da zu tun oder zu klopfen hätten. Bittet ihn der Scribent, den Garten zu eröffnen und nur ein wenig die Gelegenheit sechen zu lassen, antwortet der Gartner: „Ja freilich wohl", und zieht den Kopf wieder zum Fenster hinein, aller unwillig.

Es haben aber die Pilgramb nit unterlassen wieder zu klopfen, bis er wieder ans Fenster gar murrend kommen, und gesagt, was es für ein Wesen seye, sollen ihren Weg fort gehen. „Lieber Gartner", sprach der Scribent, „wisset, dass wir 500 Meil aus Theitschland her, unter andern auch diesen Garten zu besechen." Sprach der Gartner: „Warum diesen Garten [...], die stattlichen und künstlichen Gärten sind bei dem florentinischen Haus zu Rom, da gehet hin."

Der Gärtner bleibt trotz weiterer Bitten hartnäckig, Guarinoni ebenso. Schließlich trifft er die rechten Worte:

Scribent: „Wir sind Erzherzogische Officier, und haben neulich bei Ihrer Heiligkeit Audienz gehabt, wie auch bei eurer Frau Präsidentin." Sobald er dies gehört, ist er herab, und mit gutem Willen die Tür eröffnet [...] Der Garten ist sehr groß, besetzt mit Weinreben und langen Röhren; darauf in das Haus und obern Zimmer, deren nur zwey und noch alles von alters her, darauf in die heruntern Zimmer, allda ein lange gemauerte Tafel, an welicher die H. Francisca mit ihren Jungfrauen gessen und gearbeit; unter solichem fragt der Scribent, ob er nit einen Wein, welicher in diesem Garten ist gewachsen, hätte. „Ja freilich", antwortet der Gartner. „So bitt ich euch, lasst mich einen um meine Bezahlung kosten." Der Gartner sprach gar willig: „Ja", und brachte einen, und ging hin zu einem uralten Kästl, so in einem Winkl auf dem Boden, stund, soliches macht er auf, darinnen waren viel weiße tiefe Majolikaschüsseln, daraus man sonsten isst, und etliche Krüglen, und aus solicher Schüssel eine gab er dem Scribenten zu trinken und seinem Gesellen.

Guarinoni ist vom Wein sehr angetan, ebenso von den glasierten Schüsseln und Krügen; die stammen zwar nicht mehr aus dem Hausrat der Francesca Romana, wurden aber, wie an den Initialen „B.F.R." für Beata Francesca Romana erkenntlich ist, im Gedenken an ihre Seligsprechung angefertigt.

Hierauf den Gartner gebeten, ob er nit ihme eine aus denen Schüsslen um die Bezahlung hätte erfolgen lassen, antwort der Gartner, weil ich seh, dass euch unsere h. Frau sehr lieb ist, so will ichs gern tun und auch verantworten, weillen sie schon alt, und nit viel gereicht, will auch kein Geld dafür; und hat, weillen sie fast alle um den Rand etwas abgestoßen, die best heraus geklaubt. Ferner hat der Scribent ihn um ein Reben aus ihrem Garten gebeten, samt der Wurzen und der umhängenden Erden. Item um ein hoches langes Rohr, so daselbst in Garten waren, so der Gartner alles willig dargab, und hätte noch mehr geben, wann der Scribent nur alles auf der langen Raiß führen möge; den Gartner mit ein ehrlichen Trinkgeld, so er gleichwohl lang nit annehmen wöllen, verehrt. Hat Herr Thaler dem Scribenten das Gartenzeug tragen geholfen, sie mit großem Trost und Freude heimgegangen; und aber weillen sie fortgehen und der Scribent die Schüssel in Händen führt [...], weliche Schüssel der Scribent fleißig mit Baumwoll in ein Schachtl auf die Raiß versetzt, die Reben auch in der Kühl und Feuchten behalten, und Wurzen und Erden in ein Tuch eingeschlagen, dass mans auf der Raiß netzen und aufrichten möge.

Was noch hat gesechen werden mögen

SANT'ALESSIO – JÜDISCHES GHETTO – HOSPITAL SANTO SPIRITO

Demnach noch nit alles fertig und es die zweite Woche nach Ostern war, sind die Pilgramb zwey und zwey absonderlich durch Rom gezogen, jeder auf seiner Andacht, was noch hat gesechen werden mögen.
Damahlen der Scribent und Obrist Capelan ihren Weg gegen der Juden Stadt an der Tiber genommen, und gen St. Alexio Kirchfahrten gangen, so ziemlich weit und auf einem Bühel, wie von Hall gegen Melans hinauf; alldorten vor Zeiten der Palast und Güter des Herrn Vaters des H. Alexio gewesen, daraus ein große aber nit gewölbte, sonsten aber gar lichte Hallenkirchen worden, des Forms wie die Stiftskirchen, aber um ein gutes breiter und länger, allda in der mitten die Begräbnis seiner Braut, und vorn in dem Chor wo in der Stiftskirchen die Sacristey ist, ein Kapell hinein, in welicher die Stiegen noch steht, unter welicher der H. Alexio so viel Jahr gelebt und darunter gestorben; die Stiegen ist hilzern, sehr alt und schwarzbraun.

Alexius, so seine Legende, lebte im 4. Jh. als Sohn angesehener Eltern in deren Villa am aussichtsreichen Aventin. In der Nacht seiner erzwungenen Hochzeit verließ er die Stadt, verbrachte lange Zeit als Pilger im Heiligen Land und kehrte schließlich nach Rom zurück. Unerkannt lebte er dort 17 Jahre lang als Bettler unter einer Treppe des väterlichen Hauses. Im 8. Jh. baute man die Villa zum Kloster um, mit der Klosterkirche *Sant'Alessio* direkt über dem Alexiusgrab. Da der Heilige seit jeher als Patron der Bettler und Pilger verehrt wird, stand der Besuch seines Grabes häufig am Programm von Pilgerreisen nach Rom. Heute wird sein Kloster als Betreuungseinrichtung für Obdachlose und Flüchtlinge geführt. Die Gegensätze am Aventin sind krass: Im Garten von *Sant'Alessio* sitzen Menschen vom Rand der Gesellschaft, still die meisten, wartend, mit trostlosen Augen. Im Sabinergarten, gleich nebenan, genießen glücklichere Einheimische und Reisende lachend und scherzend den prächtigen Blick über die Stadt.

Hinter dem Sabinergarten schlendern wir über einen etwas verwahrlosten Weg hinunter an den Tiber. Dort treffen wir auf eine lange Menschenschlange an der vergitterten Vorhalle von *Santa Maria in Cosmedin.* Die Besucher halten Kameras, Smartphones und Tablets bereit, um den Augenblick festzuhalten, in dem die Mutigen aus ihrem Reisetross die Hände in den berühmten steinernen *Bocca della Verità*, den Mund der Wahrheit, legen. Den Tiber entlang spazieren wir stadteinwärts, zum ehemaligen jüdischen Ghetto hinter dem Theater des Marcellus.

Schon zur Zeit des Römischen Reiches lebte in Rom eine beträchtliche jüdische Gemeinde, die sich vor allem in Trastevere niedergelassen hatte. Im Mittelalter nahm die Zahl der jüdischen Stadtbewohner aufgrund von Ausgrenzungen und Verfolgungen drastisch ab. Als aber ab dem Ende des 14. Jh. Juden in weiten Teilen Europas verfolgt und vertrieben wurden, ließen sich viele jüdische Familien aus Deutschland, Frankreich, Portugal, Sizilien und Spanien erneut in Rom nieder.

Am südlichen Beginn der Via del Portico

Spätestens unter dem Pontifikat Pauls IV. (1555–1559), der als einer der grausamsten Männer auf dem Stuhle Petri gilt, begann auch in Rom die systematische Ausgrenzung der jüdischen Bevölkerung. In der Absicht, Christen und Juden getrennt zu halten, wies er den jüdischen Bewohnern Roms das Gassengeviert hinter dem Marcellus-Theater als Wohnort zu. Um dieses Ghetto errichtete man im Auftrag des Papstes hohe Mauern mit Zugangstoren, die während der Nacht geschlossen blieben. Die Mauern begannen am *Ponte Fabricio*, verliefen am *Portico d'Ottavia* vorbei gegen Norden, umfassten die Häuser der *Via del Portico* sowie die *Piazza Giudea* und wandten sich dort entlang des *Vicolo Cenci* wieder dem Tiber zu.

In den Bögen des Marcellustheaters war es jüdischen Händlern und Handwerkern erlaubt, Geschäfte und Werkstätten einzurichten, beim Portikus der Octavia außerdem einen Fischmarkt, der

Hinter dem Marcellustheater erhebt sich am Tiber die Große Synagoge von Rom (1901–1904).

bis ins 18. Jh. bestand. In den Portikus, einen Bogen, der von einem Tempel zu Ehren der Schwester des Kaisers Augustus erhalten blieb, ist die berüchtigte Kirche *Sant'Angelo in Pescheria* integriert. Hier wurden den Ghettobewohnern bis ins 19. Jh. christliche Predigten aufgezwungen. Als Papst Pius IX. das Ghetto im Jahr 1848 aufheben und die Mauern niederreißen ließ, lebten innerhalb des jüdischen Viertels etwa 10.000 Menschen.

Heute finden sich an der langen *Via del Portico* zahlreiche Trattorien und auch Fast-Food-Lokale, die feine jüdisch-römische Küche und koschere Imbisse anbieten. Die belebte Gasse ist für den Straßenverkehr gesperrt, Polizei bewacht die Zugänge.

Folgen wir den Verlängerungen der *Via del Portico* immer weiter, stehen wir bald am *Campo dei Fiori*, heute bekannt und beliebt wegen des Blumen- und Gemüsemarktes, früher gefürchtet als Richtstätte der päpstlichen Gerichtsbarkeit, an der gewöhnliche Verbrecher und Opfer der Inquisition gefoltert, hingerichtet und verbrannt wurden. Der *Campo dei Fiori* liegt nicht weit von der Herberge der Pilger an der *Piazza Pasquino*.

Folgenden Tag haben sie das Spital des Heiligen Geistes, so nit weit von St. Peter nächst an der Tiber, besichtigt, so wohl wenig zu sechen; und damit nur etwas weniges von Kranken bekannt ist, liegen dieselben in einem sehr langen und geraden Gang in schön sauberen Bettstätten mit ihren Vorhängen, beiderseits des Ganges einander gegenüber, im unteren Gang die Manns-, im oberen die Weibsbilder und Kleinkinder, und hat jede Bettstatt ihre Schüssel und alle andern Notdurften. In der Mitten des Gangs eine runde, offene Kapelle mit einem Altar, zu welichen alle Kranken sechen und dem täglichen Gottesdienst beiwohnen mögen; sie haben zwey ansechliche Apotheken, und zwey bestelltes Doctores, so ihnen pflegen. Ihr Kuchelmeister, der das Spital regiert, ist allzeit ein Graf oder vornehmer Herr. Neben diesen haben die Kranken täglich ihre schöne Musik, ihre Orgel und andere Instrumente, wie es doch eine fürstliche Stiftung haben kann und soll.

Große Teile des *Ospedale di Santo Spirito* werden noch immer als Krankenhaus geführt. Der weitläufige Komplex am linken Tiberufer ist eine der ältesten karitativen Einrichtungen Roms und geht auf eine Stiftung des angelsächsischen Königs Ine zurück. Der König soll um 727 eine Pilgerreise nach Rom unternommen und mit päpstlicher Erlaubnis ein Hospiz für angelsächsische Pilger errichtet haben. Ine verstarb 728 in Rom und wurde in der Hospizkapelle *Santa Maria in Sassia* beigesetzt.

Santo Spirito: Babyklappe mit Spendenkasten

Um 1200 ließ Papst Innozenz II. Hospiz und Kirche grundlegend erneuern und übergab diese der Spitalsgemeinschaft der Brüder vom Orden des Heiligen Geistes, die sie unter dem Namen *Ospedale di Santo Spirito in Sassia* führten. Neben der Aufnahme von Pilgern widmeten sich die Brüder vor allem der Versorgung Kranker und Bedürftiger und der Pflege von Findelkindern, die im Waisenhaus des Hospitals untergebracht waren. In die Außenmauer des Hospitals bauten sie die *Ruota degli esposti* ein, eine Art Babyklappe, in der unerwünschte Säuglinge anonym abgelegt werden konnten. Der marmorne Einwurf neben der Klappe bat um Geldspenden für das Waisenhaus.

Zwischen Tiber und St. Peter: die Corsia Sistina mit ihrer turmhohen Spitalskapelle

Papst Sixtus IV. war ein weiterer großer Förderer des Hospitals. Zwischen 1473 und 1478 ließ er nach den modernsten Erkenntnissen der Krankenpflege einen neuen Trakt, die *Corsia Sistina*, errichten. Guarinoni hat diesen Trakt besichtigt, die von ihm erwähnten langen Gänge sind die beiden schmalen, hohen Krankensäle, die die Flügel des Neubaus bilden. Heute sind sie nach zwei römischen Ärzten des 17. und 18. Jh. als *Sala (Giorgio) Baglivi* und *Sala (Giovanni Maria) Lancisi* benannt. Die Säle münden in einen hohen oktogonalen Sakralbau mit dem Altar im Zentrum; Arkaden öffnen sich gegen die beiden Krankensäle und erlaubten Sicht auf den Altar. Ärzte und Pflegepersonen hingegen konnten durch ein Fenster der Hausapotheke wachsame Blicke auf ihre Patienten werfen.

In der zweiten Hälfte des 17. Jh. erhielt das Hospital weitere Zubauten, deren heutige Nutzung dem Arzt Guarinoni gefallen würde: die *Sala Alessandrina*, in der ein medizingeschichtliches Museum Lehrtafeln und chirurgische Geräte früherer Jahrhunderte zeigt; und den *Palazzo Commendatore* mit seiner umfassenden Sammlung historischer medizinischer Schriften.

Der heilige Peter arretiert die angsthaften Pilgramb

IN DER KUPPEL VON ST. PETER

Nachdem die Pilger den Petersdom mehrmals von innen und außen besehen und bestaunt hatten, bekommen sie Lust, vor ihrer Abreise aus Rom auch Kuppel, Dach und Glocken von St. Peter näher zu betrachten. Deshalb sind sie hocherfreut, als sie

> *... eines Abends nach Ostern der Vesper Gelegenheit in der Kirchen angetroffen eine offene Stiegen oder Stiegentür, so hinauf auf das Kirchenplatz führt, durch weliche Schnecken man gelegentlich hinauf reiten kann. So nun der Scribent voran, als der sich in Gebäu, sonders in Ansechung der künstlichen Schnecken ergötzt, und sie alle fort und fort hinauf gestiegen, bis sie auf den Kirchenestrich kommen, welicher mit keinem Dach bedeckt, sonder bloß und spiegelglatt unter dem bloßen Himmel steht und ihm dennoch kein Regen oder Wetter schadet, weliches gewiss verwunderlich und die Natur des guten römischen Bodensands und Bauzeugs ist.*
>
> *Zwar aber sind außer der mittleren großen Kuppel vier andere kleinere Kuppeln, unter welicher die Glocken bedeckt stehen – und sind gemelte Kuppeln mit Blei bedeckt – weliche Glocken man nit wie bei uns mit Stricken anzieht, sondern allzeit hinaufgeht und mit in Händen gefassten Schwengel allein in der Glocken anschlägt, oder auch mit Stricken also richtet, dass sich der Schwengel alleine hin und her bewegt, die Glocke aber still steht, aus Ursach, dass sich durch das große Gewicht der bewegten Glocken der ganze Turm und anderes daran hängendes Gemäuer allzeit bewegt. In Welschland hat man nit dergleiche starke Türme als man in Theitschland findet, obzwar auch in Theitschland viele Türme mittlerweile zerklieben und einfallen [...]*
> *Was aber der großen Kuppel Höhe betrifft, als die Pilgramb von ihrer Höhe inwendig durch das Gewölb herab in die Kirch gesechen, haben die Mannspersonen anders nit als Hennen oder Ratzen groß ausgesechen, darob sie nit unbillig entsetzet [...]*
> *Also die Pilgramb soliches gesechen, und alsdann durch die große Kuppel hinauf gestiegen. Und von dieser durch eine schmale und enge Schnecken in*

Blick vom Papstaltar hinauf zu Michelangelos Kuppel von St Peter

einer marmornen Säule ausgehöhlert, bis auf den höchsten Gipfel nahe zum Knopf, welicher wenigstens 8 bis 10 Yhren Wein fasst, gestiegen, von welicher man fernum auf das Möhr hinaus sieht. Sind dieselben alsdann wieder herab, auf den Kirchenplatz, das Estrich, gestiegen, und herab auf die auswendigen Kirchengänge wollen, so fast zu mittlerer Höhe des Kirchengemäuers rings um und um gehen.

Der Aufstieg in die Kuppel des Petersdoms ist ein Erlebnis. Und verlangt etwas Kondition, trotz der Möglichkeit, sich mittels Fahrstuhl aufs Dach von St. Peter befördern zu lassen und sich so 231 der 551 Treppen zu ersparen. Ein wenig Mut schadet ebenfalls nicht, Höhenangst oder Klaustrophobie dürften die Freude am Kuppelerlebnis drastisch trüben. Die Stimmung im Fahrstuhl ist freudig-erregt, polyglott versichern wir uns gegenseitig unserer Begeisterung, verbrüdern und verschwestern uns für den Moment, und streben, am Dach angelangt, wie eine Gruppe alter Freunde gemeinsam der großen Kuppel zu. Ein bequemer Gang bringt uns an einen Durchlass, dann stehen wir im Inneren von Michelangelos Meisterwerk. Schmal und gitterversichert führt eine Galerie an der Kuppelbasis rundum, in einer Höhe von 53 Metern, oberhalb der lateinischen Inschrift, die in zwei Meter hohen Lettern verkündet: „Du bist Petrus, auf diesem Felsen werde ich meine Kirche bauen und dir werde ich die Schlüssel zum Himmelreich übergeben." Beim Blick nach unten erscheinen die Menschen im Kirchenraum wie Ameisen, beim Blick nach oben stellt sich leichter Schwindel ein. Wie müssen sich erst die Künstler beim Ausmalen der Kuppel gefühlt haben? Und: Wie sollen wir noch höher, bis zur Laterne der Kuppel gelangen?

Abenteuerliche Passage im Inneren der Kuppelschalen

Über etwa 300 Treppen und einen Gang, der immer schmäler wird, raffiniert eingebaut zwischen Innen- und Außenwand der Kuppel, in leichter Schräglage der Wölbung angepasst. Das letzte Stück kaum einen halben Meter breit, schweißtreibend, nicht nur wegen der körperlichen Anstrengung. Unterhalb der Laterne endlich der Durchlass ins Freie, Aufatmen, und von etwa 120 Metern Höhe einen Blick auf Rom genießen, der alle Mühen des Aufstiegs vergessen macht. Zurück am Dach entdecken wir zwischen Kuppeln, kunstvoll überdachten Lichtschächten und kleinen gemauerten Häuschen eine gute touristische Infrastruktur mit Shop, Bar, Toilettenanlagen und Wegweisern zu Fahrstuhl und Treppenabgang. Unsere Pilger fanden sich mit der Unzahl an Türmchen und Türen hilflos alleingelassen:

Weil aber die guten Pilgramb nit gewusst, das nit nur eine, sondern vier ganz gleiche Stiegen, so weit voneinander entlegen sind, durch weliche man von der Kirchen auf gemelten Estrich hinauf geht, so haben sie im Herabgehen die vorige Stiege verfehlt und diese ganze Stiegen herab gestiegen und vermeint, gleich wieder in St. Peters Kirch hinauszuwischen, wo sie hinein gegangen. Aber St. Peter hat ihnen den Riegel vorgeschoben und gewollt, für ihren gebüßten Firwitz einen guten Zoll zu haben, den sie freilich bezahlt haben. Denn als sie die Stiegentür in die Kirch hinaus gesperrt gefunden, haben sie die ganze Stiegen wiederum hinauf gemusst, bis auf den Estrich. Und im Herumsuchen nehmen sie erst wahr, dass dergleichen Stiegen vier unterschiedliche und alle einander gleich. Da sind sie angestanden, und untereinander angefangen zu disputieren, durch weliche Stiege sie hinauf gangen waren, und war wohl artig zu sechen, als dieser durch die eine, der zweite durch die zweite, der dritt durch die dritte hinab, doch keiner allein seine vermeinte Stiegen hinab gehen, sondern die anderen auch mit haben wollen [...]
Haben sich letztlich geeinigt, die nächste Schnecken hinab zu gehen, und zu versuchen, ob es die rechte wäre durch weliche sie hinauf gekommen. Da sie nun hinab gelangt, war es aber wohl gefehlt, und müssen die ganze Höhe wieder hinauf. Da wollten die Bursch schier unlustig werden, und gingen teils an ein Murren, teils an ein Lachen, aber allesamt an ein Schnaufen von so hohem Auf- und Absteigen. Da sie nun wieder hinaufkommen und die dritte Stiege vermeinten hinab zu gehen, sind sie wieder in die erste geraten und angefangen, müd zu werden. In dem sie aber wieder hinauf gehen, nehmen sie in der Mitte ein Törlein wahr, und als der Scribent nachsah, war es das Törl auf den Gang hinaus, da sich alle begeben und um die Kirch ringsum gingen. Und der Törlein auch vier angetroffen, auf jede der vier Schnecken

aus. Diesen Gang haben sie kaum in einer großen halben Stunde und ziemlich behänden Schrittes vollendet und ihre Quittung gemacht, wenn sie schon St. Peter heute Nacht in Arrest nehmen wird, so wollen sie fort aus dem Gang [...] ihr Nachtlager schlagen. Gott gebe, was der leere und von so vielen Stiegen hungrige Magen dazu sagen werde. So sie nun den Zirkel des Ganges vollendet und bereits dunkler Abend, und nebenbei auch im Gang irr gegangen und das erste Törl nit in acht genommen, sind sie wieder von neuem angestanden und auch von einem Törl zum anderen auf dem Gang zwey und dreymal hinfür und wieder zurück gangen. Und kein Wunder, wer dieses Gebäude gesechen, weliches einem rechten Irrgarten wohl kann verglichen werden, dass sie in die Irre sollen geraten [...].

Schließlich finden die Pilger das richtige Törl, durch welches sie zurück auf das Kirchendach gelangen. Dort sitzen sie und beraten sich voller Sorge, als plötzlich die große Glocke am Dom zum Ave Maria läutet.

So haben dann die Pilgramb das Beten vergessen, und zur Kuppel, wo die große Glocken auf dem Kirchenestrich zu gelaufen, weillen sie wussten, dass der Messner allezeit zum Läuten hinauf muss. Und als sie dahin kommen, war der Messner schon auf dem Weg wieder der Stiegen zu, die sie nit finden oder merken konnten. Als aber der Messner ihrer ansichtig worden, hat er sich verwundert. Der Scribent aber vorgetreten, ihn gegrüßt und geklagt, wie es ihnen gangen. Darob er gelacht mit vermelden, sie wären nit die Ersten, denen es also gangen. Man lasse nur die eine Stiege unter den vieren offen, damit die Messner, deren etliche viele sind, zum Läuten untertags hinauf mögen; ein andres Mal sollten sie um einen Messner fragen, der wird sie ohne Irrung hinauf führen. Sollen jetzt nur mit ihme gehen, wie dann geschechen.

Und haben ihme ein Trinkgeld geben, also dass der Messner um sein unverhofftes Trinkgeld, die Pilgramb um Entledigung aus St. Peters Gefängnis gar froh gewesen. Herr Pfarrer aber schüttelt den Kopf und seinen langen schwarzen Bart, sprechend, den Possen hätte er nit hinter St. Peter gesucht, dass er ihn so bei der Nase auf und ab, hin und her, hinter sich und vor sich ziehen solle. Wie hoch aber der Kirchen Estrich, so anstatt des Dachs ist, kann an diesem abgenommen werden, dass die Bilder der 12 Aposteln aus Stein gehauen, so oben auf des Estrich Gesimse stehen, von unten hinauf angesechen einem kleinen Mann gleich, wenn man aber oben bei ihnen ist, so ist ein Bild 16

Türme und Kuppeln prägen die Dachlandschaft von St. Peter.

unserer Werchschuh hoch. Dahero zu sechen, wie die Burschen dieselben Stiegen so oft auf und ab gehen müssen, deswegen Herr Pfarrer nimmer gegen St. Peter gehen oder ihnen trauen wollte.
Über dieses alles, weillen es bereits ziemlich dunkel, hatten sie zugleich eilig nach Hause zu gehen, weillen es nach Ave Maria Zeit nit sicher auf den Gassen zu gehen. Doch sind sie noch glücklich und in völligem Dunkel, weillen der Weg etwas lang bis zu ihrer Herberg, heimkommen, und dem heiligen Peter an diesem Tag den Zoll bezahlt.

*

Im Übrigen ist es unmöglich, die römischen augenwürdigen Sachen zu sechen, wer sich nit wenigstens ein Jahr aufhält und ansonsten mit keinerlei anderen Ablagen verhindert ist.

Dieser abschließenden Bemerkung Guarinonis zum Aufenthalt in Rom stimmen wir vollinhaltlich zu und begeben uns mit unseren Pilgern auf die Heimreise nach Tirol.

III

DIE ABENTEUERLICHE HEIMREISE

Manier und Ordnung der gehaltenen Raiß

ABSCHIED VON ROM

Zwei Wochen nach Ostern sind die Aufgaben der Pilger in Rom erfüllt und die wichtigsten Kirchen und Heiligtümer besichtigt. Der zuständige Jesuitenbruder hat die heiligen Leiber zum Transport verpackt und Kaspar Siegelsperger steht mit Pferd und Saumkörben zur Abreise bereit. Am Montag, den 23. April finden sich Guarinoni, Steinperger, Thaler und Wenig gemeinsam mit Siegelsperger und Hieronymus van Kessel, der sie nach Hall begleiten wird, im Kollegium ein, nehmen die Leiber in Empfang und tragen sie feierlich-schweigend in die Herberge.

> *Daselbst ehrerbietig auf ein Tisch behalten, und bald hernach des nachmittags in die Sömbkörb bestens Fleiß eingemacht, neben andern überkommenen Heiligtumben, und beynebens auf der Post Ihr Firstl. Dl. den Tag ihres Aufbrechens und von Rom Abraißens, und des Firwillens ein andern obwohl langen Weg auf Bononien und Maylandt zu dem heiligen Carolo zu nehmen und ungefähr auf die heilige Pfingsten aldorten anzukommen.*

Die Pilgerfahrt war von Anfang an als Rundreise geplant; der Rückweg sollte über Florenz und Bologna erfolgen; der nicht unerhebliche Umweg über Mailand entspringt Guarinonis Wunsch, das Grab des hl. Carlo Borromeo zu besuchen. Unterwegs ist wieder der Besuch von Heiligtümern und Wallfahrtskirchen vorgesehen, dennoch hat die Heimfahrt mehr den Charakter einer Bildungsreise als einer Pilgerfahrt; einer recht fröhlichen Reise zudem, was vor allem der Leichtlebigkeit des Frächters Siegelsperger zu verdanken ist. So steht denn auch in Guarinonis Bericht, der *in möglichster Kürze muss gehandelt werden,* das persönliche Erleben noch stärker im Vordergrund als in den beiden vorangegangenen Teilen seiner Reiseaufzeichnungen.

> *Und hat selben Montag ein jeder verricht, was er etwan noch zu tun gehabt; den folgenden Erchtag, so ungefähr der 24te April, zu der Raiß bestimmt gewesen, wie dann des Montags abends mit dem Hausherrn abgereit worden.*

Als nun morgens frühe der Herr Obrist Capelan in der Nähe Meß gelesen, und der Hausherr ihnen eine letzte Colacion verehrt; als sie bereits alles in die Körb eingericht, ist der Kasper Siegelsperger mit seinen Pferd gar abenteuerisch, wie man nachher erzählen wird, angelegt herbeikommen und auch Colacion gemacht; darauf in Gottes Namen die Körbl aufgesömbt, und ungefähr zwischen 9 und 10 Uhr in Gottes Namen dieser Ordnung gegen Florenzer Tor gewendet; [...] alle in ihrer Pilgramb Kleidung, und zwar durch die stilleste Gassen, wo weniger Volk gewesen, weliche der Kasper gar wohl gewusst und sie die Raißstraßen gleich fir St. Peterskirchen geführet, welichem firgehend mit tiefer Reverenz ihr Raiß befohlen, und zu dem Stadttor so nächst hinter dem Päpstlichen Palast in Gottes Namen mit Freuden hinaus gezogen; und als dieselben fir die Vorstadt und Römischen Garten hinauskommen, Unser Lieben Frauen Litaney gesungen, unter welichen dessen der Siegelsperger angefangen seine Possen zu erzählen, wie er dann ein gar lustiger, und fröhlicher Hund war, dann als die Pilgramb zum besten fügurierten, macht er ein lustigen Juchezer darein, darob die Pilgramb erschrocken, weillen es alldorten unbräuchig; deswegen sie ihm zusprochen, er aber noch mehr gejuchezt, weillen er ziemlich Wein getrunken hat. Und geantwort, wenn andere singen, warum sollt ich nit juchezen; hierüber die Pilgramb anders nit als lachen, und nach vollbrachter Litaney auch das Singen unterlassen müssen.

Um die Heiligtümer sicher und würdevoll nach Hause zu führen, beschließen die Pilger, Herbergen in möglichster Nähe zu Gotteshäusern aufzusuchen, damit die beiden Geistlichen frühmorgens vor der Weiterreise die Messe zelebrieren können. Liegen bedeutende Wallfahrtsorte oder Kirchen auf einer geplanten Tagesetappe, stehen sie am betreffenden Morgen etwas früher auf, um auch dort eine Messe zu lesen. Für einen reibungslosen Ablauf der Heimreise legen die Pilger gleich zu Beginn Reiseordnung und Verteilung der Aufgaben fest.

Dass nemblich die zwey Priester auf die Ehrerbietung der zwey heiligen Jungfrauen über Land und in denen Herbergen achthaben sollten, damit dieselben allzeit an gebührend Ort, in der Cammer und auf einer bedeckten Tafel und zwischen oder neben ein brennenden Wachslicht gestellt wurden.
Den Scribenten hat das Directorium oder Anleitung und allgemeine Sorg getroffen, und die Firsechung und Vorbedacht, wohin auf jeden Tag und mit was Sicherheit und Gelegenheit man raißen soll, auch das Dolmetschen, sin-

temahlen, obwohl Herr Thaler, und Herr v. Kessel, auch der Siegelsperger, etwas Welsch gekennt [...]
Herr Thaler hat das Kuchl- und Proviantamt angetroffen, nemblich in der Kuchl zu bestellen, was die Pilgramb um ihr Geld begehrten, wie es durch Welschland bräuchig, dass der Gast esset was er will, wie in Theitschland etwan zu Mittag ein einzig Richt. Neben gut welschen Käß und Brot und Kandl Wein, zu Nacht um ein Richt mehr, die jüngern Bursch zu morgens mit einer starken Weizensemmel in der Hand über Land, sobald das gewöhnliche Landgebet vollendet ware.
Herr v. Kessel, welicher zu Rom des Brauchs in Zollen wohl erfahren, allda man allzeit um den halben oder um zwey Drittel mehr begehrt als die Sach wert, hat man das Zollmeisteramt, so er anständig verricht und wohl den Bursch in Gewinn etwas erspart, aufgetragen.

Auch eine genaue Marschordnung wird festgesetzt: Um das Tempo vorzugeben, gehen Joachim Thaler und der Maler van Kessel abwechselnd voran. Ihnen folgt Siegelsperger mit seinem Pferd, darauf die beiden Priester und zuletzt Guarinoni mit dem jeweils pausierenden Vortreter.

Das Pferd mit den Heiligtumb, weliches Pferd wegen seiner gehabten Tugenden dem Scribenten noch jederzeit in Gedächtnis: Von Leib groß und köstenbraun, fromm, freundlich, und also aufmerksam, dass es gewusst, dass es etwas Hochwichtiges traget, also dass der Siegelsperger, oft gesagt: Weiß nit wie's kommt, dass mein Schallapach, denn so nennt er sein Ross, auf der Raiß also gescheit wird, der sonst zu Rom mehr als ein halber Narr gewesen; hat also das Pferd auf den vorgehenden Pilgramb gemerkt, dass es sein Schritt ganz darnach gericht, und in Kürz [...] eines Vortreters nit mehr bedarf; daher der Siegelsperger gesagt, wann die Raiß lang wird, so wird sein Ross zum Doctor oder zum Pfaffen.

Hinter dem Schallapach ging der Siegelsperger, allein dermaßen abenteurisch gekleidet, dass er die Bekannten zu stetem Gelächter, die Fremden zum Schröcken bewegt, weliches war ein weiß ledernes Kleid, Wams und Hosen, jedoch über das weiß Wams ein schwarzen theitschen Reitrock wie es vor 40 Jahren die Säxischen Schwarzen Reiter zu Pferd getragen, dessen Flügel oder Schoßen fast auf die Knie gereicht, vorn und hinten von ein ander Band mit weißen silberne Häken versetzt, an der Seiten ein schmales langes Roppier, wie ein langer Bratspieß, hinten gar nit hangend, sondern gar gerad und hoch hinaus, wie der Uhrzeiger von 9 Uhr Vormittag auf 3 Uhr Nachmittag zeiget, so unter dem Gehen stets über sich und unter sich schnellend; auf dem Kopf ein hochen dicken braun schweizerischen Hut, so wenigst 2 Pfund gewogen, mit einer langen und großen weißen Hennenfeder hinten darauf, darneben ein schwarzen Bart; sonsten fröhlich und holdselig, weiß-bleiches Gesicht, weliches er aber dermaßen schiech und ungeheyr verstellen konnte, da so viel uns Leut beikommen, sich alle ob ihm entsetzen und wohl auch die Banditen ob ihme schiech werden mögen.

Zudem hatten die Pilger geplant, wieder die Gebetordnung einzuhalten, die sie schon am Weg nach Rom festgelegt hatten. Dank ihres Begleiters aber fiel es öfters schwer, die Andacht zu wahren oder stillschweigend die Rosenkränze zu beten:

Der Siegelsperger, deme diese Stille nit ebens gewesen, als er ein Weil still gewesen, und etwas kurz gebetet, letztlich nit mehr halten konnte, sondern ein unversechenen starken und artigen Seyfzer, Räuspern und Niesen darein getan, dass die Bursch mit Gewalt lachen müssen, und so man ihn getadelt, geschwind darauf ein großmächtigen Grölbezer gegen denen Pilgramb ausgestoßen, gleichsam er auf sie mit der Büchsen schieße; im Wirthshaus beim Essen, wann etwas vorhanden so ihm geschmeckt, hat er unter den Bursch ein Gelächter angefangen, dass sie vor Gelächter nit Essen konnten, derweil hat er mit beiden Fäusten eingeschoben, dass nach vollendeten Gelächter nichts mehr in der Schüssel gewesen.

Ansechliche Städte voll Wunderwerk

SIENA – FLORENZ – BOLOGNA – MODENA – REGGIO

Für den ersten Abschnitt bis Siena wählten Guarinoni und seine Gefährten die alte kaiserliche *Via Francigena* oder Frankenstraße, die im südlichen Teil dem Verlauf der römischen *Via Cassia* entspricht. Wegbeschreibungen für Reisende an der *Via Francigena* wurden schon im 8. und 10. Jh. verfasst und dienten Rompilgern über Jahrhunderte als Grundlage.

Die erste Station am Frankenweg nördlich von Rom war Sutri. Das Stadtzentrum mit seinen dunklen Tuffsteinhäusern und schmalen Gassen kontrolliert von einer Anhöhe aus die darunter vorbeilaufende Durchzugsstraße. An dieser lagen Pilgerherbergen und Tavernen, unweit der in das Tuffgestein gehauenen etruskischen Grabkammern. Eine dieser Höhlen verbindet die örtliche Überlieferung als Rolandsgrotte mit dem Paladin Karls des Großen.

Nächster Pilgerstopp war die mauerbewehrte Papst- und Bischofsstadt Viterbo. Hier fanden Reisende Hospize, Herbergen und Wirtshäuser vor allem um die malerische *Piazza di San Pellegrino* im gleichnamigen, mittelalterlich anmutenden Viertel. Viterbo ist die Stadt der hl. Rosa, und Pilger versäumten es nicht, ihre Kirche mit dem unverwesten Leichnam der Heiligen aufzusuchen. Rosa war eine junge Mystikerin des 13. Jh., die Viterbo im Konflikt zwischen Innozenz IV. und dem Stauferkaiser Friedrich II. für die Seite des Papstes gewinnen konnte. Rosa starb am 5. September 1252 im Alter von 18 Jahren. Am Vorabend ihres Festtages gedenkt die Stadt der Heiligen alljährlich in einer außergewöhnlichen nächtlichen Prozession. Dabei tragen etwa 60 weißgekleidete „Kavaliere der hl. Rosa" ein riesiges, turmartiges Gebilde durch die Straßen und Gassen der Altstadt. Dieser Turm kann bis zu 30 Meter hoch und 5 Tonnen schwer sein. Nach altem Brauch beten die Kavaliere vor ihrem Abmarsch in den fünf Hauptkirchen der Stadt und empfangen den bischöflichen Segen, damit der Umzug reibungslos verläuft.

Im 13. Jh. zogen sich die Päpste wiederholt aus dem unsicheren Rom nach Viterbo zurück und ließen sich hier eine prächtige Residenz errichten. Auch Papstwahlen wurden in Viterbo abgehalten, darunter die bemerkenswerte Wahl Gregors X., auf den sich die Kardinäle im Jahr 1271 erst nach 1005-tägigen Beratungen einigen konnten. Zuletzt hatte die

Etruskische Nekropolen im Tuffsteinrücken bei Sutri

Stadt die Geduld verloren und die Kardinäle bei Brot und Wasser eingeschlossen, *con clave*, mit einem Schlüssel, um ihre Entscheidung zu beschleunigen. Das Prinzip des Konklaves war geboren, auf Erlass Gregors X. findet seither jede Papstwahl hinter verschlossenen Türen statt.

An der *Porta Fiorentina* von Viterbo setzt sich der Frankenweg in Richtung Montefiascone fort; das Bergstädtchen grüßt Wanderer schon von Weitem mit der mächtigen Kuppel der *Basilica di Santa Margherita*. Montefiascone, von Weinbergen umgeben, ist Heimat des berühmten *Est! Est!! Est!!!*. Der ungewöhnliche Name dieses leichten, trockenen Weißweins soll auf den Augsburger Prälaten Johannes Fugger zurückgehen, der 1110 im Gefolge Kaiser Heinrichs V. nach Rom reiste. Der Prälat war dem Weingenuss sehr zugetan und erteilte seinem Diener den Auftrag, auf dem Rückweg vorauszureisen und Schenken mit gutem Wein ausfindig zu machen. Diese sollte er mit dem lateinischen Wort *Est!* bezeichnen, was bedeutet: „Es gibt!". In Montefiascone war der Diener vom Wein derart hingerissen, dass er den Code gleich dreimal an die Wirtshaustüre schrieb: *Est! Est!! Est!!!*. Johannes Fugger teilte die Begeisterung, blieb in Montefiascone und sprach dem Wein in solchen Mengen zu, dass er am dritten Tag am Übermaß verstarb. So jedenfalls steht es auf seinem Grabstein in der Kirche *San Flaviano* in Montefiascone: „Est est est. Wegen zuviel davon ist mein Herr Johannes Fugger hier

Castello Monaldeschi thront über Bolsana.

gestorben." Der Prälat hatte der Stadt auch eine Stiftung vermacht, um alljährlich zu seinem Todestag im Rahmen einer Gedenkfeier etwas Wein über sein Grab zu gießen. Das Weinfest im August ist ein Relikt davon, das Fuggergrab aber bleibt dabei trocken.

Gegen Norden fällt der Weg von Montefiascone steil ab ans Ufer des Bolsenasees. Der Blick ist fantastisch, die beiden Inseln Bisentina und Martana scheinen auf dem Wasser zu schweben. Im Mittelalter war der See berühmt für seine Aale, die sich selbst Päpste liefern ließen. Papst Martin V. etwa pflegte im 13. Jh. noch lebende Bolsena-Aale für ein besonders dekadentes Geschmackserlebnis in einem Weinbad ums Leben bringen zu lassen, bevor er sie verspeiste.

Die gemütliche Kleinstadt Bolsena mit ihren braunen Tuffsteinhäusern liegt am Seeufer, überragt vom *Castello Monaldeschi* aus dem 12. Jh. Bolsena war meist Durchgangsort für Reisende; Pilger besuchten die Kirche *Santa Cristina*, Schauplatz des eucharistischen Wunders von Bolsena. Im Jahr 1263 zelebrierte ein böhmischer Priester, der sich auf Pilgerfahrt nach Rom befand, in der Grotte der hl. Cristina die Messe. Als der Priester, den starke Zweifel an der Gegenwart Christi in Brot und Wein quälten, die Wandlung vollzog, tropfte Blut aus der Hostie und benetzte das Kelchtuch. Papst Urban IV. vernahm von dem Wunder und führte 1264 im Gedenken daran das *Corpus Domini* oder Fronleichnamsfest ein. Die Hostie und das Kelchtuch von Bolsena werden heute

Isola Martana, Verbannungsort für Cristina von Bolsena und Theoderichs Tochter Amalasuntha

in Orvieto aufbewahrt, einige blutbefleckte Marmorstücke blieben in der Kirche *Santa Cristina* in Bolsena zurück.

Der so genannte Blutwunderaltar in der Gruft der hl. Cristina wird auch als Fußspurenaltar bezeichnet und trägt einen Steinblock mit deutlich sichtbaren Fußabdrücken. Die Spuren werden der hl. Cristina zugeschrieben, die hier im Jahr 292 im Alter von 11 Jahren auf Befehl des eigenen Vaters Folter und Martertod erlitt. Cristinas Vater war Richter zur Zeit der Christenverfolgung. Entsetzt darüber, dass sich seine Tochter dem Christentum zuwandte, ließ er sie auf einer Insel im Bolsenasee einkerkern, sie schlagen und foltern. Da weder die Marter noch das Bitten der Mutter Cristina zur Rückkehr zu den römischen Göttern bewegen konnten, ließ sie der Vater, an einen Stein gebunden, in den Bolsenasee werfen. Der Stein trieb wundersamerweise wie ein Boot am Wasser und brachte sie sicher ans Ufer zurück; dort erwarteten das Mädchen weitere grauenhafte Folterungen, von denen sie ein Pfeilschuss schließlich erlöste.

Steinblöcke mit Fußabdrücken heiliger Personen werden in vielen Kulturen verehrt. Christlichen Pilgern galten sie als heilsam für Füße und Beine, besonders wenn man selbst in die steinernen Fußstapfen treten konnte – was bei Cristinas Stein leider nicht mehr möglich ist.

In Acquapendente fanden Reisende noch einmal einen sicheren Nächtigungsort. Das Haus des Templerordens bot Unterkunft, die Krypta der angeschlossenen *Basilica di San Sepolcro* Gelegenheit zur Andacht bei einer Nachbildung des Heiligen Grabes von Jerusalem. Dann zogen die Pilger durch die für ihre Räuberbanden berüchtigte Gegend vor Poggibonsi weiter nach Siena.

> *Von Rom aus bis auf Florenz liegt fast in der Mitten die namhafe und große Stadt hochen Senis, deswegen ein abends dahin kommen und den andern ½ Tag also aufgehalten; die Kirch, darin ihr Grab besichtiget, auch ihr Haus und Zimmer, darin sie gewohnt, dessen Haussaal, weliche ansechlich und groß, mit lauter schön großen Gemäl ihr Histöry geziert, und man den Pilgramben ein Zimmerle gezeigt, darinnen die Heilige öfter aus- und eingangen, und die alte klein Tür noch vorhanden, hat der Scribent darauf gelauert, bis er ein Spalt von der Tür abgeschnitten, haben sonsten auch andere Heiligtumben, so dem Scribenten seithero aus der Gedächnis, derselbsten gesechen, unter andern auch den jetzigen Herrn Nicolaum von Firmian, so zu Schwaz haust, und daselbsten in der Hochen Schul war, angetroffen.*

Siena, sicher eine der schönsten Städte Italiens, war ein wichtiger Pilgerstützpunkt am Zusammentreffen von *Via Francigena* und *Strada Regia Romana*. Wir betreten den Stadtkern wie Guarinoni von Süden her durch die *Porta Tufi* und tauchen ein in die warme Atmosphäre, die das Braun der Backstein-Altstadthäuser verbreitet. Dieses Siena-Braun, aus dem Lehm der Umgebung gewonnen, war schon in der Antike ein begehrter Farbstoff.

Die Einfallsstraße bringt uns direkt an den gotischen Dom, *Santa Maria Assunta*, der sich prächtig von der Backsteinumgebung abhebt. Schwarz-weiße, geschichtete Marmorplatten verkleiden Glockenturm und Mauern; detailreich mit Mosaiken und Skulpturen gestaltet ist die Fassade. Der Bau selbst wurde im frühen 13. Jh. begonnen, als die Stadt unter der Herrschaft von Adel und reichen Kaufleuten ihre größte Blüte erlebte.

Im Dom hat sich Siena in Zeiten von Not und Bedrängnis wiederholt dem Schutz der Gottesmutter anbefohlen und ihr symbolisch die Schlüssel der Stadt überreicht. Beim Ausbruch der Pest im Jahr 1348 blieben die Bitten ungehört: Die Seuche raffte zwei Drittel der Bevölkerung dahin, zerstörte das Machtgefüge in der Stadt und führte zu Kämpfen um die Vorherrschaft, die die Medici aus Florenz für sich entschieden.

Aussicht vom Campanile des Doms über die Piazza del Campo mit dem Torre del Mangia

Reisende fanden in Siena zahlreiche Wirtshäuser vor, ebenso wie Herbergen und Ordensspitäler der Templer, Johanniter und Dominikaner. Das älteste von diesen war das seit dem 9. Jh. bestehende *Ospedale di Santa Maria della Scala* am Domplatz, das auch als Waisenhaus genutzt wurde. Seine jetzige Gestalt erhielt der Bau im 13./14. Jh. Bis 1975 war das *Ospedale* als Krankenhaus in Betrieb, heute kann man das Innere besichtigen. Großartig ist der Pilgersaal, *Sala del Pelligrinaio,* mit Fresken, die Einblick in den Herbergsalltag des späten Mittelalters gewähren: So ist etwa die Verteilung von Almosen dargestellt, oder die Pflege der Kranken im dicht gefüllten, ja überfüllten Krankensaal. Als interessantes Detail fallen die zinnoberrot gehaltenen Wände auf: Dieser Farbe sagte man nach, Parasiten abzuhalten.

Bevor wir mit Guarinonis Pilgern den Spuren der hl. Caterina von Siena folgen, lassen wir uns den Abstecher zur *Piazza del Campo,* dem wohlbekannten Zentrum der Stadt nicht entgehen. Der Platz, überragt vom 102 m hohen, schlanken *Torre del Mangia* ist Schauplatz des alljährlichen Palio, bei dem die 17 Stadtteile von Siena Wettkämpfe um den Palio, ein Seidenbanner mit dem Bild der Madonna, austragen. Dann schlendern wir hinunter zum mittelalterlichen Brunnen *Fonte*

Branda. Nicht weit entfernt befindet sich in der *Via Santa Caterina* das zum *Santuario di Santa Caterina* umgestaltete Geburtshaus der hl. Caterina von Siena.

Der Komplex besteht aus der *Chiesa del Crocifisso* und zwei Oratorien. Eines davon war die Küche von Caterinas Elternhaus, das andere der Schlafraum, in dem die junge Caterina erste Visionen ihrer Vermählung mit Christus erlebt hatte. Caterina, 1347 als Kind einer Färberfamilie geboren, trat gegen den Willen ihrer Eltern dem Orden der Dominikanerinnen bei. Sie widmete sich der Pflege von Armen und Kranken im *Ospedale di Santa Maria della Scala* und setzte sich intensiv mit kirchenpolitischen und spirituellen Fragen auseinander. 1375 entdeckte sie an ihrem Körper Stigmata, die erst nach ihrem Tod auch für andere sichtbar wurden. 1376 reiste Caterina nach Avignon, um mit ihrer Redegabe Papst Gregor XI. zur Rückkehr aus dem Exil nach Rom zu bewegen. Zwei Jahre später zog es sie nach Rom, um den heftig umstrittenen Papst Urban VI. zu unterstützen. Zu dieser Zeit war Caterina bereits schwer krank und soll sich nur noch von der Eucharistie ernährt haben. 1380 verstarb sie in Rom – der Legende nach im Petersdom, wohin sie sich täglich geschleppt hatte – und wurde in der Dominikanerkirche *Santa Maria sopra Minerva* in Rom beigesetzt. Als man sie 1430 erstmals exhumierte, fand man ihren Leichnam unverwest. Caterina wurde 1461 durch den aus Siena stammenden Papst Pius II. heiliggesprochen; mit päpstlicher Erlaubnis entnahm man ihrem Leichnam den Schädel und einen Finger für die *Basilica di San Domenico* in Siena.

Der mächtige Backsteinbau der Dominikanerbasilika ragt hoch über dem Geburtshaus Caterinas auf. Die Kirche entstand in fast 100-jähriger Bauzeit von 1293 bis 1391. In der Kapelle der hl. Caterina sind ihre Reliquien verwahrt; die zweite Kapelle rechts vom Hochaltar war die Kapelle der Deutschen Studenten an der Universität Siena, an der auch der vom Scribenten genannte Nikolaus von Firmian studiert hatte.

Die Tiroler Pilger verlassen Siena durch die *Porta Camollia,* um an der *Strada Regia Romana* nordwärts zu reisen. Die Römische Staatsstraße bestand seit dem 13. Jh., querte den Apennin über Florenz nach Bologna und etablierte sich seit dem Jubeljahr 1300 als östliche Alternative zur *Via Flaminia.* Guarinoni und Steinperger beabsichtigten, in Florenz am Hof der Medici bei Großherzogin Magdalena, einer Schwester ihrer Auftraggeberinnen, vorzusprechen.

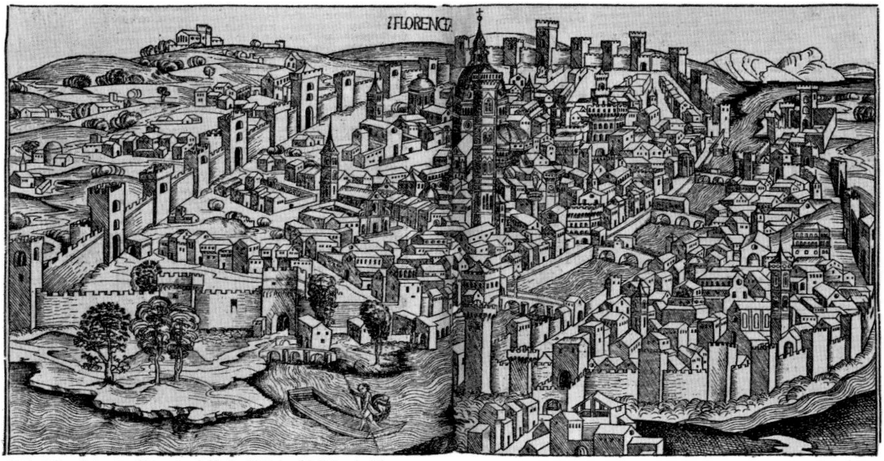

Florenz 1493 (Holzschnitt aus Hartmann Schedels Weltchronik)

> *Als sie zu der Stadt hinaus und auf Florenz zu gangen, und über bergiges Land stiegen; da sie dann durch ein Tal hinaus kommen und ein große Weiten zwischen andre Gebirg ersechen, nit anders, wann man von Halltal hinaus und das weite Inntal vor Augen sicht. So lieget die Stadt Florenz anders nit als die Stadt Hall fast in der Mitten des weiten Florentiner Tales und fließt eben auch ein Wasserstrom mitten durch die Weite, wie der Innstrom, zwar derselbe durch die Stadt Florenz; haben ihr Einkehr nahe bey Hof genommen.*

Die Römische Staatsstraße erreichte Florenz an der *Piazza Pitti* und führte über den *Ponte Vecchio* ins Zentrum der Stadt. Um die *Piazza Pitti* befanden sich seit dem 14. Jh. zahlreiche Herbergen, in einer davon bezogen unsere Pilger ihr Quartier. Am nächsten Tag begeben sich Guarinoni und Steinperger zur Medici-Residenz im *Palazzo Pitti*. Die Medici, eine alte Florentiner Bankiers- und Händlerdynastie, zählten bereits zu den reichsten Familien Italiens, als sie im 15. Jh. die Herrschaft über Florenz gewannen. Den *Palazzo Pitti* hatten die Medici Mitte des 16. Jh. zu ihrer Hauptresidenz erwählt; der große und aussichtsreiche Boboli-Garten hinter dem Palast war ihr persönlicher Lustgarten. Großherzogin Magdalena, seit 1608 mit Cosimo II. de Medici verheiratet, empfängt die Pilger freudig und bittet um die Ehre, die heiligen Leiber für einige Tage in ihrer Privatkapelle betten zu dürfen.

Die zwey heiligen Jungfrauen aber haben Ihr Durchl. sechen wöllen, dahero man sie aus den Körben nehmen und ihr Trüchlein öffnen müssen; allda befunden worden, wie die heiligen Gebein ein Saft wie ein Öl von sich geben, ihnen die Großherzogin große Reverenz erzeigt; auch die alte verwittibte Großherzogin, eine geborene von Lothringen, und die jungen Prinzen daher kommen, dieselben zu ehren und mit ihren Rosenkränz zu berühren, an welichem Ort sie allweill, bis zu der Pilgramben Abraiß in gemelter Kapell nächst an der Großherzogin Zimmer verbleiben.

Während ihres Aufenthaltes in Florenz sorgt die Großherzogin dafür, dass die Pilger, begleitet von ihren deutschen Höflingen, die damals weithin berühmten und einzigartigen Attraktionen der Stadt zu sehen bekommen. Zu denen zählte der Garten von Pratolino:

Also auch dieselben nach den weitberühmten Lust- und Kunstgarten, ein guten Weg außer der Stadt Florenz, wollen führen lassen, dahin sie aber lieber zu Fuß gangen und sehr schöne Sachen insondersheit von springenden Wasserkünsten und firtrefflicher Music ohne Anzeig menschlicher Stimm, alles durch Wasserwerk, hören.

Den Garten von Pratolino hatte der Onkel Cosimos II., Francesco I., für sich und seine Geliebte Bianca Maria Cappello als romantischen Rückzugsort anlegen lassen. Mit der Planung der weitläufigen Anlage beauftragte er den Hofarchitekten Buontalenti; dieser setzte das vorgegebene Thema Wasser mit Fontänen und Wasserspielen um, die zu ihrer Zeit einmalig waren. Eine Villa, Brunnen, Grotten, Alleen und Skulpturen waren ebenso Teil der Anlage. Die Pilger erlebten den Garten in seiner vollen Pracht; nach dem Erlöschen der Medici Mitte des 18. Jh. wollte niemand mehr für die aufwändige Erhaltung aufkommen und er verwilderte. Heute ist der Park ein beliebtes Ausflugsziel, wenngleich von der früheren Ausstattung nur die überdimensionale Statue des Riesen Apennino übrig ist.

Des andern Tags auch Befehl ergangen, man solle die Pilgramben in das Tierhaus führen [...] allda schöne große Bärn, Löwen, und überaus große schöne Tigertier, so die Pilgramben vor diesen nie gesechen, weliche der Gestalt nach den Katzen gleichen, auch fast der Katzen Gebärden haben, mit langen

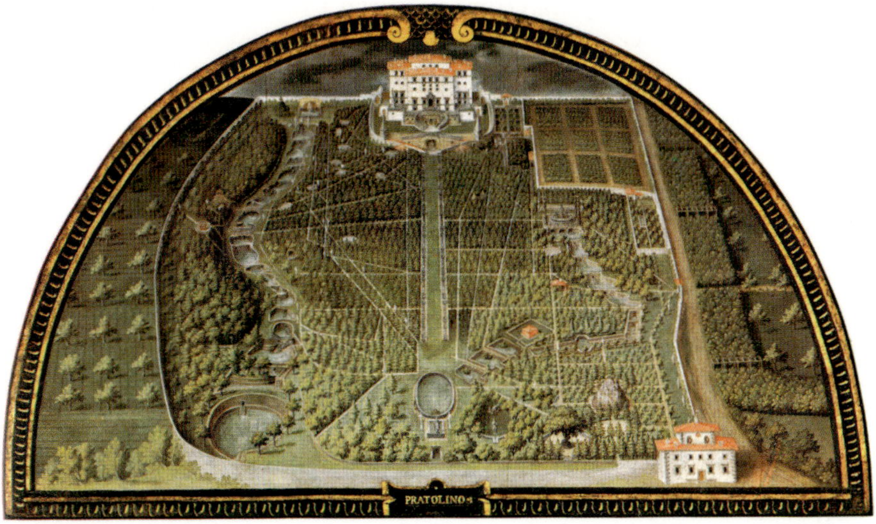

Lünettenbild von Pratolino, 1599 von Giusto Utens für Francesco I. geschaffen

Schweifen wie die Löwen, am ganzen Leib gesprengt wie die Pantertier, und ob sie schon von einander abgesondert, mit großem hilznen Gatter, so haben sie sich einander könn ansechen, und wie sowohl die Löwen als die Tigertier jedweder in seinen Zimmer auf und nieder gangen, also sooft in Umwenden sie einander gesechen, haben sie gegeneinander schieche Augen gemacht und einander gezeiget, weliche schöne Zähn sie haben, sintemahlen Löwen und Tigertier, eben wie Hund und Katzen einander hold sind; als man aber den einen Tigertier ein Stuck Fleisch firgeworfen, hat es soliches dem Löwen zu Trutz unter sein Gesicht zu den Gatter getragen, und vor ihm gefressen; als der Löwe aber das Bild nit ansechen mögen, sondern weit mit schiechen Augen davon gangen, und gleichwohl leere Schlucken getan; es war auch, wie gesagt, ein großer Bär allda, deme man ein lebendigen Hund dene Pilgramben zu Ehren firgeworfen, etwas größer als die größte Stiftskatz, welicher mit Fliehen sich lang vor dem Bärn gehütet, und dem Bärn wohl schnaufen machen, bis er ihn erwischt, deme er zu vor die Haut artig abgezogen, und darnach sich niedergelegt und mit Gelegenheit bankettiert. Item waren zwey große Wölf vorhanden, die dann von oben ganz hinab mit Steinlen beworfen und sie gar zornig gemacht, den Pilgramben ihr Zähn freilich hinauf gebleckt und sie hinab zu ihnen geladen.

Wie Pratolino gehörten auch die Tiergärten der Medici zu den Attraktionen der Stadt. Eine erste Menagerie, beim Kloster *San Marco* gelegen, gründeten die Medici schon 1489, nachdem der Sultan von Ägypten einen Geparden, einen Leoparden, ein Dromedar, eine Giraffe und ein Löwenpaar als Geschenke nach Florenz geschickt hatte. Menagerien und Tiergärten galten bald als Symbole für Reichtum und Status. Künstler wurden geladen, um die Wildtiere zu malen; für hochrangige Gäste veranstalteten die Großherzöge Tierhatzen nach römischem Vorbild; beliebt waren besonders Kämpfe zwischen Löwen und Bären. Gegen Ende des 18. Jh. erlosch das Interesse an Tiergärten und man löste sie auf, meistens zugunsten von botanischen Anlagen.

> *Haben auch selbigen Tag die Pilgramb selbigen Dom und andere firnembe Kirchen besucht, was aber denselben meist angelegen gewesen, war das wunderliche Unser Lieben Frauen Bild, so vor 400 Jahren, wie bekannt, vom Himmel gemalen worden, zu sechen, weliches bei den Herrn Patres Serviten ist, dahin aus ganz Welschland die Wallfahrten kommen.*

Das Bild wurde allerdings unter Verschluss gehalten und nur am Festtag Mariä Verkündigung und anlässlich großer Prozessionen zur öffentlichen Verehrung gezeigt. Ausnahmen galten für hohe Besucher, die man bei Nacht in heimlicher Stille zu dem Bild führte. Unsere Pilger haben Glück, die Großherzogin lässt sie gegen zehn Uhr nachts mit der Kutsche abholen und zur Servitenkirche bringen.

> *So ist wie damahlen schon die Gassen voll Volk gewesen, weliche den Handel geschmeckt; als sie den Wagen fahren hören, und die Windlichter gesechen, ist ein soliches Gedräng worden, dass die Pilgramb hart in die Kirchen konnten und man das Volk mit Gewalt zurück arbeiten müssen, als dennoch gar viel hineingewischt, darunter ein alter Mann, welicher vor dem Altar kniet, die seltambsten Freuden- und Reverenzgebärden mit Weinen, Hupfen und Schreyen getan, dass man hat meinen mögen, er sei von Sinnen kommen [...] haben die Pater das Salve Regina angefangen zu singen, hat sich der erste Firhang, so ein Seidenzeug, selbst aufgetan, etwan mit ein verborgenen Zug, alsdann der andre und letzens der dritte, so aus blauem Goldstuck, als das heilige Bild an Tag kommen, weillen viel Leuchter auf dem Altar angezündt und die großen silberen Ampeln, bey die 30 rings um das Gatter in die Höche*

gestellt, so nun das Bild eröffnet, da solle man gesechen haben, wie der vorgemelte alte Mann gehaust, wie alles Volk Unser Lieben Frauen mit schönsten Ehren Titeln zugeschrien, und die mehrern aus Freuden geweint und an ihr Brust geklopft, also, dass sich die Pilgramb, so dene Ceremonien nit gewohnt, schämen; der Hr. Pfarrer aber unter so ungewöhnlichen Gebärden ein selzambes Paar Augen gemacht, dass etliche unter den Pilgramben sich das Gelächter kaum wehren konnten, die Stiftsofficier aber übel zufrieden waren, da man sie fir geheime Ketzer verargwohnen könnt.

Die Kirch ist groß, fast wie die hiesige Pfarrkirchen, mit Pfeilern besetzt, oben von Gewölb herab hangen ein große Menge großer lebensgröße wachsene Bilder, so dick, dass man das Gewölb kaum sechen kann. Die Bilder sind auf Bretter gericht, und die Strick gehen durch die Bretter; werden also in die Höche gehalten; die Kirch war innen und außer der Kirch ganz mit Zeichen von Wachs, Silber, Krucken, Eisenketten und dergleichen besetzt, das Heilige ist mit Wasserfarben an der Maur gemalt, wann man unten zum großen Tor hin geht auf der linken Hand an der Seitenmauer; also wer das Bild sechen will, den Rücken gegen den Altar wenden muß.

Die Servitenkirche *Santissima Annunziata* markiert die Keimzelle des Servitenordens. 1233 schlossen sich hier sieben angesehene Florentiner Kaufleute zum Orden der Diener Mariens zusammen und und richteten ein erstes, kleines Ordenshaus ein. Die heutige Kirche präsentiert sich außen schlicht, im Inneren herrscht Barock. Das von Guarinoni beschriebene wundertätige Fresko zeigt die Verkündigungsszene, stammt aus dem 14. Jh. und befindet sich in der Gnadenkapelle beim Eingang. Von diesem Bildnis weiß die fromme Legende zu berichten, dass der Künstler Schwierigkeiten hatte, das Gesicht der Jungfrau zu malen. Darüber schlief er ein, und als er erwachte, war das Fresko wie von Engelshand fertiggestellt. Das Bild erfreute sich höchster Verehrung, wovon die zahlreichen Votivgaben Zeugnis geben.

Am Kirchenplatz liegt das *Ospedale degli Innocenti*, ein vom berühmten Architekten Brunelleschi entworfener Frührenaissancebau mit hübscher Loggia. Das *Ospedale* betreute Findelkinder, und wie bei *Santo Spirito* in Rom gibt es auch hier eine kleine Drehtüre, an der unerwünschte Kinder anonym abgelegt werden konnten.

Was den Besuch weiterer Kirchen betrifft, gibt sich der Scribent bedeckt, zu sehr hat ihn wohl *Santissima Annunziata* beeindruckt. Anzunehmen ist, dass die Pilger die Franziskanerkirche *Santa Croce* besucht haben, deren Grundstein der hl. Franziskus persönlich gelegt haben soll. *Santa Croce*, erbaut von 1294 bis 1443, gilt als das Pantheon von Florenz. Hier beerdigt zu werden, versprach, dank der eifrigen Gebete der Franziskanermönche, den Weg ins Paradies zu erleichtern. Über 270 Grabplatten sind allein im Boden der Kirche eingelassen. Angesehene Bürger und Adelige, berühmte Wissenschafter und Künstler sind in *Santa Croce* beigesetzt, darunter Galileo Galilei, Michelangelo, Macchiavelli und Rossini.

Den Dombesuch erwähnt Guarinoni explizit. *Santa Maria del Fiore*, 1296 begonnen, zählt zu den größten Kathedralen Europas und entstand nach den Plänen der namhaftesten florentinischen Baumeister ihrer Zeit.

Das wunderbare, mit Marmorstreifen verkleidete Baptisterium *San Giovanni* steht der Domfassade gegenüber und bildet mit dem Gotteshaus eine bezaubernd harmonische Einheit. Der Bau ist eine Stiftung der reichen Wolltuchhändlerzunft. Bemerkenswert sind die mit Bronzetafeln beschlagenen Portale. Das erste hatte Andrea Pisano 1336 vollendet. Für die beiden anderen schrieben die Wollhändler 1401 einen Wettbewerb aus, vermutlich die früheste Kunstausschreibung der Geschichte. Lorenzo Ghiberti konnte seinen großen Konkurrenten Filippo Brunelleschi übertreffen. Man munkelte, dass sich der enttäuschte Brunelleschi deswegen nur noch der Baumeisterei gewidmet haben soll und dass Ghibertis Sieg auch mit seinen guten Kontakten zu den Mitgliedern der Jury zu tun hatte. Ghiberti arbeitete mit seinen Gehilfen mehrere Jahre an den Portalen; das östliche zeigt Szenen aus dem Alten Testament und ist nach dem Urteil Michelangelos derart gelungen, dass es sich gut als Paradiespforte machen würde. Auch Leonardo da Vinci erlaubte sich ein Urteil zum Baptisterium: Er störte sich daran, dass es durch eine Anhebung des Pflasters wie im Erdboden versunken wirkt, und entwarf Pläne zur Anhebung, die aber nie zur Ausführung kamen.

Giotto plante den Campanile des Doms. Er hatte die Vision eines Turmes, der, gekrönt durch eine gewaltige pyramidenartige Spitze, die Kuppel des Domes überragen sollte. Als er während des Baus verstarb, gab man sich bescheidener und verzichtete auf die Spitze.

Für die herrliche Kuppel, die vom Boden bis zur Laterne eine Höhe von 114 m erreicht und einen Innendurchmesser von 45 Metern auf-

Das Baptisterium San Giovanni, Taufkirche des Doms Santa Maria del Fiore

weist, war der geniale Brunelleschi verantwortlich. Er erhielt hier die Genugtuung für seine Niederlage im Bewerb um die Baptisteriumsportale. Die Stadtväter nämlich hatten führende Architekten geladen, um das Problem des gewaltigen Kuppelbaus zu lösen, und wieder hatte Brunelleschis Erzkonkurrent Lorenzo Ghiberti die Ausschreibung gewonnen. Seine Idee jedoch stellte sich als derart mangelhaft heraus, dass letztlich Brunelleschis Entwurf umgesetzt wurde. 1434 war die Kuppel nach 16-jähriger Bauzeit fertigt. Sie besteht, wie die Kuppel des Petersdomes, aus zwei Schalen, deren Wände sich während des Baus selbst trugen. Ein inneres Stützgerüst war nicht nötig. Die Ausmalung der Kuppel erfolgte ab 1572; die Künstler wollten, so sagt man, Michelangelos Jüngstes Gericht in der Sixtinischen Kapelle zu Rom übertreffen. Leider gerieten die Darstellungen für die Höhe und schwache Ausleuchtung der Kuppel etwas zu klein, um dieses ambitionierte Ziel zu erreichen.

Als nun die Pilgramb fast 5 Tag sich allda aufgehalten, und von benannte Trabanten durch die Stadt und schönsten Kirchen geführt [...], und als die Großherzogin den Pilgramben nach dem 5. Tag die florentinische Kunstcammer zeigen lassen, darin viel schöne Sachen, in Sonderheit ein großmächtige Weltkugel, in welicher alle Örter und Landschaften der Welt gar schön zu sechen gewesen.

Die großherzogliche Kunstkammer befand sich schon 1613 in den Uffizien, dem Sitz von Ämtern und Ministerien. Ein Gang über die Gasse verbindet die Uffizien mit dem Amtssitz der Medici im *Palazzo Vecchio*. Dieser Palazzo mit seinem hohen Turm war um 1300 errichtet worden, als die Zünfte die Macht in Florenz innehatten und die Medici erst ihren Aufstieg begannen. Er war Sitz des Stadtrates, sollte diesem notfalls auch Schutz vor aufgebrachten Bürgern und Adeligen bieten. Was seine wehrhafte Gestalt erklärt.

Von den Uffizien und dem *Palazzo Vecchio* ließ Cosimo I. einen Korridor zur neuen Residenz der Medici im *Palazzo Pitti* bauen. Um den Arno zu queren, setzte man diesen Korridor dem *Ponte Vecchio* auf. Die Brücke mit ihren aneinandergereihten, kleinen Läden, die balkonartig über die Seiten ragen, ersetzte 1333 eine durch Hochwasser zerstörte Holzbrücke. Die Läden waren an übelriechende Gewerbe vergeben, an Schlächter und Gerber, die ihre Abfälle direkt in den Fluss entsorgen konnten. Cosimo I. schätzte den Gestank unterhalb seines Korridors nicht und verordnete, dass sich nur noch Goldschmiede auf der Brücke niederlassen dürften. Die Büste des Florentiner Goldschmiedes Cellini, Schöpfer der durch den Museumsdiebstahl berühmt gewordenen „Saliera", schmückt die Mitte des *Ponte Vecchio*.

Wir wollen aber nicht mehr über den *Ponte Vecchio* zum Ausgangspunkt unseres Spazierganges durch Florenz zurückkehren, sondern machen uns – wie die Pilger – auf den Weg nach Bologna und verlassen die Stadt über die *Via San Gallo* und *Via Bolognese*. Auch hier waren erste Pilgerherbergen schon anlässlich des Jubeljahres 1300 eingerichtet worden. Durch ländliche Hügellandschaften mit vielen schönen Ansitzen und Olivenhainen geht es dem Apennin zu; ein Stück östlich der modernen Durchzugsstraßen querte die *Strada Regia Romana* über den Giogo-Pass den Apennin und erreichte jenseits der Berge die Stadt Bologna.

Der Ponte Vecchio ist die älteste Arno-Brücke in Florenz.

Bologna trägt viele Namen, alte wie neue. Die Etrusker nannten sie *Felsina*, die Kelten *Boinon*, die Römer *Bononia*. Heute kennt man sie auch unter ihren Beinamen. *La Grassa* etwa, die Fette, wegen ihrer ölhaltigen Küche. Oder *La Dotta*, die Gelehrte, in Anspielung auf die 1088 gegründete Universität, die älteste Europas.

Im Mittelalter galt Bologna auch als eine Stadt der Türme; Adelsfamilien, die Ansehen und Macht repräsentieren wollten, errichteten vom 12. bis ins 14. Jh. turmhohe Wohnstätten, so genannte Geschlechtertürme. Etwa zweihundert soll es in Bologna gegeben haben, die meisten hat man im 19. Jh. abgerissen oder ihrer oberen Geschosse beraubt. Zu den erhaltenen zählen *Le Due Torri*, die beiden schiefen Türme an der *Piazza Ravegnana,* heute die Wahrzeichen der Stadt. Der mächtigere *Torre Asinelli* war mit seiner Höhe von fast 95 Metern lange Zeit das höchste Gebäude Europas. Er kann bestiegen werden und bietet eine fantastische Aussicht, ist allerdings mit dem Aberglauben verbunden, dass diejenigen, die ihn besteigen, begonnene Studien niemals zum Abschluss bringen könnten.

Und den 6ten Tag von Florenz aus nach der nambhaften Stadt Bononien ihr Raiß genommen, in welicher Stadt sie beyläufig anderthalb Tag sich aufgehalten und zwar viel schöne Sachen, die seithero langer Zeit sind vergessen worden, dorten gesechen, jedoch sind zwey denkwürdige Sachen nit aus dem Sinn geflossen, die eine unter den 6 steinern Wasserkrügen einer, in welichem Christus bey der Hochzeit zu Cana in Gallilea das Wasser zu Wein gemacht,

Wahrzeichen der Stadt: Torre degli Asinelli und Torre Garisenda

so man daselbst auf ein Altar aufbehaltet; solicher Krug ist aus weißem Alabasterstein, in einer sehr großen schönen Kirchen und in einem eigenen Tabernakel verschlossen, als allein, dass er Altern halber etwas aschenfarben worden, weillen man ihme nit wascht; wie dann die Stiftsofficier untereinander gesagt, hätten diesen Krug unsere Fräulen und Jungfrauen, ich mein, die würden ihn zwagen und kamplen, glitzernd und glanzend machen.

Bei dem ungeheuren Reichtum an Palazzi, Kirchen und Pilgerstätten in Bologna ist es kaum verwunderlich, dass Guarinoni nicht alles in Erinnerung behalten konnte. Ganz sicher hat er mit seinen Pilgerfreunden die Keimzelle des christlichen Bologna besucht, diesen stimmungsvollen Ort voller Magie, der offiziell *Santo Stefano* oder *Sancta Jerusalem Bononiensis* genannt wird, im Volksmund aber treffender als *Chiesa delle Sette Chiese* bezeichnet wird. Diese sieben alten Kirchen sind längst zu einem einzigen Komplex zusammengefasst, der sich um den zentralen Pilatushof gruppiert. Dieser *Cortile di Pilato* aus dem 8. Jh. ist mit der Passion Christi verbunden. Ein steinerner Hahn kräht auf einer Säule als Symbol für den Verrat Petri. In der Hofmitte steht ein Becken, in dem Pilatus seine Hände in Unschuld über die Verurteilung Christi gewaschen haben soll.

Vom Hof treten wir in die *Basilica del Santo Sepolcro*. Der hohe Rundbau stammt aus dem 5. Jh. und soll vom hl. Bischof Petronius als erste Kirche der Stadt anstelle eines vorchristlichen Tempels erbaut worden sein. Petronius, auch liebevoll *San Petro* genannt, war von Kaiser Theoderich als Bischof nach Bologna gesandt worden, wo er 450 verstarb. Sein Leichnam liegt unter dem hohen Marmoraltar in *Santo Sepolcro* begraben, allerdings ohne seinen Kopf. Den hat man bereits im 15. Jh. in den neu erbauten Dom von Bologna überführt.

An der Piazza S. Stefano liegt der Zugang zur Chiesa delle Sette Chiese.

Der Dom *San Petronio*, 1390 begonnen, hätte nach den Wünschen der Stadt an Größe und Ausstattung den Dom zu Florenz übertreffen sollen. Die Pläne scheiterten, trotzdem bleibt dieser eine der größten gotischen Kirchen Europas. 1530 ließ sich Karl V. hier zum Kaiser krönen, da der Neubau des Petersdomes in Rom für derartige Zeremonien noch zu wenig weit fortgeschritten war.

Das andere Hauptstuck, so in dieser ansechlichen Stadt und nit ohne große Verwunderung gesechen haben, war die heilige Katharina v. Bononien, Klosterfrau des heiligen Augustinerordens, weliche ungefähr vor 170 Jahren gestorben, und daselbst in ein Zimmer neben der Klosterkirchen in ein Sessel schön gerad und aufrecht sitzet, angelegt mit allen ihre Ordenskleidern, mit ganzen Leib und allein bloßen Füß, so der Kutten etwas firgehen, die Augen hat sie zu, sonsten das ganze Gesicht frisch und etwas braun, ober der rechten Lefzen sieht man an ihr ein weißen Flecke, so in der Braun des Angesichts sehr schön gar ansichtig, welicher ihr geblieben, als Unsere Liebe Frau ihr das Jesukindlein zu küssen an ihr Arm geben, so ihr vom Kuss soliches Zeichen blieben. Von Person ist sie sehr lang, die Händ hat sie also sitzend übereinander, und ein Crucifix darin, also dass man meinen mechte sie natürlich

Blick über die Piazza Maggiore mit Dom und Regierungspalazzi aus dem 15. Jh.

> *schliefe; ihr Stell ist mitten in der Kirch an der linken Seiten; [...] ware ein Klosterfrau, weliche der Pilgramben Rosenkränz empfangen und die Heilige damit berührt, allda auch ein sehr gute Weil in ihr Behausung zu gebracht, als derweil der Siegelsperger in Wirthshaus mit etlichen angetroffenen theitschen Studenten sich an Wein gelabt.*

Santa Caterina Bononiensis, 1413 in eine der vornehmsten Familien der Stadt geboren, kam im Alter von 12 Jahren als Gesellschafterin an den Hof nach Ferrara und schloss sich dort bald dem karitativen Laienorden der Franziskaner an. Zurück in Bologna, gründete sie 1456 das Klarissinnenkloster, das noch heute bei *Corpus Domini* besteht. Caterina widmete sich der Bekehrung von Sündern und veröffentlichte ihre nicht unumstrittenen Offenbarungen. Nach ihrem Tod 1463 wurde sie in der Kirche ihres Ordens beigesetzt, wo ihr unversehrter Leib noch heute, wie von Guarinoni beschrieben, in einer eigenen Kapelle aufbewahrt wird. Das Äußere von *Corpus Domini* lässt nichts vom Heiligtum erahnen. Die Fassade wurde nie vollendet, der Backsteinbau wirkt, verglichen mit den anderen Gotteshäusern der Stadt, recht schlicht und beinahe lagerhausartig.

Östlich von *Corpus Domini* liegt auf einem schönen, ruhigen Platz die *Basilica di San Domenico*, Begräbnisstätte des hl. Dominikus aus Toulouse. Der Gründer des Dominikanerordens kam 1218 nach Bologna, wo er 1221 verstarb. Beachtenswert ist der reliefgeschmückte Marmorsarkophag des Heiligen, den man unter den wachsamen Augen der Kustoden auch aus der Nähe betrachten, nicht aber fotografieren darf. Der Sarkophag war ursprünglich für die Krypta vorgesehen und erwies sich nach seiner Aufstellung im Querschiff der Kirche als gar zu bescheiden. Künstler sollten ihn durch einen Baldachin mit Heiligenfiguren ergänzen und vergrößern. Einige Figuren schuf der damals 20-jährige Michelangelo. Neben dem Dominikusgrab wird in der Kirche auch ein wundertätiges Kruzifix aus dem späten 16. Jh. sehr verehrt.

Beim Abschied von Bologna grüßt weithin sichtbar die auf einem Hügel außerhalb der Stadt gelegene Wallfahrtskirche *Madonna di San Luca.* 1613 befand sich dort oben nur eine Einsiedelei, in der fromme Frauen ein altes Madonnenbild hüteten, das dem hl. Lukas zugeschrieben wird.

Auf dem Bononischen Feld haben die Pilgramb ein wunderliche Art Hanf gesechen, weliche hoch wie ein kleiner Baum und dicke Stämme haben wie eines großen Manns Daum, und beynebens ganz weiß. Von Bononien sind die Pilgramb nach fürstlicher Stadt Modena, so sehr altväterisch, und als sie ungefähr um Mittag hinkommen, und selbigen Abend die Stadt besichtigt.

Modena ist eine etruskisch-gallische Gründung, die 183 v. Chr. von den Römern eingenommen und zur *Colonia Mutina* ausgebaut wurde. Im Mittelalter rivalisierte die Stadt mit Bologna und wurde von wechselnden Tyrannen regiert, bis sie 1336 an das Haus Este von Ferrara fiel. 1598 gewann der Kirchenstaat die formale Oberhoheit über Modena, das aber weiterhin von den Este verwaltet blieb.

Unsere Pilger sind noch durch die Tore der mittelalterlichen Stadtmauern geschritten, die längst durch Ringstraße und Parkanlagen ersetzt wurden. Vielleicht haben sie auch das herzogliche Kastell im Norden der Altstadt besichtigt, das 1634 einen völligen Umbau erfahren hat. Heute ist es Sitz einer Kadettenschule. Der Platz vor dem Palazzo ist weit, von beinahe karger Schönheit und an allen drei Seiten von Häusern gerahmt, deren Mauern in den für die Stadt so charakteristischen

Romanische Reliefs am Duomo di San Geminiano in Modena

warmen Farbtönen getüncht sind. *Portici*, Laubengänge, führen an die *Via Emilia*, die das Zentrum seit der Römerzeit durchschneidet. Die Gassen werden schmäler rund um den Dom des Stadtheiligen Geminianus. Das Gotteshaus steht, von drei lebhaften Plätzen umgeben, weiß und strahlend im Herzen der Altstadt, Es wurde im 11. Jh. begonnen und im 13. Jh. vollendet; in der Krypta ruht in einem steinernen Sarkophag Geminianus, der im 4. Jh. Bischof von Modena war. In der säulenreichen Krypta begeistern uns die ausdrucksstarken Kapitellreliefs; noch eindringlicher sind die Reliefs an der Kirchenfassade, die Episoden aus der Schöpfungsgeschichte darstellen. Die Beschämung, die Adam und Eva angesichts ihrer Nacktheit empfinden, ist beinahe spürbar, ebenso die Wucht, mit der Kain seinen Bruder Abel erschlägt.

Hierauf folgenden Morgen fortbosliert, und sich nach der gar namhaften Unser Lieben Frauen Wallfahrt in der Stadt Regio gefreyet, und als sie kaum dahin gelanget, unverzüglich der Kirchen zu geeilet, bey welicher auch die Herrn Serviten wohnen, die Kirchen ist zwar altväterisch, aber dermaßen mit silbernen und schönen Wachsbildern, Ketten, Krucken und dergleichen umlegen, dass mans gleich mit Worten nit aussprechen kann, und ist gleich in denselbem Tag ein entsetzliches Wunderwerk firgangen, so aber den Scribenten aus der Gedächtnis gefallen, von welichem unterwegs die Pilgramben auf dem Weg zu reden und sich zu verwundern gehabt. [...] ansonsten ist die Stadt Regio kleiner als Hall, Modena etwas größer.

Reggio hat sich den Charakter einer geschäftigen Landstadt gewahrt. Von Arkaden gesäumt und ein wenig gekrümmt, durchzieht die alte *Via Emilia* auch hier das Stadtzentrum. Sie ist Flanier- und Vorzeigestraße, verkehrsberuhigt, und bestens ausgestattet mit Geschäften, feinen Bars und Cafés. Schmale Seitengassen führen zu den lebhaften Plätzen der

Über den Dächern von Reggio: links im Bild Kuppel und Turm von Madonna della Ghiara

Stadt, an denen vor der Kulisse prächtiger Kirchen das Alltagsleben stattfindet, mit Märkten, Lebensmittelläden und einfacheren Bars.

Die Häuser der Altstadt sind einheitlich hoch, meist zwei- oder dreigeschossig. Die Dächer wirken wie ein flaches ziegelbraunes Meer, aus dem die Türme und Kuppeln der zahlreichen Stadtkirchen hervorragen. Der schönste Sakralbau der Stadt ist die Basilika *Madonna della Ghiara*, die auf eine Servitenkirche des frühen 14. Jh. zurückgeht. In einer Ecke des Klostergartens wurde ein Votivfresko der Madonna sehr verehrt. Als 1596 ein Taubstummer vor dem Bild Sprache und Gehör wiederfand, verbreitete sich der Ruf der wundertätigen Madonna rasch. Aus den Spendengeldern der Gläubigen konnte von 1597 bis 1619 die Kirche in ihrer jetzigen Gestalt erbaut werden. Auch nach der Übertragung des Votivbildes an den Hochaltar der Kirche sollen sich Heilungen und andere Wunder zugetragen haben. Dass etwa Reggio 1630 von der Pest weit weniger betroffen war als andere Städte, oder dass die große Hungersnot von 1648 nicht lang andauerte, schrieb man der Intervention der Madonna von Reggio zu.

Was Unglücks den Pilgramben zugestoßen

PARMA – PIACENZA – PAVIA – MAILAND

Der possierliche Siegelsperger, deme der Pörmesön Käß im Sinn lage, könnte nirgends rasten, bis er gegen Pörmö komme, mit Meinung, sein Mund in Pörmesön Käß zu beißen, welicher Käß die andern Bursch auch sehr an gefochten, und dieshalben der Stadt Pörmö zugeeilt, weliche aber auf zweyerley Weis ihrer Schleckerlust bezahlt sind worden, eine so der possierliche Siegelsperger zugericht.

Parmesan genoss seit dem Mittelalter einen vorzüglichen Ruf als Königin aller Käsesorten. Die großen, in Salzlake gereiften Käselaibe waren gern gesehene Gastgeschenke für kirchliche und weltliche Autoritäten im In- und Ausland. Literarisch setzte Giovanni Boccaccio dem Käse 1350 ein Denkmal, als er in seinem *Decamerone* ein irdisches Schlaraffenland schildert, in dem auf einem Berg von geriebenem Parmesan Teigwaren wie Maccheroni und Ravioli hergestellt werden.

Vorfreude auf „Pörmesön Käß"

Die Kunst der Parmesanherstellung sollen um 1200 Benediktinermönche in den Abteien zwischen Reggio und Piacenza entwickelt haben, um auf ihren langen Reisen einen besonders haltbaren Käseproviant mitführen zu können. Parmesanlaibe können ein Gewicht von etwa 35 bis 40 kg erreichen; für die Herstellung eines Kilogramms sind etwa 16 Liter Milch nötig. Große Herden von Milchkühen weideten schon damals in den Ebenen der Parmesanregion. Mit einigen machten unsere Pilger am Weg nach Parma Bekanntschaft.

Beiderseits der gar schönen, breiten graden Landstraßen in den Feldern zwey Herden schöner großer Kühe waren, so da weideten, und als alle Pilgramben nach ihrem Gebet stillschweigend waren, siehe, da hebt der Siegelsperger die Hand zum Maul und fangt an, stark und laut, natürlich wie ein Kalb, zu blören, auf weliches die Kühe samentlich so viel beiderseits der Landstraßen waren, die Köpf aufgehebt und das Weiden vergessen; er aber machts nur desto stärker, also dass die Kühe alle zugleich anfingen, nit allein zu blören, sondern auch gegen die Landstraßen beiderseits zuzulaufen, und die Schweif in die Höche zu heben, weillen aber beiderseits die Landstraßen mit Gräben versechen, so anstatt der Zäun, sind die Pilgramb auf den Blörer unwillig und teils zornig worden. […] Er aber fing erst an, auf das allerstärkste zu blören, und nit anders, als tät man einem Kalb Leid an, auf weliches die Kühe wütend und tobend worden und selbsten einander angriffen und schädigen wollen. Ja, deren etliche habens gewagt, und sind über die Gräben herüber, und nur auf die Pilgramben zu, nit ohne derselben Entsetzen, mit Furcht, die andern werden auch herüber nachfolgen, wie dann geschechen; und beiderseits im Herübersetzen gewesen, und die Pilgramb mit Pilgrambstöcken über den nur lachenden S. gewöllt, welicher, als die ersten Kühe mit aufgereckten Köpfen herbey kommen, fangt der S. unversechens ein andern wunderbarlichen Ton, wie eines heulenden Wolfs an, als die Kühe alle daran erschrocken und alle eilends wieder zurugg, und als S. stärker heulet, die Kühe alle über den Graben wieder auf ihre Weid gesprungen […] auf weliches die Pilgramb ein jeder mit sein Stecken dem Blörer danach ein guten Puffer über die Achsel und Buggel geben, darauf er geantwortet: Ey, vergelts Gott um den guten Buggelkrazach, haben mich die welschen Läus eben daselbst den ganzen Morgen bissen, und hab mit der Hand nit darzu gemecht.

In Parma wollen wir es nicht unterlassen, im mittelalterlichen Stadtzentrum die Basilika *Santa Maria Assunta* zu besuchen. Unser Hauptinteresse gilt dem achteckigen, aus rotem Veroneser Marmor erbauten Baptisterium am Domplatz mit seinem prächtigen Südportal. Guarinonis Pilgergruppe stand nicht der Sinn nach Kirchenbesuchen:

Als die selben auf den Abend gegen Pörmö und ins Wirthshaus kommen, und vor allen Dingen nach ein Pörmesön Käß gefragt, trug der Wirth einen her, welicher grau, härt, und wie ein grober Bauernkäß, mit vermelden, dass die ersten alle bald verkauft, die schlechten bey Haus behalten worden; sie mit ihr Schleckbegird bezollet und nit Lust gehabt, allda sich aufzuhalten, sondern auf Bavia trachtet, [...] weillen aber die Stadt Biacenz zwischen Pörmö und Bavia, sind sie eines abends gegen Biacenz kommen;

Wie nun bishero Gott der Herr sonder Gnad, Glück und Segen geben, mit dem lieben Heiligtumb heiliger Jungfrauen gelegentlich fortzukommen, also hat der böse Feind sich bearbeitet, etwan ein Krummes darein zu werfen. Und zwar auf der ganzen Raiß war den Pilgramben der Herr Stadtpfarrer sehr bemühelich, indem er nur wollte, dass man noch stärker forteilen sollte, mit Furcht, man werde seines langen Ausbleibens übel zufrieden sein, welicher doch wohl gewusst, dass die Stiftsofficier kein bestimmte Zeit ihres Wiederkommens und nit Befehl fest heimzueilen hatten, und der Scribent als erster Raißer auf Besuchung firnember Wallfahrten sein Raiß gestellet hat; wie dem allen, unterließ Herr Pfarrer nit, stets anzutreiben und den Obristen Capelan an seine Meinung zu ziehen, und solicher Gestalt unter denen Pilgramben ein Unwillen anzuzünden, welicher nun entstand in der Stadt Biacenz, dass die Pilgramben nit miteinander wie andermal, sondern abgeteilter gessen [...] sind also selbige Nacht zu Biacenz mit Unwillen zu Ruhe gangen, und dem bösen Geist Ursach zu wachen geben. Was maßen nur solicher Handl Gott dem Herrn missfallen, hat er gleich drauffolgenden Morgen handgreiflich zu erkennen geben.

Piacenza hatte sich zu einer wichtigen Pilgerstation für Wallfahrer nach Rom, Santiago de Compostela und Jerusalem entwickelt. Entsprechend groß war im 15. Jh. das Angebot an Pilgerherbergen. Etwa sechzig soll es in der Stadt gegeben haben, die bedeutendste war die Herberge im Benediktinerkloster *San Savino*, das um 900 gegründet wurde. Ein einzigartiges Dokument dieser Herberge ist das so genannte Totenbuch von *San Savino*, eine Art Gästebuch des Konvents aus dem 11. Jh., in dem Rompilger ihre Namen und Zuwendungen an das Kloster verewigt hatten, damit die Mönche für ihr Seelenheil beten konnten. Das Buch befindet sich heute in der Staatsbibliothek.

1471 wurde die Mehrzahl der kleineren Hospize der Stadt aufgelöst und zum *Ospedale Grande* im Kloster von *San Sepolcro*, geleitet vom Olivetaner-Zweig der Benediktiner, zusammengeführt.

Einige Kilometer nordwestlich von Piacenza querten Reisende auf der *Via Francigena* den Po mittels einer Fähre. Am südlichen Ufer befand sich der Fährhafen bei Sopravivo, unweit des Städtchens Calandasco; hier betrieben Franziskanermönche eine Pilgerherberge; am nördlichen Poufer legte die Fähre bei Corte Sant'Andrea, einige Kilometer von der Ortschaft Orio an, das ebenfalls Unterkunft bot. Von den historischen Anlegestellen besteht auf Anfrage auch heute noch die Möglichkeit zum Übersetzen. Gemauerte, moderne Pilgersäulen markieren die Furt, die unter ihrem lateinischen Namen *Transitum Padi*, Poquerung, bekannt ist. Bischof Sigerich von Canterbury, der um 990 am Frankenweg nach Rom gepilgert war und eine detaillierte Beschreibung des Frankenweges hinterließ, hat sie so bezeichnet.

Pilgersäule bei Corte Sant'Andrea

Dann als sie zu morgens unwillig von Wirthshaus ausgangen, und fortgezogen, und zu ein großen Wasserstrom kommen, über welichen man durch ein Überfahrt in Schöff weillen kein Bruggen vorhanden, fahren müssen, ist der Schöffknecht mit den Pferd und heiligen Jungfrauen vorn hinein und vorne auf der Schöffspitz mit dem Pferd gehalten; nachher hat man ein Kutschenwagen hineingezogen mit vier Pferden, und dann die Pilgramben, weillen sich der S. etwas hinten aufgehalten und sein Pferd dem Schöffknecht vertraut [...] Als man an das Gestad gelangt, ist der Schöffknecht mit dem Pferd und heiligen Jungfrauen der Erste hinausgesprengt, und das Pferd, so sonsten gar fromm, stehen lassen, damit er das Schöff leiten helfe, damit der Wagen und die Pilgramben hinter dem Wagen heraus konnten; siehe, da wendet sich das Pferd, mit den zwey heiligen Jungfrauen dem Wasser zu und weillen das Pferd den S. und Pilgramben auf den Wasser gesechen, hat das Pferd wieder in das Wasser hinein gesetzt, und zwar, wo daselbst zum tiefsten, und hat wieder durch das Wasser hinüber gewöllt, alda den Pilgramben und S. die Haar gegen Berg gangen, und schon vermeint, wie es da wahrhaftig schon aus Straf Gottes gemeint gewesen, das Pferd, Heiligtumb und alles werde zugrund gehen und die Pilgramb in Leid und Trübsal wiederum anstatt der Freud heim-

kommen; hat auch kein Pilgramb zu Hilf kommen können, weillen sie hinten in Schöff und zum tiefsten auf dem Wasser gewesen; sodann der Scribent dem Schöffmeister zugeschrien, ist derselbe mit den Ruder hinfir auf den Schöffspitz geloffen, und das Pferd, so schon nahe beym Bauch in das Wasser gesetzt, mit dem Ruder zum Kopf geschlagen und wieder zurugg aus dem Wasser getrieben, weliches aber dennoch nit geholfen, sondern das Pferd widerum hinein gesetzt, damahlen das Herz den Pilgramben wohl ganz entfallen.

Erst als Siegelsperger an der Anlegestelle bei Corte Sant'Andrea an Land springt, beruhigt sich das Pferd; die Pilger bereuen ihren Zwist vom Vorabend, da sie im Unglück eine Strafe Gottes für ihren Hader sehen. Sie beschließen, die Heimfahrt gemeinsam fortzusetzen, und sind bald wieder lustig; Siegelsperger aber geht mit der Gerte über sein Pferd und lässt es, wie er meint, für die Sünden seiner Begleiter büßen.

Bevor die Pilger Pavia erreichen, passieren sie die Ronkalischen Gefilde, einen nach der Ortschaft Roncaglia benannten Teil der Poebene. Friedrich I. Barbarossa sammelte hier das Heer, das ihn 1154 nach seiner Königskrönung in Pavia am Frankenweg zur Kaiserkrönung nach Rom begleiten sollte. 1158 hielt er auf den Ronkalischen Gefilden den berühmten Reichstag ab, auf dem er einheitliche Gesetze für sein gesamtes Reich einführte.

Sind ferners gegen Bavia kommen, daselbsten das gewaltige Feld gesechen, auf welichem die große Schlacht geschechen, als der von Freindtsperg dem König aus Frankreich auf das Haupt geschlagen, weliches Feld derzeit alles mit Traid angebaut, und steht zu dessen Anfang die sehr namhafte Karthauß, aus und inwenig mit lauter gehaunen und künstlich darein geschnittenen Figuren gebaut, ist dergleichen Gebäu kaum zu suchen, was die künstlich Einsamkeit belangt.

Item hat sie der Firwitz gestochen, den auf dem Spitz stehenden Turm zu suchen, welichen ein Vater versprochen zu bauen, wann sein übel geratener Sohn sich werde bekehrn und gut tun; weliches weillen es geschechen, hat er den bauen lassen, der ist an ein Egghaus zum Egg gestellt, also das der Spitz von dem Boden auf gehet, und immerdar dicker und stärker wird, bis er über das Haus aus gehet, daselbsten er vieröggig und auf allen vier Seiten Fenster hat. Item daselbsten in der Domkirchen haben sie ein Grab gar schöne mit Teppichen bedeckt und mit einem Gatter umringt, angetroffen, eines wunder-

Reisende vom Süden erreichen Pavia über den Ponte Coperto.

> *wirkenden wie bekannten Bischofs, so des Heiligen Caroly Boromay Cammerherr gewesen und von ihme die Heiligkeit gelernt, daselbsten es auch ein sehr schöne steinerne Bruggen über das vorige Wasser, so daselbsten mitten durch die Stadt fließt, haben alsdann ihren Weg nach Maylandt genommen.*

Was die Reise durch den Raum Pavia angeht, rollt Guarinoni seine Erinnerungen von hinten her auf. Tatsächlich querten sie am westlichen Rand der Ronkalischen Gefilde zuerst auf der Steinbrücke den Ticino und erreichten damit Pavia, bevor sie am Weiterweg nach Mailand die Kartause und die Schlachtfelder von Pavia zu sehen bekamen.

Die mittelalterliche Steinbrücke, an der sich auch der Stadthafen befand, war für Reisende aus dem Süden der einzige Zugang zur Stadt. Die Brücke wurde im letzten Weltkrieg zerstört, an ihrer Stelle spannt sich heute der nach historischen Vorlagen neu erbaute *Ponte Coperto* über den Ticino. Schon bevor wir die Brücke queren, grüßt vom anderen Ufer der Dom von Pavia. Er wurde 1488 zur Regierungszeit der Sforza begonnen, aber bis heute nicht völlig fertiggestellt. Aus der Entfernung beeindruckt er mehr als bei näherem Augenschein.

Pavia entwickelte sich aus dem römischen *Castrum Ticinum*; die planmäßige Anordnung der Straßen geht darauf zurück: Der Ostgotenkönig Theoderich wählte *Ticinum* zum dritten Hauptsitz neben Ravenna und

Verona. Die Langobarden eroberten die Stadt im 6. Jh., ernannten sie zur Hauptstadt ihres *Regnum Italicum* und gaben ihr den Namen *Papia*. Als Krönungskirche errichteten sie die *Basilica di San Michele*, die in ihrer heutigen Form aus dem 12. Jh. stammt. *San Michele* ist ein Meisterwerk romanisch-lombardischer Bildhauerkunst, ein Sandsteintraum, der wie ein heller wuchtig-schöner Monolith inmitten der schmalen Altstadtgassen ruht. Fantastisch gearbeitet sind die Portalfassungen: die Säulen auf das Feinste ziseliert, die Kapitellskulpturen eine geheimnisvolle Kombination christlicher und vorchristlicher Themen. Biblische Gestalten und Heilige finden sich hier neben Drachen, Meerweibchen und anderen Fabelwesen. Im Inneren setzt sich der Kapitellschmuck mit ähnlichen Motiven fort.

San Michele blieb auch nach dem Erlöschen der Langobarden Krönungskirche: Pavia war Symbol für die Herrschaft über den italienischen Teil des Heiligen Römischen Reiches und zahlreiche römisch-deutsche Kaiser des Mittelalters, darunter Friedrich I. Barbarossa, ließen sich die langobardische Eisenkrone aufs Haupt setzen, um so ihren Anspruch auf Reichsitalien zu unterstreichen.

Die Altstadtstraßen sind gepflastert und gesperrt für den privaten Verkehr. Wir schlendern durch die *Via San Michele* und ihre Fortsetzung weiter stadteinwärts. Die Gassen werden belebter, kleine Lokale häufen sich rund um die Universität, die zu den ältesten Europas gehört und seit 1361 besteht. Gleich neben den Universitätsgebäuden sind drei der ehemals zahlreichen Geschlechtertürme erhalten, Backsteinriesen, unter denen Studierende ihre Pausen verbringen und den altehrwürdigen Platz mit Leben und Lachen erfüllen. In den kleinen Luken der Türme haben sich Papageien eingenistet, fühlen sich hier sichtlich wohl. Den auf der Spitze stehenden Turm, an dem Guarinoni so sehr interessiert war, konnten wir nicht ausfindig machen.

Im Norden von Pavia, nicht weit vom Stadttor an der Ausfallsstraße gegen Mailand, liegt die romanische Kirche *San Pietro in Ciel d'Oro*, die etwa zeitgleich mit *San Michele* erbaut wurde und eine ähnliche Portalgestaltung aufweist. *San Pietro in Ciel d'Oro* ist Grabkirche für den hl. Bischof und Kirchenlehrer Augustinus, dessen Gebeine im 8. Jh. von Nordafrika nach Pavia gebracht wurden und in einem prächtigen dreigeschossigen Marmorreliquiar ruhen. Das Augustinusgrab zählte zu den großen Pilgerstätten Norditaliens. Im angeschlossenen Kloster

Die Klosterkirche der Certosa di Pavia, berühmt für ihre Marmorfassade im Stil der Frührenaissance

übernachteten vor allem Pilger von Rang und Namen; auch Könige und Kaiser bezogen bei ihren Aufenthalten in Pavia dort Quartier.

Nahe der Kirche befindet sich das *Castello Visconteo*, die festungsartige Zwingburg der Visconti aus dem 14. Jh. Der Schlosspark der Visconti reichte kilometerweit gegen Norden; am Rand des Parks begründete Gian Galeazzo Visconti Ende des 14. Jh. die *Certosa di Pavia*, ein Kartäuserkloster als Grablege seiner Familie.

Dieses ist von einer hohen Backsteinmauer umgeben, der einzige Zugang liegt gegen Pavia und wird über eine breite Allee erreicht. Schöner finden wir die Annäherung vom nördlich gelegenen Bahnhof her. Wir sind an einem nebeligen Herbstmorgen unterwegs, vor uns nehmen hinter der Klostermauer die Türmchen und Kuppeln der *Certosa* langsam Konturen an, märchenhaft, fast orientalisch. Ein schmaler Weg, der Mauer entlang, dann das Portal, und dahinter wohl eine der schönsten, jedenfalls aber detailreichsten Kirchenfassaden Italiens: die Klosterkirche *Madonna delle Grazie*. Über 150 Jahre lang zog sich der Bau der Kirche hin, mehr als 250 Künstler und Baumeister waren damit beschäftigt, viele von ihnen hatten bereits am Bau des Mailänder Doms mitge-

Der große Kreuzgang mit den Kartäuserklausen

wirkt. Hier schufen sie ein Juwel der Renaissancekunst, eines der bedeutendsten Baudenkmäler Oberitaliens.

Im Inneren wachen Kustoden über die Einhaltung von Ruhe und Fotografierverbot. Im Chor bewundern wir das geschnitzte Gestühl, dessen Rückwände hölzerne Heiligendarstellungen zeigen, alle in kleinstteiliger Intarsienarbeit geschaffen.

Am Boden des Chors wiederholen Marmorintarsien die Worte *Gra* und *Car*, Abkürzungen für den Namen des Klosters, *Graciarum Carhusia, Certosa della Gracie*, Kartause der Gnade. Das Stiftergrab befindet sich im südlichen Seitenschiff. Von dort erreichen wir den ersten, kleinen Klosterkreuzgang, in dem Backstein, Marmor und Sandstein prächtig und stimmungsvoll harmonieren. Ein Durchgang verbindet ihn mit dem großen Kreuzgang, wo ein Zisterzienserpater einer Schulklasse Erklärungen gibt. Wir dürfen uns der Führung anschließen und erfahren einiges aus dem Leben der Kartäuser, von denen die Zisterzienser die Leitung des Klosters erst Mitte des 20. Jh. übernommen haben.

Um den großen Kreuzgang, dessen ausgedehnte Grünfläche den Kartäusern als Gemüsegarten diente, sind 24 identische Häuschen mit kleinen Schornsteinen angeordnet. Die Kartäuser sind ein Schweigeorden und seine Mitglieder leben in strenger Klausur. Jedem Bruder stand daher ein solches Häuschen als Klause zur Verfügung, in dem er den Großteil seines Klosterlebens mit Gebeten und Studium verbrachte. Die Zellen bestehen aus einem Wohn- und Studierraum mit Klapptisch und offenem Kamin, einem Schlafraum, einer Kapelle, einem Waschraum und einem kleinen ummauerten Garten mit eigenem Brunnen. Hohe Mauern verhinderten den Kontakt zu den Brüdern in den Nachbarzellen. Das Essen erhielten die Brüder durch eine kleine Drehtür gereicht, jeder nahm seine Mahlzeiten allein ein, nur an Sonn- und Feiertagen wurde gemeinsam im Refektorium gespeist. Seltsam mutet der Kontrast zwischen der prunkvoll-repräsentativen Kirche und dem einfachen Leben der Mönche an, die für das Seelenheil der Stifter beteten.

Hinter der *Certosa* beginnt die Ebene, auf der sich 1525 in der Schlacht von Pavia die Truppen des Habsburgers Karl V. und des französischen Königs Franz I. Valois gegenüberstanden. Frankreich, mit dem Kirchenstaat gegen Habsburg verbündet, nahm Mailand ein und belagerte Pavia mit 26.000 Söldnern. Karl V. schickte ein nur unwesentlich kleineres Heer. Nach verlustreichen Kämpfen konnten die Habsburger den Franzosenkönig, der persönlich seine Truppen befehligte, gefangen nehmen und die Schlacht für sich entscheiden. Besonders hervor tat sich dabei der Feldherr Georg Frundsperg, der aus angesehener Schwazer Familie stammte.

Als die Pilgramb ein gute Weil die weite Vorstadt auf Maylandt eingangen und vermeint, sie sollten schier die halbe Stadt durchgangen sein, da erschienen erst die Stadtbasteien und Stadttör mit ihren starken Wachten, weliche als sie das beladne Ross gesechen, behänd herausgewischt, und wissen wöllen, was man führe; sintemahlen für jedes Ding den Zoll und Zins zollen sollen, außer geistlichen Sachen; wie man sie nun berichtet, es sind Heiligtumben, weliches sie nit glauben wollen, sondern in Körben herum gestrielet und unter etliche Rosenkränz, so die Pilgramben von Rom gebracht, etwan zwey römische Handschuh gefunden, und ein auf Kupfer gemalene Tafel, so der Von Kößel mit ihme von Rom führte, eines Bogens Papier groß, nach welicher Tafel, weillen dieselbe über die maßen schön und künstlich gemalen, griffen, wie auch nach denen Handschuhen, und zu sich genommen, mit vermelden, die Pilgramb haben wöllen die Zoll enttragen, weillen aber der Scribent vermeldt, sie sollen mit ihme zum Stadthauptmann kommen, ihme wölle er anzeigen, was sie führen; ist derweil der andre welsche Tropf durch ein andren Weg firgeloffen, und den Stadthauptmann das Maul voll angelogen und die Pilgramb gleichsam als Verräter angeben. [...] Als der Stadthauptmann den Scribenten anhört, hat er ihme beschieden, er wölle der Sache nachdenken, solle wiederkommen. Mit welichen die Pilgramben ein trauriges Eingehen in Maylandt gehabt, und in Wirthshaus derweil eingekehrt.

Erst nachdem der Scribent dem Hauptmann ein Empfehlungsschreiben der Erzherzoginnen vorweist, das seine guten Beziehungen zum Haus Habsburg zeigt, erhält er die beschlagnahmten Waren zurück und darf

Ansicht von Mailand, spätes 16. Jh. Rechts außerhalb der Stadtmauern das riesige Pest- und Leprosenspital aus dem 15. Jh.

weiterziehen. Dass unseren Pilgern der Weg durch die Vorstadt bis zum verhängnisvollen Stadttor lang erschienen ist, verwundert nicht: Mailand ist in konzentrischen Kreisen gewachsen. Keimzelle der Stadt war das Gebiet um den heutigen Dom, wo ab dem 1. Jh. vor Chr. eine keltische Siedlung zum römischen *Mediolanum* wurde. Der Mauerring um *Mediolanum* entsprach dem Verlauf der heutigen inneren Ringstraße um das Stadtzentrum. Als sich die Stadt nach der Zerstörung durch die Goten im Jahr erholte, bildete sich um das wieder aufgebaute Stadtzentrum bald ein Ring neuer Wohngebiete, der im 12. Jh. wieder von einem Mauerkranz mit tiefem Wassergraben, sieben Haupttoren und mehreren Nebenzugängen umgeben wurde. An der *Porta Ticinese* sind letzte Reste des Wassergrabens erhalten. Als die Pilger vom Süden her an dieses Tor gelangten, hatten sich längst weitere Vorstadtkreise um den Mauerring gebildet.

Gleich hinter der *Porta Ticinese* liegt eine der ältesten Kirchen der Stadt, die aus dem 4. Jh. stammende *Basilica di Sant'Eustorgio*, auch *Chiesa dei Magi* genannt, Dreikönigskirche. Der Mailänder Bischof Eustorgio hatte von Kaiser Konstantin einen steinernen Sarkophag mit

Von Sant'Eustorgio dem Stadtzentrum zu

den angeblichen Gebeinen der Heiligen Drei Könige Caspar, Melchior und Balthasar zum Geschenk erhalten. Auf einem Ochsenkarren brachte sie Eustorgio nach Mailand, doch als der Karren ein gutes Stück vor der römischen Stadtmauer steckenblieb, sah das der Bischof als Zeichen und ließ hier die Grabkirche für die heiligen Gebeine errichten. Hoch oben an der vierten Säule des rechten Seitenschiffes hält ein Kapitellrelief die Episode fest. Als Friedrich Barbarossa 1162 Mailand eroberte, plünderten seine Truppen auch die Dreikönigskirche, raubten die Reliquien und brachten sie nach Köln, wo ihnen der Kaiser den Dom errichten ließ. 1903 erhielt die Mailänder Kirche einen Teil der Reliquien zurück und bettete sie wieder in ihrem großen, mit Fresken ausgemalten Grabbau zur Ruhe.

Über den *Corso Porta Ticinese* spazieren wir weiter stadteinwärts; die Säulenreihe blieb von der römerzeitlichen *Porta Ticinese* und ist heute ein beliebter Jugendtreffpunkt. Die folgende Ringstraße, die dem Verlauf der römischen Stadtmauer entspricht, führt in östlicher Richtung zur Universität von Mailand. Zahlreiche Pilger früherer Jahrhunderte werden diesen Weg eingeschlagen haben, der weitläufige Gebäudekomplex war seit dem 15. Jh. unter der Bezeichnung *Ospedale Maggiore* Krankenhaus und Pilgerherberge. Er entstand zur Blütezeit Mailands unter der Herrschaft der Herzöge Visconti und Sforza. 1441 verheiratete der letzte Visconti seine Tochter Bianca Maria mit Francesco Sforza, der als angesehener Söldner in seinem Dienste stand. Das Paar stiftete den Bau des Hospitals, Baumeister war der Hofarchitekt Antonio Filarete. Nach dem Tod seines Schwiegervaters konnte sich Francesco in den Machtkämpfen um das Herzogtum Mailand durchsetzen; die Sforzadynastie regierte Mailand bis 1535. Die letzte Vertreterin, eine weitere Bianca Maria, war die zweite Gattin Kaiser Maximilians, wodurch Mailand später an die spanische Habsburgerlinie fallen sollte.

Heiliges Grab in der Chiesa di San Sepolcro

In westlicher Richtung streift die Ringstraße bald die romanische *Basilica di Sant'Ambrogio*, die für ihren karolingischen Goldaltar berühmt ist. Am Ende der Ringstraße steht am *Corso Magenta* die prächtige Renaissancekirche *Santa Maria delle Grazie* aus dem 15. Jh., geplant von Donato Bramante. Für das Refektorium des angeschlossenen Dominikanerklosters hat Leonardo da Vinci sein berühmtes, 1497 vollendetes Fresko „Das Letzte Abendmahl" geschaffen, ein Meisterwerk, für dessen Betrachtung man sich ausreichend Zeit nehmen sollte.

Nach besichtigter vieler daselbst schöner ansechlicher Kirchen und das Heilige Grab, so dem zu Jerusalem gleich ist, auch daselbst überkommenes gegossenes Contrafet des heiligen Caroli.

Der schlichte Backsteinbau der *Chiesa di San Sepolcro* liegt nicht weit vom Dom, ein wenig versteckt in den engen Gassen der Altstadt und direkt über dem Forum des römischen *Mediolanum*. Die Kirche geht auf das 11. Jh. zurück; der Innenraum wurde mehrmals umgestaltet, zuletzt im frühen 18. Jh. Auf unserer Spurensuche begeben wir uns tiefer in das gotische Gassengeviert zur *Piazza Borromeo*. Im späten 14. Jh. waren die aus Florenz stammenden, höchst angesehenen Borromeo nach Mailand gekommen und ließen sich hier ihren herrlichen Palazzo errichten, der noch heute im Besitz der Familie ist. Hier soll der junge Guarinoni einige Jahre zur Verfeinerung seiner Erziehung zugebracht haben. Der Palast kann nicht besichtigt werden, gerne erlauben aber die Kustoden, einen Blick in den Innenhof zu werfen, solange man das Fotografierverbot beachtet. Eine Wand des Hofes ist über und über mit dem Motto der Borromeo beschrieben. *Humilitas*, Demut, in schwarzen gotischen Lettern. Das Motto geht auf Carlo Borromeo zurück; man begegnet dem Schriftzug in Mailand öfter, er verweist auf Stiftungen der Familie.

Dem Palast gegenüber liegt die Kirche *Santa Maria Pondone*, mit der Borromeo-Kapelle, die wieder der gotische Schriftzug kennzeichnet. Das von Guarinoni erwähnte Bronzestandbild des hl. Carlo Borromeo steht neben der Kirche

Hl. Carlo Borromeo (1538–1584), Kardinal und Erzbischof von Mailand

Hierauf sind die Pilgramben vor allen Dingen zu dem Dom zu dem Heiligen Karl gangen, an welichen Dom man daselbsten eben auch baute, wie schon vor 400 Jahren hero, welicher sehr groß, und mit Pfeilern künstlich ausgraben in Marbelstein inner, und außen der Kirchen; der heilige Karl aber liegt mitten in der Domkirch unten in einer Gruft, und ist heroben offen […], und der Grabstein hinweg, und dessen statt ein Gatter von dicken, starken Draht überzogen ware, und ringsum ein Geländer, dass man davor knien und wann man unten liest, hinab sechen kann; soliches Gatter liegt stets voller silberner Schein und Geld, so man täglich opfert, und darwirft, und voller weiß wächsernen Kerzen, so man stets anzündt, die ganze Kirch und die Pfeiler umleget mit schwarz samten Taflen […] und auf dem Sammet lauter silberne Blöck, Form eines ganzens Leibes, als Füß, als Armes oder Kopfes und dergleichen, nach den die Bezahlten geheilt sind, außerdem gemalene Taflen, wachsene Bilder ect.

Das Herz der Metropole Mailand bildet der Domplatz. Hier treffen vor der prächtigen marmorweißen Kulisse des Doms Einheimische und Touristen, Kulturbeflissene und Pilger einträchtig zusammen. Schön ist es, auf den Treppen vor dem Dom zu sitzen und das bunte Treiben am Platz zu beobachten. Ein Brautpaar, beide völlig in Weiß gekleidet, kommt mit Fotografen; Wallfahrer sammeln sich zum gemeinsamen Dombesuch; Kinder füttern Scharen von Tauben; junge Menschen lachen, flirten, diskutieren. Straßenmusikanten treten an den Rändern des Platzes auf, vereinzelt versucht ein Bettler sein Glück.

Weißer Marmortraum: der Mailänder Dom

Der Mailänder Dom ist der Geburt Marias geweiht, *Santa Maria Nascente*. Ihre goldene Statue auf der Turmspitze wird liebevoll *Bella Madonnina* genannt. Der Dombau begann 1386; im Jahr 1572 fand die Weihe statt, die letzten Arbeiten wurden erst 1809 abgeschlossen. Generationen von Baumeistern und Architekten aus lombardischer, französischer und deutscher Schule haben daran mitgewirkt und ein Meisterwerk oberitalienischer Baukunst geschaffen, einen der beeindruckendsten Sakralbauten, die wir im Verlauf unserer Reise gesehen haben.

Als Guarinonis Pilger in Mailand weilten, hatte der Dom bereits seine Kuppel erhalten. Die barocke Fassade mit dem überreichen Schmuck an Bildwerken existierte jedoch noch nicht; sie geht auf einen Entwurf von 1615 zurück. Tausende Statuen und Bildwerke schmücken den Dom, allein an die 2000 sind an der Fassade zu bewundern. Dazu kommen ornamentaler Zierrat, Türmchen und feinste Streben. Am Tag strahlt alles in reinstem Weiß; abendlich beleuchtet, erscheinen die Verzierungen wie filigrane Häkelarbeiten, vor allem, wenn man sich von der Rückseite her nähert.

Der Mailänder Dom zählt zu den größten gotischen Kathedralen der Welt und kann bis zu 40.000 Menschen aufnehmen. Außerhalb der Gottesdienstzeiten wird eine geringe Eintrittsgebühr verlangt; Uniformierte wachen am Eingang; die blauen Federn auf ihren Hüten stimmen fröhlich.

Ein herrliches Erlebnis ist der Aufstieg auf das Dach des Doms; Pilger zieht es mehr in die Krypta, wo sie die Reliquien des hl. Carlo Borromeo verehren. Carlo, 1538 geboren, stammte aus bestem Haus; seine Mutter war eine Medici, sein Onkel Papst Pius IV. Carlos klerikale Karriere war vorgezeichnet; schon im Alter von zwölf Jahren setzte ihn seine Familie als Abt der Benediktinerabtei Arona nordwestlich von Mailand ein. Mit vierzehn begann er sein Jura-Studium; 1563 wurde er zum Priester geweiht, wenig später zum Erzbischof von Mailand ernannt. Carlo Borromeo zeichnete sich als Reformer aus, der vom Klerus asketische Strenge verlangte. Ein Schussattentat überlebte er wie durch ein Wunder, was ihm heiligenhafte Verehrung schon zu Lebzeiten eintrug. Das Volk schätzte ihn auch aufgrund seines Einsatzes für die Pestkranken zu Zeiten der großen Epidemien. Er selbst starb im Alter von nur 46 Jahren nach einem Fieberanfall.

> *Es haben sich aber die Pilgramben bey einem Domherrn angemeldt, und ihnen vergünstiget worden, hinab in die Gruft gelassen zu werden; dahin sie kommen, als ein Herr daselbst Meß gelesen, unter welicher sie den Heiligen zu Genügen ansechen mögen, der liegt ganz nach aller Läng auf dem Altar, mit dem Haupt an der Epistelseiten, und mit den Füßen auf der Evangeliseiten, bischöflich in gelbgold Stuck angetan, mit der Kößl und seiner bischöflichen Jufel, sein Angesicht fast ganz, außer der Nasenspitz und Lefzen; also dass alle seine Zähn, so schön weiß sind, die Füß auch bloß, und braun, die Händ ob der Brust übereinander [...]*
> *Sonsten ist alda zu Maylandt wohl würdig zu sechen das gewaltige Schloss, dessen Basteyen mit vielen Kugeln, so darein geschossen worden, noch stecken in denen Ziegeln inne und halb hervor; im Eingang des ersten Tores kommen zwey doppelte Karthaunen gegen einen heraus, dass einem die Haar gegen Berg stehen.*

Das mächtige, zinnengekrönte *Castello Sforzesco*, das Francesco I. Sforza ab 1450 als Stadtschloss anstelle einer Burg der Familie Visconti errichten ließ, liegt unweit des Doms am Weg Richtung Norden. Namhafte Künstler und Architekten waren an der Ausführung beteiligt, darunter Bramante, Leonardo da Vinci und Filarete. Nach 1943 wurde die gesamte Anlage umfassend restauriert, von den Schäden vergangener Kriege ist nichts mehr zu sehen.

Der moderne Verlauf von *Corso Garibaldi* und *Corso Como*, vorbei am Bahnhof an der *Porta Garibaldi*, entspricht der alten Ausfallsstraße, auf der sich die Pilger gegen Como aufmachten. Zu Fuß folgen wir ihr nur bis zum Bahnhof, dort nehmen wir den Zug.

Im langen schmalen Tal Veltlin

COMO – VELTLIN – BORMIO

Nachdem sich die Pilgramb entschlossen, den kürzern Weg nach Tyrol zu nehmen, und durch Venediger zu reisen nit Lust hatten, haben sich dieselbigen von Maylandt aus nach Como gewendt, dahin sie den Tag zu abends kommen. Und als sie zu nachts gessen, in ein Schöffl an dem Comer See daselbst getretten, als es schon dunkle Nacht ware, unter andrem Volk, sind also sitzend, fahrend, schlafend und nöpfetzend zu morgens zu End des See zu dem Berg und Festung Fentos kommen, welicher vorn in das Tal Veltlin hinein sieht, aus dem Schöff gestiegen mit dem Ross und heiligen Jungfrauen, und das Tal Veltlin angetreten, weliches ungefähr 10 theitsche Meil lang; zu dessen Mitte ein damahlen noch lebenden Herr Erzpriester besucht, Herrn Peter Stugaun, mit welichen der H. Carolus sein erstes Wunderwerk getan, der zeigt uns des H. Caroli sein rotes Cardinalbirett, davon er dem Scribenten ein Stücklein geben.

Es weckt Erwartungen, wenn man die letzten Vororte von Mailand hinter sich lässt und in der Ferne bald wie ein Riegel die ersten Ketten der Alpen erscheinen. Mit Macchia bestandene Hügelreihen sind vorgelagert, Dörfer an den Abhängen, ab und zu eine kleine, einsame Kirche. Hinter den Hügeln, von Bergen umrahmt, liegt der Comer See. Charakteristisch ist seine Y-Form, gebildet von den Armen des *Lago di Lecco* im Südosten und *Lago di Como* im Südwesten, die sich gegen Norden zum *Lago di Colico* vereinen.

Die Stadt Como erreichen Reisende über die *Via Milano*, die an der *Porta Torre* auf die ummauerte Stadt trifft. Der Turm, um 1200 erbaut, zeigt sich fensterlos-abweisend gegenüber den Ankommenden, innen ist er mit Bogenfenstern sehr schön strukturiert. Gleich hinter dem Tor beginnt der mittelalterliche Teil von Como, mit engen Gassen, gesäumt von schlichten Altstadthäusern. Näher dem Dom und der Wasserfront zu präsentiert sich die Stadt eleganter. Die Gassen sind weiter, Palazzi schmücken sich mit dezent-elegant verzierten Fassaden und schmiedeeisernen Balkonen. Die Altstadt ist Fußgängerzone, und es macht Spaß, ziellos durch die Gassen zu bummeln. Verirren kann man sich kaum, das historische Zentrum ist klein.

Boote warten im Hafen von Como.

Die geradlinige, im Osten sehr gut erhaltene Stadtmauer und die symmetrisch angelegten Straßen verraten römischen Einfluss. Eine erste gallische Gründung wurde 196 v. Chr. von den Römern erobert und zum *Castrum Novum Comum* mit schützenden Mauern, Tempeln und Villen ausgebaut. Römische Siedler ließen sich hier nieder und begannen mit dem Anbau von Olivenbäumen und Rebstöcken. Die berühmtesten römischen Söhne der Stadt, der Gelehrte Plinius der Ältere und sein Neffe, Senator Plinius der Jüngere, wurden hier im 1. Jh. nach Chr. geboren. Am Dom *Santa Maria Assunta* flankieren ihre Statuen den Haupteingang. 1396 wurde mit dem Bau des Doms begonnen, 1774 war er mit der Fertigstellung der 75 Meter hohen Kuppel abgeschlossen. Als unsere Pilger vorbeikamen, wurde noch eifrig am Dom gewerkelt. Aufgrund der langen Bauzeit brachten zahlreiche Baumeister und Architekten, darunter Bramante und Leonardo da Vinci, ihre Ideen ein. Entstanden ist ein prächtiges Beispiel lombardischer Steinmetzkunst mit herrlicher Fassade. Sehr schön ist auch die Loggia der Gerichtshalle, die den Dom mit dem Stadtturm verbindet. Die Säulen bestehen aus geschichtetem weißen, grauen und roten Marmor. Gegenüber laden Panoramacafés zur Rast.

An der *Piazza Cavour* öffnet sich die Stadt gegen den Comer See. Wo heute Ausflugsboote ankern, legten früher die großen Fracht- und Passagierschiffe an. Die mächtigsten Lastenschiffe waren immense Segelboote, die bis zu 120 Tonnen Fracht transportieren konnten. Mit dem Aufkommen des Eisenbahn- und Automobilverkehrs verloren die Seewege ab dem späten 18. Jh. zunehmend an Bedeutung.

Eine Bootsfahrt am Comer See ist wegen des traumhaften Gebirgspanoramas ein Erlebnis, das dem Scribenten und seinen Pilgerfreunden aufgrund ihrer späten Überfahrt entgangen ist. Bis zu 2400 m hoch ragen die Berge über dem Wasserspiegel auf, im unteren Bereich von niederen Bäumen und mediterranem Strauchwerk bestanden, kahl in den obersten Lagen. Der Comer See ist mit 146 km² nach Gardasee und Lago Maggiore der drittgrößte See Italiens. Von Como bis zur Nordspitze misst er beinahe 50 km. Kleine Dörfer liegen an den Ufern, malerisch ruhig bei unserem Besuch im Spätherbst. Wie die Pilger gehen wir in Colico von Bord, am Anfang des Veltlins. Dort wacht, ein Stück landeinwärts auf einem kleinen Felsenrücken, *Fentos*, die *Forte di Fuentes*. Spanische Habsburger ließen die Festung errichten, als sie im Dreißigjährigen Krieg mit den Bündnern um das Veltlin rangen. Die Ruinen dienen heute als stimmungsvolle Kulisse für Konzerte und Theateraufführungen.

Da nun die Pilgramb wussten, dass sie allgemach von welischen Grenzen abweichen, und dem Tyrolischen zu naheten, sind die selbigen gar lustig durch das lange und schmale Tal Veltlin gestrichen, in welichen sie 3 Tag beyläufig zugebracht; den dritten zwar zeitlich zu Unser Lieben Frauen Wallfahrt und des seligen Aleysi Gonzaga gangen um Rasten; all dorten die Pilgramben ihr Andacht verricht, und von dem Öl aus der Ampel des seligen Aloysi mit sich genommen, auch gar ein fremdes Geschlecht Kerschen angetroffen, deren Stingel fast ein halbe Spann lang, und die Kerschen doch nit gar groß, aber sehr voll Geschmack waren.

Wir reisen im Zug durch das Veltlin; der Talboden ist fruchtbares Weide- und Ackerland; die Hänge der südlichen, schattigen Talseite sind wesentlich dünner besiedelt als jene der nördlichen. Generell wirken die Hangdörfer verstreut, ohne rechten Kern. Die Häuser, steingrau und oft zweigeschossig, scheinen am felsigen Grund zu kleben. Als Guarinoni vorbeikam, trugen sie noch ihre charakteristischen Steindächer, von denen einige erhalten geblieben sind. Kapellen und Kirchen prägen das Landschaftsbild; etwa fünfhundert stehen im Veltlin. Stolz ragen ihre hohen Türme auf, wie Zeugnisse der bewegten Geschichte des Tales.

Das Veltlin war Teil des Herzogtums Mailand, bis es 1512 an die Drei Bünde, Vorgänger des eidgenössischen Kantons Graubünden, fiel. Die Eidgenossen gestanden den Veltliner Talschaften weitgehende Selbstständigkeit zu, statteten aber Bündner Grundbesitzer und Administratoren im Veltlin mit Privilegien aus, die den Einheimischen verwehrt blieben. Mit der Reformation kamen zu den politisch-wirtschaftlichen Spannungen auch konfessionelle zwischen den reformierten Bündner Herren und ihren katholischen Veltliner Untertanen. Guarinoni erwähnt die schwelenden Konflikte nicht, bemerkt wird er sie sicher haben.

Die Weltmacht Habsburg, für die das Veltlin wegen der Alpenpässe strategische Bedeutung als Korridor zwischen Tirol und Oberitalien hatte, nutzte das gespannte Verhältnis im Tal und hetzte einheimische Adelige und Bürger gegen protestantische Talbewohner und Obrigkeiten auf. Als grausige Folge wurden im «Veltliner Mord» von 1620 mehrere hundert reformierte Veltliner hingemetzelt; im Verlauf weiterer Aufstände verloren die Eidgenossen die Kontrolle über das Tal und das Veltlin kam an die spanische Habsburgerlinie – als sich aber die Bündner 1639 mit den Habsburgern aussöhnten und verbündeten, erhielten sie das Veltlin als Geschenk zurück.

In der Mitte des Tales liegt, umgeben von Weinbergterrassen, die Hauptstadt des Veltlins, Sondrio. Schon kurz vor der Stadt ändert sich die Struktur der Landschaft. Den hohen Bergen sind felsige Hügelketten vorgelagert; auf denen gedeihen in kleinen, terrassierten Weingärten die berühmten Nebbiolo-Trauben für den vorzüglichen roten *Valtellina*. Das Veltlin ist altes Weinland; man sagt, dass bereits die Ligurer hier die ersten Weinstöcke kultiviert hätten. Zwischen den kleinflächigen Gärten schaut der nackte Fels hervor, Mühsal für die Weinbauern, ein Fest für das Auge. Kirchen und alte Weinkellereien stehen malerisch dazwischen, auch vereinzelte Klöster oder Burgruinen. Einige Kilometer talein von Sondrio grüßt von der Höhe hell und unübersehbar das *Santuario della Santa Casa di Loreto*. Die Wallfahrtskirche entstand zu Beginn des 18. Jh. auf Betreiben der Jesuiten aus dem nahen Kloster Ponte.

Die Stadt Tirano besteht aus zwei Teilen. Wer vom Westen ins Veltlin kommt, erreicht zuerst den jüngeren Stadtteil, der sich ab dem 16. Jh. um die Wallfahrtskirche *Madonna di Tirano* entwickelt hat. Am 29. September des Pestjahres 1504 erschien dem seligen Mario Omodei, den Guarinoni mit Aloysius Gonzaga verwechselt, an dieser Stelle die Madonna. Mario Omodei bat sie, der Pest ein Ende zu bereiten, und versprach ihr als Dank den Bau einer Kirche am Ort der Begegnung. Was auch geschah. Die Kirche, 1505 errichtet, ist eine dreischiffige Basilika im Stil der Veltliner Renaissance, innen reich mit Stuckaturen, Skulpturen und Medaillons geschmückt. Die Gnadenkapelle steht über dem Fleck Erde, den die Madonna angeblich mit ihren Füßen berührt hatte; nebenan erinnert ein Wandbild an ihre Begegnung mit Mario Omodei. Gläubige pilgern von weit her zur Madonna von Tirano, ein Priester ist immer in Bereitschaft, um bei Bedarf die Beichte abzunehmen.

Wallfahrtskirche Madonna di Tirano

Vor der Kirche stehen sich zwei interessante Gebäude gegenüber: Der langgezogene *Palazzo San Michele* war Kloster, Hospiz und Pilgerherberge; das kleinere Haus gegenüber, heute Ethnografisches Museum, diente als Stadtgefängnis.

Die kleine Bergkirche *Santa Perpetua* aus dem 11. Jh., auf einem kleinen Gebirgsvorsprung oberhalb der Wallfahrtsbasilika gelegen, ist nicht zugänglich.

Die *Viale Italia*, eine breite baumbestandene Promenadenstraße, verbindet *Madonna di Tirano* mit dem zweiten, älteren Stadtteil von Tirano. Der liegt mit seinen engen Winkelgassen und schönen Bürgerhäusern am linken Ufer des Flüsschens Adda und war 1613 noch von Stadtmauern umgeben. Die drei Stadttore sind recht gut erhalten, von den Mauern blieb wenig. Durch die nördliche *Porta Bormina* aus dem 15. Jh. verließ die alte Straße Tirano und stieg bald über eine Geländestufe bergan. Recht flach geht es weiter in das 40 Kilometer entfernte Bormio. Von den Dörfern unterwegs fällt Sondalo auf, mit seinem riesigen Sanatoriumskomplex am Berghang. Das Tal verengt sich zunehmend, um sich im Talschluss am Fuß des Ortlermassivs überraschend zu einem weiten Kessel zu weiten. Und dort liegt Bormio.

Bormio: „Wurmbser Bad“ und Martinskapelle, seit 1613 kaum verändert

Am andern Tag sind die Pilgramb zur Vesperzeit gehen Wurmb zu Ende Veltlins und zu unterist am Wurmbster Joch gelegen, welicher das Veltlin von Tyrol scheidet; damahlen weillen aber dass der Scribent begierig war, jenes namhafte Bad zu sechen, und vernommen, dass oben zwey gute Wirthshäuser, haben sie zwar den Markt herunten gesechen, und durchgangen, aber fort den Berg angestiegen, in welicher Höche das Wurmbser Bad ist, versechen mit einer feinen Kapell, und zweyen Wirthshäusern; als nun die Pilgramben dahin kommen, warn die Wirthshäuser besetzt mit allerley Leuten, und jeder hat ein Paar Pistolen an jeder Seit, und ein langes Rohr auf der Achsel, weliches denen Pilgramben gar schiech vorkommen, haben also ausser dem Wirthshauß ein Zimmer nah beim Bad begehrt, so ihnen vergönnt worden; und damit die Banditen so dorten warn, desto züchtiger warn, haben wir ihnen angekündet, dass zwey Priester verhanden, die würden morgen Sonntags, sintemahlen das am Samstag geschechen, alda Meß lesen weliches all die Leut und der Wirth gar gern gehört, und auch die Pilgramben desto lieber und besser traktiert.

Es ware selbigen Samstag abends gar hell, schön und warm, und als die Heiligtumben im Zimmer versorgt, weil die Kapell unversperrt, hat der Scribent den Ursprung besichtiget, welicher aus einem frischen Fels menschlich kopf-

dick heraussspringt, ziemlich warm, dass mans kaum leiden kann, sonsten schön hell, und klar, und springt in ein Gestein, das ist in ein vieröggeten großen, armtiefen Trog, als hilzernen Teich, der groß und noch größer als der Teich unten im Stiftgarten und besetzt mit Bänk, also einer tief und sicher im Wasser nach Notdurft sitzen kann.
Als nun die Pilgramb alle auf den Rand der Gestein ringsum stehen und niemand mehr als zwey Knaben im Bad saßen, und der Siegelsperger auch fast unter den Pilgramben in der Mitten stunde, unversechens tut er ein Juchzer, und ein Luftsprung mit Hut und Kleid mitten in das Wasser hinein mit einem solichen Plumpsen, dass das aufspritzende Wasser die Pilgramb alle besprenget und benetzt und alsdann mit den Händen das Wasser auf sie um und um geschöpfet, dass sie alle darvon springen müssen, die er noch darzu ausgelacht, und getrutzt, sei einer redlich, der solle ihme Bescheid tun; hat sich gleichwohl in dem Wasser ausgezogen und seine Kleider an die Abendsonn aufgehängt, mit vermelden, er müsse die welsche Luft abschwänzen, und die welschen Ingeheissen erträنken, dass die theitschen gut Platz und Ruhe haben; hat also den andern Bursch Lust gemacht, dass sie schier alle ein Weil gebadt haben; unter solichen als der Scribent derweil Bericht eingezogen, wie auf dem Wurmbser Joch noch gar viel und tiefer Schnee und dass tragend hart darüber kommen würde, hat er Männer bestellt, so die Körb mit den heiligen Jungfrauen hinübertrügen.

Magnifica terra, wunderbares Land, nennt man die Gegend um Bormio von alters her. Durch die *Via Roma* von Bormio rollte früher der gesamte Reise- und Handelsverkehr. Dort befinden sich auch die ehemaligen Wirtshäuser und alten Kirchen wie *Santo Spirito* und *San Vitale*. Einige Kilometer entfernt entspringen die berühmten, seit der Antike bekannten warmen Quellen von Bormio. Eine antike Votivsäule für eine Wassergottheit mit Dreizack zeugt von der langen Nutzung der Bäder, ebenso wie eine Passage in der *Naturalis Historia* von Plinius dem Älteren, in der er die heißen Quellen auf den Jöchern der Alpen ausdrücklich rühmt. Bei den Römischen Bädern, wo heute die Kapelle des hl. Martin steht, befand sich vermutlich einst ein antiker Tempel für oben erwähnten Wassergott.

Von den neuen, modernen Bädern am Weg Richtung Livigno führt ein gemütlicher Wanderweg durch den Wald hinauf zu den alten Bädern an der Straße zum Stilfser Joch und Umbrailpass. Dort hat man im

Mittelalter den Badebetrieb wieder aufgenommen und ein von der Kirche betriebenes Gästehaus, das *Hospitium Balneorum* oder Badehospiz, errichtet. Spätestens 1613 müssen dort auch zusätzliche Unterkunftsmöglichkeiten existiert haben.

Die verkehrsgünstige Lage förderte die Bekanntheit von Bormio, und die wohltuenden Quellen zogen im Laufe der Jahrhunderte so manchen berühmten Besucher an. Leonardo da Vinci etwa logierte hier anno 1493 und notierte: „Im Herzen des Veltlin liegt Bormio. In Bormio sind die Bäder."

1590 gastierte Erzherzog Ferdinand II. mit seiner jungen Gattin Anna Katharina Gonzaga in der Stadt. Er soll besonders die Besuche in der Quellenhöhle genossen haben, an der auch Guarinoni und seine Pilgerfreunde großen Gefallen fanden. Als Schwitzgrotte des hl. Martin, die in den Berg hinein bis zur Quelle mit ihrem 40° heißen Thermalwasser reicht, ist sie noch heute eine Attraktion. Im 18. Jh. ließ das Interesse an den Bädern nach, heute boomt Bormio wieder im internationalen Thermaltourismus und es kann, wie schon 1613, manchmal schwierig sein, eine Unterkunft zu bekommen.

So die Bursch nun gebadt, und zu nachts gar lustig gewesen und zu morgens sich die Priester zur Meß gerichtet, sind die Welschen gar spät, wie ihr Brauch aufgestanden. Und waren die Pilgramb gar frühe, ehe der Schnee weich wird, über das Joch gestiegen, so hat der eine Meß gelesen, der andere derweil dermaßen an beiden Glocken gezogen, dass sie die Welschen aufgeweckt, weliche durch sie der Pilgramb Raiß vernommen, haben sich dieselben herzugemacht zu der Meß und vermeint, wie sie nun so frühe aufgestanden, so es doch nach der Meß fast um 7 Uhr war; nach welicher die Pilgramb hinaufgestiegen, und erst über anderhalb Stund zu dem Schnee kommen, allda die Männer ein viertel Stund um die Pilgramb gerastet, und weillen alsdann erst der Ernst angegangen, und sie etwas spät aufgewesen, und die Sonn den Schnee schon ziemlich getroffen, wollte derselbe schier nit recht tragen, sonderlich da einige so gar schmale Schuhsohlen gehabt, als wie der v. Kößl, welicher stets in den Schnee hinein gesteckt, dass er kaum die Füß mehr konnte gewinnen; und man oft warten müssen, bis er die Knöspelschuh abgezogen […] und gewisslich, wären die des verborgenen Fußsteigs wohl erfahrenen zwey Männer nit gewesen, würden die Pilgramb übel eingesessen sein, in Bedenken der Schnee in der Höchen über mannstief hoch gewesen.

Blick zurück auf die serpentinenreiche Auffahrt von Bormio zum Umbrailpass (2503 m)

Erst seit 1825 führt der schnellste Weg nach und von Bormio über die Stilfserjochstraße, deren Ausbau Kaisers Franz I. von Österreich veranlasst hatte. Zuvor war das Stilfser Joch nur durch einen Saumpfad erschlossen und stand im Schatten des Wormser Jochs oder Umbrailpasses. Der Saumpfad über den Umbrailpass hinunter ins Münstertal hingegen war schon Ende des 15. Jh. zu einer mit Wagen befahrbaren Strecke ausgebaut, auf der auch eine Postlinie verkehrte.

Gar lustig dem Tyrolischen zu

MÜSTAIR – FINSTERMÜNZ – INNTAL – HALL

> *Als nun die Höche des Joches erreicht, und man ins Tyrol abwärts gesechen, ist Siegelsperger mitten auf der Höch des Joches mit seinem Schallapach an der Hand gestanden und natürlich wie ein Hahn gekräht, und darauf geschrien und gejuchzet: Behüt dich Gott, Welschland, jetzt fahr ich ins Theitschland!*
> *Sind also allgemach das Joch durch den Schnee hinabgestiegen, und zwar um etwas behänder, und haben die Pilgramb ihre Stecken umkehren und die Knöpf unter sich kehren müssen, da ihnen die eiserne Spitz in den Schnee nit getaugt, als fir und allgemach ungefähr über ein Stund den Schnee überwunden und auf harten Boden kommen und in den weiten Kessel hinab in das Münstertal von der Höche gesechen, hat Siegelsperger wieder angefangen zu husten, räuspern und röhren und juchzen; sind also zwischen 11 und 12 Uhr hinab ins Münstertal und Kloster, daselbst hineingangen, zu danken, dass Gott sie frisch und gesund ins Tyrol kommen lassen, haben daselbst in der Kirch bey denen Klosterfrauen Unser Lieben Frauen Litaney gesungen, als die Klosterfrauen auf ihren Eifer zugelaufen und die fremde Music nit verstehen mögen, haben sich fein bey denselben angemeld, sie gegrüßt und ins Wirthshaus gangen, die zwey Männer aus Veltlin abgefertiget, weliche wieder guten Muts den Berg und Joch auf Veltlin zugestiegen.*

Im Münstertal wird Rätoromanisch gesprochen, Müstair heißt zu Deutsch Münster und leitet sich vom lateinischen *monasterium* für Kloster ab. Das Kloster *San Jon* in Müstair geht in das 8. Jh. zurück und ist der Legende nach eine Stiftung Karls des Großen. Der Kaiser soll im September 774 am Heimweg von seiner Krönung zum König der Langobarden in Pavia am Umbrailpass in einen schrecklichen Schneesturm geraten sein. Als Dank für seine Errettung hätte er den Bau einer Kirche am nächstmöglichen sicheren Ort gelobt.

Die Klosterkirche *San Jon*, Johannes dem Täufer geweiht, hat den typischen karolingischen Grundriss mit drei Apsiden. Untersuchungen des Dachstuhls erlauben, den Bau in das Jahr 775 zu datieren. Auch die karolingischen Fresken aus dem späten 8. Jh., die bei umfassenden Restaurierungsarbeiten ab 1898 zu Tage kamen, verleihen der Gründungs-

Das Kloster San Jon in Müstair zählt zum UNESCO-Weltkulturerbe.

legende einen historischen Hintergrund. Den guten Erhaltungszustand verdanken die Fresken von Müstair der Tatsache, dass um 1200 Benediktinerinnen den Männerkonvent übernahmen und die Kirche mit einer weiteren Freskenschicht neu ausmalen ließen. 1492 veranlasste die Äbtissin Angelina von Planta die Umgestaltung der Kirche im Stil der Gotik. Dabei übertünchte man sämtliche Fresken weiß, was sie im Klosterbrand 1499 vor Flammen und Hitze geschützt und bewahrt hat.

Wir nehmen an einer Führung durch die Klosteranlage teil; unsere Begleiterin weist uns auf Details bei den Malereien hin, die wir allein wohl kaum entdeckt hätten. Auf den dämonenabwehrenden Säulenfresser etwa, oder auf die akrobatisch tanzende Salome im Freskenzyklus der Hauptapsis, der vom Tod Johannes' des Täufers erzählt.

Im wehrhaften, zinnengekrönten Plantaturm, den Angelina von Planta nach 1499 in seiner heutigen Form als Quartier für die Schwestern einrichten ließ, betrachten wir die historischen holzgetäfelten Wohn- und Schlafräume der Schwestern, das Krankenzimmer, die Sanatoriumsveranda sowie anderes mehr und lassen uns Geschichten aus dem Klosterleben der Benediktinerinnen von Müstair erzählen.

Einsam ragt der Kirchturm (14. Jh.) von Graun aus dem Reschensee.

> *Demnach die Pilgramb nunmehr in ihrem Vaterland, war ihnen nit anders, als wann selbe aus einer langen und sorgenreichen Gefängnis auf freien Fuß gestellt worden; dahero sie nun fort geeilet, und desto schleuniger, weillen die Straßen von der Höhe hierfüro nur abwärts führten; auch war der Siegelsperger nunmehro so ungestüm, dass die Pilgramb zu morgens früh in der Still ihr Gebet kaum verrichten konnten, deswegen er manchen guten Puff mit dem Stecken auf den Buggel bekommen; hat alsdann auch anstatt einer auf dem Hut geführten ein halb Dutzend Hennenfedern aufgesteckt, und zum langen Gebet keine Lust gehabt.*
>
> *Wie dann Sonntags, so der 18te Mai 1613en Jahres, die Pilgramb über das Wurmbser Joch auf Mittag ins Münstertal hinabkommen, sind sie nach Mittagsmahl, weliches sehr kurz, fort bolsiert, auf die Finstermünz, folgends auf Laudegg zum Sauerbrunn, auf Prutz, Landeck, Imst, Stams und derseiten hinum, allzeit bei schönem Wetter gegen Kematen den 21ten Mai abends spät kommen.*

Eilig sind die Pilger jetzt unterwegs; sollte sich Guarinoni bei seinen Aufzeichnungen nicht geirrt haben, so hätten sie innerhalb von dreieinhalb Tagen die 120 Kilometer lange Strecke von Müstair bis Kematen zurückgelegt. Von Müstair führte sie der Weg durch kleine Dörfer mit bezaubernden mittelalterlichen Steinkirchen hinaus in den Südtiroler Vinschgau, wo sie auf die Landstraße trafen, die der historischen *Via Claudia Augusta* folgte.

Dort gewinnt der Weg langsam an Höhe und verläuft dabei durch alte Ortschaften, wieder mit schönen, freskengeschmückten Kirchen und behäbigen Ansitzen. Das turmreiche Mals etwa, das benachbarte Burgeis unterhalb des ehrwürdigen Klosters Marienberg und St. Valentin auf der Haide, das um ein 1140 gestiftetes Hospiz zur Versorgung von Reisenden entstanden ist. Kurz bevor wir den Reschen passieren, ragt aus dem von 1947 bis 1949 angelegten Stausee der Turm des gefluteten Städtchens Graun aus dem Wasser.

Nachdem die Pilger den 1503 m hohen Reschenpass überwunden hatten, erreichten sie bald Nauders, das auf die römische Straßenstation *Inutrium* zurückgeht. Nach örtlicher Überlieferung soll der rätische Wanderbischof Valentin im 5. Jh. diese Gegend missioniert und eine erste Kapelle errichtet haben, den Vorgängerbau der gotischen Pfarrkirche. Im Mittelalter entwickelte sich der Ort zum Zentrum des Unterengadins und oberen Vinschgaus und war spätestens im 13. Jh. Zollstätte und Sitz der Gerichtsbarkeit. Bis 1919 blieb Nauders Gerichtssitz für die Region zwischen Reschenpass und Landeck und gab dem Gebiet den Namen „Oberes Gericht".

Sitz des Gerichtes war Burg Naudersberg; sie geht auf das Jahr 1200 zurück, erhielt aber ihr heutiges Aussehen unter Sigmund dem Münzreichen und Kaiser Maximilian I. Die Lage an der *Via Claudia Augusta*, die auch in späteren Jahrhunderten eine wichtige Handels- und Verkehrsstrecke zwischen Augsburg und Venedig bleiben sollte, brachte Wohlstand. Zahlreiche Wirtshäuser und Gaststätten boten Unterkunft und Verpflegung; ab 1485 fanden Pilger und andere Reisende auch ein Hospiz mit angegliederter Spitalskirche vor.

Der alte Weg von Nauders hinunter nach Altfinstermünz ist derzeit unpassierbar, die Fortsetzung bis Pfunds aber ist angenehm zu erwandern, und wir nutzen die Gelegenheit, noch einmal zu Fuß den Spuren von Guarinoni und seinen Pilgerfreunden zu folgen.

Fines tra munt lautete die alte, rätoromanische Bezeichnung für Finstermünz. Sie leitet sich vom lateinischen *fines intra montes* her und bedeutet so viel wie „Grenze zwischen den Bergen". Schon die römische

Via Claudia Augusta querte hier den Inn. Zollstätte, Talsperre und Grenzstation war Altfinstermünz seit dem 13. Jh.

Über den spätromanischen, mitten im Inn stehenden Wehrturm mit beidseitigen Holzbrücken verlief bis zur Fertigstellung der Reschenbundesstraße 1854 der gesamte Reiseverkehr von und nach dem Vinschgau. Die Felsenfestung Sigmundseck ließ Herzog Sigmund der Münzreiche 1472 über einer älteren Höhlenburg errichten und mit dieser durch einen steilen Felsgang verbinden. Im Zuge der Graubündner Kriege veranlasste Kaiser Maximilian I. den Bau des fünfstöckigen Klausenturms als zusätzliche Straßensperre. Im Turm war auch das Zollamt untergebracht, bis es 1779 innaufwärts nach Martinsbruck verlegt wurde. Spätere Eigentümer nutzten Finstermünz als Brauerei und Gaststätte, die aber mit der Fertigstellung der neuen Reschenstraße verkam.

Wie Nauders profitierten auch Pfunds und Stuben, heute ein Doppelort, von der Lage an der Durchzugsstraße. Stattliche Bürgerhäuser, Repräsentationsbauten und Wirtshäuser in beiden Ortsteilen zeugen davon, ab 1519 gab es auch ein Hospiz. In Pfunds befindet sich das berühmte Turmhaus an der Innbrücke. Es ist das Wahrzeichen des Ortes und soll auf das 10. Jh. zurückgehen. Kaiser Maximilian I. ließ es zum Jagdsitz ausbauen und hielt sich dort während der Engadiner Kriege 1499 auf. Den barocken Fassadenschmuck erhielt das Gebäude um 1770. Stuben am linken Innufer kann mit dem ehemaligen Richterhaus aus dem 16. Jh. aufwarten und mit der ausgesprochen schönen spätgotischen Liebfrauenkirche.

Die moderne Bundesstraße Richtung Landeck entspricht auf den folgenden Kilometern in etwa der *Via Claudia Augusta* und ihrer mittelalterlichen Nachfolgerin. Oberhalb von Tösens ist eine Steinbrücke der alten Landstraße erhalten. Als „Römerbrücke" bezeichnet, aber tatsächlich erst im Mittelalter errichtet, dürfte sie doch die älteste Steinbrücke Tirols sein. Über sie führte die alte Straße vorbei am Wallfahrtskirchlein St. Georgen nach Serfaus. St. Georgen, das auf das 8. Jh. zurückgeht, war im späten Mittelalter berühmt für seinen reichen Reliquienschatz und Pilger kamen von weit her. Die Kirche liegt etwas abseits der heutigen Straße, lohnt aber den Umweg allein schon wegen der bemerkenswerten gotischen Fresken im Inneren und dem riesigen Christophorus, der schützend von der Fassade auf die Reisenden herabblickt.

In Prutz wechselte die alte Landstraße wieder auf das andere Innufer; der Ort entwickelte sich als Brückenort schon im frühen Mittelalter zum Rast- und Übernachtungsplatz, seit der Zeit Maximilians I. auch zur Poststation. Die strategisch wichtige Lage wird durch die Dichte an Burgen aus dem 12. und 13. Jh. ersichtlich. Sigmundsried in Ried kontrollierte den Verkehr auf der Durchzugsstraße, Burg Berneck wachte am Eingang ins Kaunertal.

Die vom Scribenten erwähnte Burg Laudeck fällt durch ihren massiven, quadratischen Wohnturm auf. Die Burg liegt an einer steil abfallenden Felswand bei Ladis westlich von Prutz und war Gerichtssitz und Gefängnis.

Unweit von Laudeck sprudelt bei Obladis der berühmte Sauerquell aus dem Fels. Die wohltuende und heilsame Wirkung des schwefel- und magnesiumhaltigen Wassers soll im Jahr 1212 ein Hirtenknabe entdeckt haben, der bemerkte, dass seine Ziegen besonders gerne vom Wasser dieser Quelle tranken. Der Ruf des Sauerbrunns als Heilquelle gegen allerlei innere Beschwerden verbreitete sich rasch; einfache Menschen stiegen am beschwerlichen Fußweg hinauf zur Quelle; wer es sich leisten konnte, ließ es sich abgefüllt ins Tal liefern. Fürsten und Landesherren, darunter Erzherzog Ferdinand II., schickten Boten, um das Wasser des Sauerbrunns abzuholen. In solchen Fällen mussten die Herren von Laudeck die Boten zur Quelle begleiten, die Abfüllung überwachen und die Gefäße anschließend versiegeln, um die Echtheit des Wassers zu garantieren. Oblader Sauerbrunn wird heute kommerziell abgefüllt, kann aber ebenso kostenlos an einer ins Tal abgeleiteten Sauerbrunnquelle genossen werden.

Einige Kilometer talaus stieg die ursprüngliche Straße hinauf nach Fließ, das zu den bedeutendsten hallstattzeitlichen Fundstellen Europas zählt. Der 1990 entdeckte Hort von 385 bronzenen Opfergegenständen ist heute im Archäologischen Museum Fließ ausgestellt und gibt einen einzigartigen Einblick in die Glaubens- und Lebenswelt unserer Vorfahren. Wie Guarinoni und seine Freunde ziehen wir in Fließ an der Pfarrkirche mit ihrem schönen Christophorusfresko aus dem 16. Jh. vorbei und weiter am Hang entlang gegen Landeck. Der Wanderweg folgt dem Verlauf der *Via Claudia Augusta* – an der Fließer Platte sind im Fels Spuren römischer und mittelalterlicher Wagen deutlich erkennbar – und fällt bei der Burg Landeck wieder ins Tal ab.

Die Burg errichteten im 13. Jh. die Grafen von Tirol „an des Landes Ecke" oberhalb des Dorfes Angedair zur Kontrolle des Verkehrsknotens von Arlberg- und Reschenstrecke sowie als Verwaltungs- und Gerichtssitz. Unter den Adelsfamilien, die Burg Landeck als Gerichtspfleger verwalteten, taten sich die Schrofensteiner auch als Stifter der Landecker Pfarrkirche im Stadtteil Angedair hervor. 1797 wurde der Gerichtssitz ins Tal verlegt, die Burg diente später als Kaserne, Munitionslager und Armenhaus. Seit 1973 beherbergt sie ein Museum zur Geschichte und Kultur des Oberlandes. Als Guarinoni 1613 Landeck erwähnt, meint er nur die Burg, die Stadt Landeck entstand erst 1900 aus der Zusammenlegung des Dorfes Angedair mit dem jenseits des Inns liegenden Dorf Perfuchs.

Imst ist eine Stadt der Brunnen. 18 davon sind Engeln und Heiligen gewidmet, mit den entsprechenden Figuren geziert und laden moderne Pilger zu einem schönen Rundgang. Ein altes Pilgerziel ist die kleine Laurentiuskirche; im 5. Jh. erbaut, zählt sie zu den ältesten Kirchen Tirols. Eine Marmorplatte mit Kreuz-Christogramm stammt aus der Bauzeit. Die Fresken mit Szenen aus dem Martyrium des Titelheiligen sind leider nur sehr fragmentarisch erhalten. Unseren Pilgern ist in Imst vielleicht die Pfarrkirche Mariä Himmelfahrt aus dem frühen 14. Jh. aufgefallen: Die Meister der Imster Bauhütte hatten dafür die Haller Pfarrkirche zum Vorbild genommen.

Als Stams im Jahr 1065 erstmals urkundlich erwähnt wurde, bestand bereits eine gut besuchte Wallfahrtskirche zum hl. Johannes dem Täufer unweit der heutigen Pfarrkirche. Das Zisterzienserkloster Stams stifteten 1273 Elisabeth von Bayern und ihr Gatte, Graf Meinhard II. von Görz-Tirol, als Begräbnisstätte für sich und ihre Familie.

Das Kloster blühte durch reiche Schenkungen und Privilegien der Stifter rasch auf, die Stiftskirche diente bis 1511 als Grablege der Tiroler Landesfürsten und ihrer Gattinnen. Im 16. Jh. litt Stift Stams schwer unter den Bauernaufständen und dem Einfall schmalkaldischer Truppen. Um 1590 vernichtete ein Brand weite Teile des Klosterkomplexes. Der barocke Neubau in der heutigen Form erfolgte zwischen 1692 und 1733 nach den Plänen der Innsbrucker Baumeisterdynastie Gumpp.

Den wunderschönen Hochaltar, ein Meisterwerk frühbarocker Schnitzkunst in der Form eines Lebensbaumes, konnten die Pilger um Guarinoni vielleicht schon bewundern. Nach dem Brand von 1590 begonnen, wurde er 1613 fertiggestellt.

Stift Stams, von Westen betrachtet

Gegen Kematen den 21ten Mai abends spät kommen, daselbsten Rat gehalten, wie ihre Dl. beiden Erzherzoginnen sollten ihres Ankommens berichtet werden, und wie sich die Pilgramb zu verhalten haben, förmlichen Befehl zu empfangen.

Am folgenden Morgen macht sich Guarinoni alleine auf den Weg, erreicht Hall am Abend und berichtet den Stiftsdamen von der erfolgreichen Mission. Für eine besonders festliche Einbegleitung nach Hall wird vereinbart, die Reliquien der heiligen Jungfrauen vorerst nach Wilten zu bringen. Am Pfingstmontag, an dem die Haller Bevölkerung alljährlich eine große Prozession nach Wilten unternimmt, sollen die heiligen Leiber im Rahmen der nach Hall zurückkehrenden Prozession feierlich in das Damenstift überführt werden. Tags darauf eilt Guarinoni wieder innaufwärts nach Kematen und setzt die anderen von den Plänen in Kenntnis. Am nächsten Morgen schon soll es weitergehen:

Sind die Pilgramb am heiligen Pfingstabend sehr frühe aufgewesen, und ungefähr gegen Nachmittag gegen Wilten ankommen, und in das Kloster Wirthshaus ihr Einkehr genommen; der Herr Pfarrer aber nach Hall zu seiner Pfarr

geeilt, damit er bey der Pfingstvesper erschiene; die Pilgramb aber nahmen die heiligen Jungfrauen aus den Körben, auf ein Tafel in ihren Truchen auf Teppichen und zwischen brennenden Kerzen zur Ehrerbietung gestellt [...]
Als unterdessen die Zeitung in das nächste Kloster unter ihren Ordensherren und auch zu Ohren des damahlen krank liegenden Herr Abten kommen, hat sich derselbe solicher Gestalt auf sein Gebiet angelangten heiligen Gäst hocherfreut und gewunschen, gesund zu sein, damit er die heiligen Jungfrauen aus dem Wirthshaus zu erheben und in seine Kirch derweil einquartierten mechte; und bey ihme selbsten gesprochen: „Ihr heiligen Jungfrauen und liebe Gäst, Ihr secht in Gott dem Herren einen guten Willen, Euch zu Ehren, kann es sein, dass ich mir diese große Gnad erbittet zu Eurer Ankunft in unserm Land?" Verwunderlich in der Wahrheit ist es, als der Herr Abt kaum ausgeredet, hat sich derselbe gleich augenblicklich an allen Leibsgliedern gestreckt, und bald darauf empfunden, wie die große Leibshitze und Schwachheit nachgelassen; der sich gleich zuvor im Bett hart selber umkehren mögen [...] hat er sich gleich bald und wirklich mögen selbst aufhupfen, vom Bett herabsteigen und zu Füßen stehen.

Der Abt veranlasst die Übertragung der heiligen Leiber in die Basilika; die Kunde von der Ankunft wundertätiger Reliquien verbreitet sich rasch, der Andrang von Gläubigen aus Wilten, Amras und Innsbruck zu den Pfingstandachten in der Wiltener Basilika ist enorm; ebenso am Pfingstmontag, dem 26. Mai 1613, als die Haller Prozession eintrifft:

und ungeacht die Kirchen mit Volk von Ynsprugg besetzt, so haben sich die Haller aller Macht durch- und hinzu gedrungen, und vermeint, das Oberrecht zu denen Jungfrauen, als ihren künftigen Mitbürgerinnen zu haben.

Nach dem morgendlichen Festgottesdienst in der Wiltener Basilika werden die Reliquien wie geplant in feierlicher Prozession unter Gebeten, Musik und Böllerknallen über Innsbruck und Loreto nach Hall geleitet und der Kirche des Damenstifts übergeben.

Die 4 Pilgramb aber, als sie ihre heiligen Gefährten in die Kirch und bis zu dem Altar begleitet und ihr Pilgerfahrt hiermit ein Endschaft genommen, als sie nach vollendetem Te Deum Laudamus auf ihre Knie vor beiden heiligen Jungfrauen niedergefallen, gebetet, aufgestanden, Reverenz getan, und zu-

Die heiligen Leiber von Lea und Vincentia (im Bild) ruhen in identischen Schreinen in der Pfarrkirche Telfs.

> *gleich zu der Kirchentür hinaus und nach ihren Häusern sich zu verkleiden gangen, der Herr Obrist Capelan zwar als Ceremonarius schon in der Kirchen wieder zu sein Amt treten, der Scribent auch im Stift aufwarten sollen, sind gleich auch zu der Vesper in ihrem vorigen und gewöhnlichen Aufzug erschienen und den Pilgramb abgelegt.*

Damit endet Guarinonis Bericht einer langen und abenteuerlichen Pilgerfahrt nach Rom.

Die Reliquien der beiden Märtyrerinnen verblieben bis zur Auflösung des Damenstifts im Jahr 1786 in Hall; seither ruhen sie in Telfs, wo sie sich großer Verehrung erfreuten und noch in den 1920-ern alljährlich am Ostermontag in feierlicher Prozession durch den Markt getragen wurden. Dann gerieten sie in Vergessenheit, kamen schließlich für Jahrzehnte ins Depot am Dachboden des Widums – bis sie im Jänner 2016 endlich in die Telfer Pfarrkirche zurückkehren durften.

Bildnachweis

Christine Zucchelli und Irmeli Wopfner: 13, 16, 18, 19, 22, 23, 35, 38, 39, 40, 42, 44, 51, 52, 55, 56, 57, 58, 61, 63, 64, 66, 72, 75, 81, 89, 94, 95, 98, 99, 106, 108, 112, 115, 117, 121, 122, 124, 125, 132, 143, 144, 147, 155, 157, 158, 159, 161, 163, 165, 167, 168, 173, 181, 189, 190, 192, 193, 195, 198, 199, 202, 203, 204, 220, 221, 222, 226, 227, 228, 229, 231, 232, 235, 243, 244, 245, 258, 259, 262, 264, 267, 269, 271, 272, 275, 276, 277, 278, 282, 285, 286, 291, 292, 299.

Flickriver.com (HEN-Magonza): 134

Fotolia: 74 (sergejson), 153 (Vladimir Mucibabic), 162 (Lledó)

Grass Nikolaus, Das Damenstift und seine Kunstdenkmäler, in: Haller Buch, Schlern-Schriften 106, Wagner, Innsbruck, 1953: 31

Knut Jakubetz: 69

Pfarrarchiv Telfs: 176

Wikimedia – Creative Commons-Lizenz: 8, 12 (Servitenkloster Innsbruck), 32, 43, 50, 53, 65, 77, 80, 83, 86, 93, 103, 111, 114, 128, 130, 133, 136, 138, 150, 175, 188, 191, 194, 201, 206, 207, 209, 214, 216, 217, 247, 249, 251 (Museo Topografico Florenz), 255, 257, 260, 263, 274, 289, 297 (Heinz LW.).

Literaturnachweis

Amann Klaus und Max Siller (Hrsg.), *Hippolytus Guarinonius:* Akten des 5. Symposiums der Sterzinger Osterspiele. Zur 350. Wiederkehr des Todesjahres von Hippolytus Guarinonius (1571–1634). Schlern-Schriften 340. Universitätsverlag Wagner, Innsbruck 2008.

Fritz Baumgart, *Oberitalien. Kunst, Kultur und Landschaft zwischen den Oberitalienischen Seen und der Adria.* Dumont Kunst-Reiseführer, Köln 1979.

Klaus Brandstätter, *Hall in der Zeit von Hippolyt Guarinoni.* In: Siller, Amann (Hrsg.), Hippolytus Guarinonius. Akten des 5. Symposiums der Sterzinger Osterspiele. Schlern-Schriften 340. Wagner, Innsbruck 2008, S. 26–38.

Jochen Bode, *Via Francigena, Frankenweg. Eine Pilgerreise durch Mittelitalien.* Laumann-Verlag, Dülmen 2012.

Elisabeth De Felip-Jaud, *Spiegel christlicher Eheleut. Hippolytus Guarinonius als Übersetzer.* In: Siller, Amann (Hrsg.), Hippolytus Guarinonius. Akten des 5. Symposiums der Sterzinger Osterspiele. Schlern-Schriften 340. Universitätsverlag Wagner, Innsbruck 2008, S. 39–48.

Anton Dörrer, *Guarinoni als Volksschriftsteller.* In: Anton Dörrer, Franz Grass et al. (Hrsg.) Hippolytus Guarinonius (1571–1654). Schlern-Schriften 126. Universitätsverlag Wagner, Innsbruck 1954, S. 137–185.

Francesco Dufour, *Alte Wege nach Rom. Auf traditionsreichen Straßen in die Ewige Stadt.* Aus dem italienischen von Helmut Tribus. Tyrolia, Innsbruck-Wien 1999.

Heinz-Joachim Fischer, *Rom. Zweieinhalb Jahrtausende Geschichte, Kunst und Kultur der Ewigen Stadt.* Dumont Kunst-Reiseführer, Ostfildern 2011.

Winfrid Frey, Hippolyt Guarinoni und die Tradition der Ritualmordbeschuldigungen. In: Siller, Amann (Hrsg.), Hippolytus Guarinonius. Akten des 5. Symposiums der Sterzinger Osterspiele. Schlern-Schriften 340. Universitätsverlag Wagner, Innsbruck 2008, S. 61–76.

Josef Garber, Die Reisen des Felix durch Tirol in den Jahren 1483 und 1484. Schlern-Schriften 3. Universitätsverlag Wagner, Innsbruck-München, 1923.

Michael Gebhardt, *Der ‚Gegenreformator' Hippolyt Guarinoni.* In: Siller, Amann (Hrsg.), Hippolytus Guarinonius. Akten des 5. Symposiums der Sterzinger Osterspiele. Schlern-Schriften 340. Universitätsverlag Wagner, Innsbruck 2008, S. 77-105.

Franz Grass, *Dr. Hippolytus Guarinoni. Stiftsarzt und Stadtphysikus von Hall.* In: Haller Buch. Schlern-Schriften 106. Universitätsverlag Wagner, Innsbruck 1953, S. 395–412.

Franz Grass, *Dr. Hippolytus Guarinonius zu Hoffberg und Volderthurn 1571–1654.* In: Anton Dörrer, Franz Grass et al.(Hrsg.) Hippolytus Guarinonius (1571–1654). Schlern-Schriften 126. Universitätsverlag Wagner, Innsbruck 1954, S. 9–17.

Hippolytus Guarinonius, *Die Grewel der Verwüstung Menschlichen Geschlechts.* Ingolstadt 1610.

Klaus Herbers, Norbert Ohler, Bernhard Schimmelpfennig et al., *Pilgerwege im Mittelalter.* Herausgegeben in Zusammenarbeit mit DAMALS – das Magazin für Geschichte und Kultur. Wissenschaftliche Buchgesellschaft, Darmstadt 2005.

Eva-Maria Jung-Inglessi: *Romfahrt durch zwei Jahrtausende in Wort und Bild.* Athesia, Bozen, 1985.

Friedhelm Kemp, *Hippolytus Guarinonius als Schriftsteller.* In: Elmar Locher (Hrsg.), Hippolytus Guarinonius im interkulturellen Kontext seiner Zeit. Acta der Tagung Neustift 1993. Österr. StudienVerlag/edition sturzflüge. Bozen 1995, S. 9–19.

Günter Kromer, *Via Francigena. Auf dem Frankenweg von Canterbury nach Rom.* Tyrolia, Innsbruck-Wien 2009.

Ida Leinberger und Walter Pippke, *Südtirol*. Dumont Kunstreiseführer, Ostfildern 2010.

Walter Neuhauser, *Die Überlieferung der Schriften des Hippolyt Guarinoni unter besonderer Berücksichtigung der handschriftlichen Überlieferung in der Universitätsbibliothek Innsbruck*. In: Siller, Amann (Hrsg.), Hippolytus Guarinonius. Akten des 5. Symposiums der Sterzinger Osterspiele. Schlern-Schriften 340, Universitätsverlag Wagner, Innsbruck 2008, S. 185–213.

Jakob Rabus, *Rom. Eine Münchner Pilgerfahrt im Jubeljahr 1575*. Nach einer ungedruckten Handschrift herausgegeben von Karl Schottenloher. Verlag der Münchner Drucke, München 1925.

Romedio Schmitz-Esser, *Das Stadtmuseum Hall in Tirol und Hippolyt Guarinoni. Herausforderungen moderner Museumsdidaktik*. In: Siller, Klaus Amann (Hrsg.), Hippolytus Guarinonius. Akten des 5. Symposiums der Sterzinger Osterspiele. Schlern-Schriften 340. Universitätsverlag Wagner, Innsbruck 2008, S. 261–269.

Angela Maria Seracchioli, *Der Franziskusweg von La Verna über Gubbio und Assisi bis Rieti*. Aus dem Italienischen von Gabriele Stein. Tyrolia, Innsbruck 2015.

Max Siller, *Die Sprache des Hippolytus Guarinonius. Linguistische Beobachtungen zu einem deutsch schreibenden Italiener der Frühneuzeit*. In: Elmar Locher (Hrsg.), Hippolytus Guarinonius im interkulturellen Kontext seiner Zeit. Acta der Tagung Neustift 1993. Österr. StudienVerlag.edition sturzflüge. Bozen 1995, S. 27–44.

Max Siller und Klaus Amann (Hrsg.), *Hippolytus Guarinonius*. Akten des 5. Symposiums der Sterzinger Osterspiele. Schlern-Schriften 340. Universitätsverlag Wagner, Innsbruck 2008.

Coelestin Stampfer, *Dr. Guarinonis Wallfahrt nach Rom 1613*. In: Zeitschrift des Ferdinandeums für Tirol und Vorarlberg. 3. Folge, Heft 23. Wagner'sche, Innsbruck 1879.

Herbert Alexander Stützer, *Frühchristliche Kunst in Rom*. Dumont Kunstreiseführer, Köln 1991.

Lav Subaric, *Der Streit um Wasser und Wein und Guarinonius' eristische Vorgangsweise*. In: Siller, Amann (Hrsg.), Hippolytus Guarinonius. Akten des 5. Symposiums der Sterzinger Osterspiele. Schlern-Schriften 340. Universitätsverlag Wagner, Innsbruck 2008, S. 271–278.

Ferdinand Treml, *Der Pilgerweg nach Rom*. Tyrolia, Innsbruck 2013.

Elisabeth Walde, *Entlang der Via Claudia Augusta: zu Fuß, mit dem Rad oder mit dem Auto*. Amt der Tiroler Landesregierung, Innsbruck 2000.

Bernhard Wall, *Ewiges Rom*. Deutsche Buchgemeinschaft. München-Zürich 1960.

Roger Willemsen, *Die Marken. Eine adriatische Kulturlandschaft zwischen Urbino, Loreto und Ascoli Piceno*. Kunstreiseführer. DuMont Köln, 1987.

Ignaz Vinzenz Zingerle, *Sagen aus Tirol*. 2. Auflage, Innsbruck 1891.

Ökumenisches Heiligenlexikon: www.heiligenlexikon.de

Personenindex